TRIUNFO DE UM grande amor

Coordenadora editorial: Tânia Lins
Coordenador de comunicação: Marcio Lipari
Capa, projeto gráfico e diagramação: Equipe Vida & Consciência
Preparação: Janaina Calaça
Revisão: Equipe Vida & Consciência

1ª edição — 1ª impressão
2.000 exemplares — outubro 2024
Tiragem total: 2.000 exemplares

**CIP-BRASIL — CATALOGAÇÃO NA PUBLICAÇÃO
(SINDICATO NACIONAL DOS EDITORES DE LIVROS, RJ)**

R546t
Roberta (Espírito)
Triunfo de um grande amor / pelo espírito Roberta ; [psicografado por] Marisa Fonte. - 1. ed. - São Paulo : Vida & Consciência, 2024.
320 p. ; 23 cm.

ISBN 978-85-7722-674-0

1. Romance espírita. 2. Obras psicografadas. I. Fonte. Marisa. II. Título.

24-93422 CDD: 133.93
CDU: 133.9

Este livro adota as regras do novo acordo ortográfico (2009).

Vida & Consciência Editora e Distribuidora Ltda.
Rua das Oiticicas, 75 – Parque Jabaquara – São Paulo – SP – Brasil
CEP 04346-090
editora@vidaeconsciencia.com.br
www.vidaeconsciencia.com.br

TRIUNFO DE UM *grande amor*

MARISA FONTE

Romance inspirado pelo espírito Roberta

Um pouco do que acontecia no Brasil em 1810

Em 19 de fevereiro de 1810, Dom João VI assinou o Tratado de Comércio e Navegação, cujo principal artigo determinava o valor do imposto a ser pago para que as mercadorias estrangeiras entrassem no Brasil. Além desse artigo, o tratado estabelecia que Portugal e Inglaterra seriam fiéis aliados nos planos políticos e militares; os ingleses que viviam no Brasil gozariam de total liberdade religiosa; os ingleses teriam o direito de cortar madeira e construir navios, além de manter uma esquadra de guerra no litoral brasileiro; e a Inglaterra distribuiria produtos brasileiros na Europa.

Foi também em 1810 que Portugal e Inglaterra assinaram o Tratado de Aliança e Amizade para extinguir o tráfico negreiro.

Nessa época, as mulheres recebiam educação no lar — que se concentrava nas atividades domésticas — e não tinham participação ativa na sociedade.

Em 12 de outubro de 1810, na cidade de Papari (hoje, Nísia Floresta), no Rio Grande do Norte, nasceu Nísia Floresta Brasileira Augusta, cujo nome verdadeiro era Dionísia Gonçalves Pinto. Ela foi educadora, escritora e poetisa. É considerada a primeira feminista brasileira por defender a emancipação feminina e o direito à educação, considerada, na época, desnecessária para as mulheres. Aos 22 anos, escreveu *Direitos das Mulheres e Injustiça dos Homens*. Em suas obras, defendia o direito das mulheres, dos indígenas e dos escravos.

Em 28 de outubro de 1810, Dom João VI assinou um decreto que criou a Real Biblioteca, cuja função era preservar obras raras da Língua Portuguesa e encorajar a leitura e a produção de novas obras.

Sumário

Que nós aprendamos
a florescer onde quer que
sejamos plantados e possamos
sempre iluminar a vida de
alguém com nosso sorriso.

Capítulo 1

Ano de 1810.

— Venha, mamãe, já está ficando tarde. Vamos nos atrasar para a missa.

— Calma, minha filha. Ainda falta muito tempo!

A jovem, inquieta, desceu as escadas do palacete e, já no andar de baixo, começou a andar impacientemente de um lado para o outro, enquanto esperava a mãe descer. Assim que ela chegou, Fernanda pegou-a pela mão e, puxando-a, fê-la entrar na carruagem que já as esperava.

— Bom dia, Bernardo! — cumprimentaram as duas.

Bernardo, antigo serviçal da família, fez uma mesura e cumprimentou mãe e filha, auxiliando-as a entrar na carruagem, e, em poucos minutos, chegaram à igreja. Era domingo, e todos vestiam suas melhores roupas. Muitas pessoas, assim como Fernanda, iam à missa para ver alguém que as interessava em particular. Cristina, a mãe da moça, sabia que a filha deitara os olhos em Joaquim Lince de Faria, rapaz que se mudara de Portugal para o Brasil com a família havia pouco tempo.

A família Lince de Faria vinha de uma cidade portuguesa da sub-região do Baixo Alentejo chamada Beja, pertencente à região do Alentejo e ao distrito de Beja, que se tornaria conhecida por ter sido ali que nasceu e faleceu a soror Mariana Alcoforado (1640 –1723), a quem é atribuída a autoria de cinco cartas de amor dirigidas ao Marquês de Chamilly. Sua obra *Cartas Portuguesas* tornou-se um famoso clássico da literatura universal.

Agora vivendo no Brasil, longe de sua amada Beja, a família adaptava-se aos costumes da nova terra que adotara como lar e por isso buscava fazer novos amigos. Foi assim que conheceram a família Finca de Castro.

Fernanda nunca frequentara tão assiduamente as missas aos domingos e, além disso, agora não perdia nenhuma oportunidade de ir à cidade fazer alguma compra. Sempre acompanhava as escravas, na esperança de ver Joaquim. No entanto, Isabel, a prima do rapaz, que estava interessada por ele, não estava gostando da situação, pois percebera que Fernanda flertava com seu primo e que ele correspondia aos seus olhares e sorrisos.

Fernanda era uma jovem encantadora. Tinha modos delicados — embora tivesse opiniões e ideias muito firmes —, era alegre e muito atraente. Seus longos cabelos escuros caíam sobre os ombros, e seus profundos olhos castanhos pareciam esconder milhares de segredos. Sua voz era também muito bonita e melodiosa.

A moça era considerada bastante fora dos padrões da época, pois, além de estudar com professores particulares, escrevia e pintava. Naquele tempo, a maioria das mulheres não tinha qualquer pretensão de ter uma carreira, mas Fernanda queria ver seus escritos publicados e, na verdade, já o fizera sob um pseudônimo masculino. O livro fora um sucesso, contudo, ninguém imaginava que, por trás daquelas ideias, havia uma mulher aparentemente frágil — pequena em tamanho, mas grande em sua ambição de mudar o maior número de mentes que pudesse.

Fernanda escrevia romances que, à primeira vista, pareciam grandes histórias de amor, porém continham ideias diferentes da realidade vivida naquela época. Em seus escritos, ela ressaltava a beleza do feminino, mas também a força que as mulheres possuíam, pois eram elas que geravam e gestavam vidas e eram as encarregadas de afazeres que muitas vezes sacrificavam seus corpos.

Fernanda falava sobre as escravas, que eram obrigadas a realizar os serviços domésticos pesados, ir para a lavoura e, caso fossem atraentes, ainda eram obrigadas a atender aos caprichos libidinosos dos seus senhores, sem serem tratadas com respeito ou qualquer consideração. Falava ainda sobre a forma injusta de subjugação masculina, que era comum à maioria das mulheres, independentemente de sua posição social.

Se Fernanda escrevesse sobre isso usando o próprio nome, certamente não teriam publicado seu livro e muito menos permitido que ele fosse lido, principalmente por mulheres, pois a moça colocava suas ideias nas entrelinhas, mas de maneira que fosse entendida. A jovem desenvolvera um dom e uma técnica de escrever muito particulares, que sempre deixava uma pequena interrogação na cabeça de quem lesse seus escritos.

O pai da moça, Nestor, filho de nobres portugueses, era apaixonado pelas artes e emprestou o nome à filha para que fossem feitas as publicações. Ele, porém, dizia que aquilo não era certo. Queria que as obras de Fernanda fossem publicadas sem qualquer pseudônimo e seu maior desejo era que, no futuro, pudesse fazê-lo. Queria que a filha concretizasse sua carreira para depois revelar que ela era a autora daquelas obras magníficas, como ele costumava dizer. Obras, no plural, pois, embora houvesse publicado apenas dois livros, sendo um de poesia, seus textos enchiam centenas e centenas de páginas.

Fernanda era filha única, e Nestor a amava profundamente, sendo capaz de mover céus e terra para que a jovem fosse feliz. Apesar do carinho e da devoção por parte dos pais, a jovem nunca fora mimada. O pai, zeloso, notando que a filha estava interessada em Joaquim Lince de Faria, buscou saber mais sobre o rapaz e descobriu que ele era de boa família e já trabalhava como médico. Naquele tempo, os jovens que tinham boa situação financeira cursavam Direito ou Medicina; outros estudavam outras coisas; e quem não possuía recursos, isto é, a grande maioria, não tinha acesso aos estudos. As mulheres ficavam em casa e tinham pouca ou nenhuma voz ativa. Na verdade, elas quase nem existiam e serviam apenas para procriar e satisfazer aos desejos dos homens, tendo de obedecê-los.

O pai de Fernanda chegou à igreja logo depois da filha e da esposa. Saíra mais cedo para buscar a mãe, dona Ester, e Sofia, sua irmã mais nova, que ele costumava levar à missa aos domingos. Sofia tinha problemas de locomoção devido a uma queda de cavalo que sofrera na adolescência. O fato de não poder caminhar sem o auxílio de uma pessoa ou de uma bengala a tornara bastante reservada quando estava no meio de pessoas que não faziam parte do seu núcleo familiar. Jamais tivera um pretendente, pois sempre afastava qualquer rapaz que tentasse aproximar-se para fazer-lhe a corte. Sofia era uma jovem muito bonita, mas dava importância exagerada à sua deficiência, que, na verdade, se resumia à impossibilidade de andar sem apoio.

Ester, mãe de Nestor e Sofia, enviuvara havia alguns anos, mas era uma mulher bastante animada e sempre fazia a filha acompanhá-la aonde quer que fosse, pois acreditava que a moça não deveria viver se escondendo, mas, sim, aproveitar os passeios e as festas às quais eram ocasionalmente convidadas. Ester era uma mulher muito decidida e, quando o marido faleceu, foi ela quem levou adiante os negócios da família dos quais estava completamente inteirada. Isso era algo bastante incomum para a época, mas ela, assim como a neta, Fernanda, sempre foi muito diferente das mulheres do seu tempo. Fora também de Ester a sugestão de se mudarem de Portugal para o Brasil, ideia que foi logo aceita por todos.

Nestor, homem bom e generoso, dedicava à mãe e à irmã seu tempo e carinho. Ele e sua família ajudavam as duas em tudo de que necessitassem. Elas eram sempre incluídas nos passeios ou em qualquer outro tipo de atividade de lazer, além dos encontros nos fins de semana. Na intimidade, Sofia era alegre e divertida, e era um prazer conviver com ambas.

Ao ver a tia e a avó, Fernanda puxou a mãe pelo braço, e as duas dirigiram-se alegremente até elas. Depois da missa, almoçariam na casa de Ester. Cristina tinha muita afinidade com a sogra, que a tratava como filha, e com a cunhada, a quem ela considerava a irmã que não tivera, pois era filha única.

Os pais de Cristina haviam ficado em Portugal, e, mesmo quando ainda vivia lá, ela os via muito pouco, porque moravam bem longe dela. Estavam velhos e recusavam-se a mudar para perto da filha, pois, na verdade, não tinham com ela um vínculo muito forte. Não haviam desejado aquela filha e eram pessoas estranhas, que gostavam apenas de ficar na companhia um do outro, de maneira doentia. Na casa, apenas os empregados viviam com eles. Nunca recebiam visitas e raramente saíam de casa. Herdeiro de uma imensa fortuna, o pai de Cristina nunca trabalhara e gastava muito pouco, portanto, não tinha necessidade de garantir o próprio sustento ou manter o crescimento da fortuna.

Cristina fora criada sem qualquer proximidade com os pais. Uma tia, irmã mais velha de sua mãe, encarregara-se de sua educação. Ela chamava-se Teresa e era casada com um bom homem. Após vários anos de casamento, o casal não teve filhos, e Teresa ficou muito feliz com o nascimento da sobrinha. Assim que ela nasceu, foi visitá-la, pois mal podia esperar para ver a criança.

Ao ver Cristina, Teresa e o marido ficaram encantados. Os pais da menina pediram licença, foram aos seus aposentos e logo voltaram dizendo que, se eles quisessem levar a criança, ela lhes pertencia. E assim foi. Cristina foi entregue aos tios com seus poucos pertences, sem qualquer tipo de recomendação ou pedido dos pais para verem a filha uma vez ou outra. A mãe de Cristina, por sua vez, ficou feliz em livrar-se daquele fardo indesejável, e o pai, satisfeito por não ter de lidar com uma criança dentro de casa.

Os tios queridos, já velhinhos, faleceram quando Fernanda tinha apenas cinco anos. Morreram felizes por terem criado Cristina, que, para eles, era sua filha muito querida, e em paz por vê-la com a própria família. Partiram para o mundo espiritual tranquilos e despreocupados, cientes de terem cumprido bem o papel de pais que assumiram. Amaram muito Cristina e proporcionaram-lhe o melhor lar que puderam oferecer.

Naquela manhã, Fernanda estava particularmente bonita e chamou a atenção de muitas pessoas, inclusive de Joaquim, que, ao entrar na igreja com a prima Isabel e os pais, buscou a jovem com os olhos. Ao vê-la, seu rosto iluminou-se. Ele sorriu para a moça, que correspondeu, oferecendo-lhe seu melhor sorriso. Extremamente irritada com aquela troca de sorrisos, Isabel não se conteve.

— Não gosto dessa família Finca de Castro. São uns arrogantes! — resmungou baixinho.

Augusta, mãe de Joaquim e tia de Isabel, disse incomodada:

— Controle-se e mantenha-se calada! Em primeiro lugar, você está na casa de Deus. Como vem aqui para rezar e fica fazendo comentários sobre pessoas que nem ao menos conhece?

— E nem quero conhecer! — disse Isabel de maneira atrevida.

A tia puxou-a pelo braço e levou-a para fora da igreja.

— Escute aqui, Isabel, eu já estou cansada desses seus modos e de sua falta de respeito! Prometi à minha irmã e ao seu pai que cuidaria de você caso eles morressem — o que infelizmente aconteceu — e que jamais a deixaria desamparada, porém, você se comporta como se fizesse um favor para nós em estar conosco. Saiba que minha paciência está se esgotando. Eu a trouxe de Portugal, pois, sendo eu sua tia e madrinha, jamais a deixaria sozinha, sem o apoio da família, mas você já está passando dos limites! Ou se emenda ou irá para um convento! Lá, terá tudo de que precisa para sobreviver e nos deixará em paz.

Extremamente irritada, Augusta continuou:

— Nossa vida virou um tumulto desde que Joaquim terminou os estudos e voltou para a nossa casa em Beja. Não sei o que deu em você! Há tempos não faz outra coisa a não ser espalhar intrigas. Graças a Deus percebemos isso a tempo. Sei muito bem que, desde criança, alimenta o desejo de casar-se com seu primo, mas quero deixar bem claro que ele se casará com quem quiser. Nós jamais o obrigaremos a passar o resto da vida com alguém que não ame e a ser infeliz.

Isabel quis argumentar, mas Augusta fez um sinal com a mão para que ela se calasse e continuou falando:

— Ele a vê como uma irmã mais nova. Acabe de uma vez por todas com essa esperança tola de que ele venha a amá-la. Caso isso aconteça, terá minha bênção, mas não pode obrigá-lo a se interessar por você. Deixe-o viver a vida dele e procure outro rapaz. Pare de se humilhar e de atrapalhar a vida de meu filho a cada vez que alguém se interessa por ele.

— Mas...

— Cale-se! Ainda não terminei. Sei muito bem que foi você quem fez aquela intriga com a filha dos Pereiras, enquanto seu primo estava estudando fora, a fim de que ela não se aproximasse de Joaquim. Foi dizer à moça que ele estava prometido a você e que ela deveria ficar longe dele. A moça, que é correta, de fato se afastou, deixando o caminho livre. Você vem fazendo isso há tempos. Basta alguém olhar para seu primo com interesse para que encontre uma maneira de fazer a pessoa se afastar. Sei muito bem que já espalhou boatos de que ele era pervertido, que batia em nossos serviçais e andava nu pela casa, perseguindo as moças que trabalhavam para nós. Isso é totalmente inaceitável!

Isabel corou. Pensava que a tia não tivesse conhecimento de todas as coisas que ela já fizera para que as moças olhassem Joaquim com desprezo e até repugnância. Ele, que não sabia de nada, não entendia por que as pessoas o olhavam de modo estranho desde seu retorno de Coimbra. Notara também que, quando alguém se interessava por ele, mesmo para fazer amizade, logo se afastava demonstrando aversão, dando uma desculpa qualquer — geralmente nada convincente.

— Este é meu único e último aviso, Isabel. Nós mudamos para o Brasil para que pudéssemos começar uma vida nova sem que as pessoas olhassem para Joaquim como se ele fosse um depravado, mas não sairemos daqui também por causa do seu comportamento. Caso haja uma próxima vez, você será eliminada de nossa vida para sempre, pois jamais a visitaremos.

Assim dizendo, Augusta pegou Isabel pelo braço mais uma vez, conduzindo-a de volta para dentro da igreja, mas não sem antes lançar um olhar fulminante para a sobrinha, que viu que a tia estava realmente aborrecida com ela.

Na mente de Isabel passaram-se as cenas de tantas histórias falsas que ela inventara sobre o primo, que jamais faria as coisas que ela espalhara aos quatro ventos. A fim de manter qualquer mulher afastada do primo, Isabel começou a espalhar boatos sobre Joaquim que fariam qualquer moça que tivesse algum interesse por ele fugir de um relacionamento com o rapaz.

Tudo começou antes de Joaquim ir estudar em Coimbra, mas se intensificou quando o jovem passou a cursar Medicina. Durante a ausência do primo, Isabel aumentou ainda mais as histórias e as espalhou para quem pôde, pois não queria que nenhuma moça se aproximasse do rapaz quando ele voltasse. Dessa maneira, a situação tornou-se insustentável para Joaquim em Portugal, o que fez Augusta convencer o marido a mudarem-se para o Brasil.

Nesse meio tempo, Joaquim e seu pai, o senhor Manoel, haviam ido cumprimentar Fernanda e sua família. Quando Isabel chegou com a tia, encontrou o grupo conversando animadamente e sentiu por Fernanda um ódio nunca sentido até então por nenhuma das moças que haviam se interessado pelo primo.

As duas famílias queriam estreitar os laços de amizade, então, combinaram se reunir naquela tarde para conversar na casa dos Linces de Faria. Fernanda ficou tão animada com a ideia que mal conseguiu concentrar-se na missa. Joaquim, por sua vez, não via a hora de ver a moça de novo. Todos estavam contentes, menos Isabel, que, em seus pensamentos, jurava vingar-se de todos. Decidiu que iria mudar de tática e tornar-se amiga de Fernanda. Queria ser confidente da moça para que, assim, pudesse levar a cabo os planos que traçaria. "Nesse caso, unir-me ao inimigo é mais sábio do que combatê-lo", pensou. A tia, no entanto, sempre atenta aos seus mínimos passos, não permitiria que isso viesse a acontecer.

Isabel exagerara nos adornos. Querendo mostrar à rival que possuía lindas joias, deixadas como herança pela mãe, acabou usando muitas peças de uma só vez, o que deu ao conjunto um ar carregado e de mau gosto. Ao ver a sobrinha, Augusta lançou-lhe um olhar de reprovação, balançou a cabeça, mas decidiu calar-se. Sabia que, se dissesse algo, seria contestada por Isabel, por isso achou melhor fazer de conta que não notara a extravagância da jovem. Já se irritara demais naquele dia. Agora, desejava ter uma tarde agradável com os novos amigos.

Augusta esperava estreitar laços com Cristina, que era muito simpática, e precisava de uma amiga para conversar sobre as coisas do dia a dia. Longe de sua terra natal e dos poucos familiares que lá haviam ficado, sabia que sua vida no novo país seria ainda mais solitária, pois os homens saíam para trabalhar, e ela ficava às voltas com seus bordados e suas leituras, sem, porém, ter com quem conversar mais intimamente. Embora pudesse conversar com Isabel sobre quase tudo, havia certos assuntos que julgava inadequados para compartilhar com uma pessoa tão jovem. Fora isso, como andava aborrecida com a sobrinha, já não tinha vontade de conversar com ela como antigamente.

À hora combinada, Nestor chegou com a família completa, e logo todos estavam conversando animadamente. Isabel media Fernanda dos pés à cabeça, mal conseguindo conter seus sentimentos. Em sua simplicidade, Fernanda estava linda. Seu vestido azul combinava elegantemente com uma tiara delicada que adornava seus cabelos, e no pescoço a moça trazia apenas um camafeu, presente de sua avó Teresa, que ela carregava consigo desde pequenina. Ao vê-la em sua casa, Joaquim ficou ainda mais encantado. Na igreja, sentia-se um pouco constrangido de ficar olhando para a moça, pois sabia que ali era um lugar para orações, mas, no ambiente doméstico, sentia que podia ficar à vontade para admirá-la. Ela, por sua vez, embora nervosa, estava muito contente por estar perto dele. Finalmente, eles poderiam conversar um pouco e se conhecer melhor.

Todos já haviam percebido que os jovens haviam simpatizado um com o outro e pareciam aprovar esse namoro, caso viesse a acontecer. Assim, deixaram os dois à vontade e se reuniram para conversar na sala. Isabel fuzilava o primo e Fernanda com o olhar, o que foi percebido imediatamente por Augusta, que decidiu não tirar os olhos da sobrinha. Queria evitar qualquer contato da moça com Fernanda, pois sabia que, se assim fosse, Isabel rapidamente faria a jovem perder o interesse por Joaquim. Ela queria que as coisas seguissem seu curso natural e que o filho e Fernanda decidissem o assunto.

O rapaz, por sua vez, convidou Fernanda para um passeio no jardim. Ofereceu-lhe o braço, como era costume naquela época, e os dois começaram a conversar animadamente sobre os mais diversos assuntos.

Alegando estar indisposta, Isabel subiu para seus aposentos, não sem antes lançar um olhar de ódio para a tia. Não suportava ver tantos sorrisos e tanta alegria. "Todos me pagarão bem caro por tudo isso", pensou cheia de despeito. Quando ela finalmente se retirou, o ambiente ficou mais leve, e todos se sentiram mais à vontade.

Augusta decidira que, naquela mesma noite, conversaria com o marido sobre enviarem Isabel para um convento, de onde não poderia sair sem sua permissão. Queria a sobrinha bem longe de sua vida por algum tempo. Já suportara demais, e havia tempos Isabel se mostrava bastante maliciosa e desrespeitosa, agindo de maneira desequilibrada em relação a tudo que tivesse alguma conexão com Joaquim. Agora, queria ter um pouco de paz, antes que ela mesma se desequilibrasse. Amava a sobrinha, mas não conseguia mais conversar com ela, pois a moça se esquivava e sempre mudava de assunto quando Augusta tentava abordar o tema.

No jardim, o jovem casal conversava animadamente, quando Joaquim disse:

— Desculpe-me por ser tão direto e espero que perdoe meu atrevimento, mas, caso você aceite, pedirei a seu pai para fazer-lhe a corte, a fim de que, caso nos entendamos, possamos nos casar em breve.

Fernanda corou, e ele a achou ainda mais encantadora. Ela olhou-o com carinho e respondeu:

— Aceito, sim. É o que mais quero.

Abraçaram-se e decidiram que, assim que voltassem para a sala, Joaquim falaria com seus familiares e com os de Fernanda. O quarto de Isabel ficava exatamente acima do lugar onde Fernanda e Joaquim estavam, assim, ela pôde ouvir a conversa entre eles. A indisposição fora apenas uma desculpa para conseguir escutar a conversa dos jovens. Ao ouvir aquelas palavras, Isabel sentiu seu ódio crescer ainda mais e logo começou a descer as escadas como um tufão. Parou no meio da escadaria, pois não queria que todos percebessem o que se passava com ela, e, disfarçando os maus modos, terminou de descer os degraus calmamente. Queria presenciar quando Joaquim pedisse para cortejar Fernanda. "Isso não vai ficar assim", pensou, mal contendo a cólera que tomava conta de si.

Fernanda e Joaquim conversaram mais um pouco e entraram na sala alguns minutos depois. A moça parecia satisfeita e, de braços dados com Joaquim, sorria. Enquanto isso, Isabel sentia-se sufocar e pensava que aquilo não podia estar acontecendo bem ali, debaixo do seu nariz. "Que descaramento *é esse*?", pensava ela com indignação. O rapaz, meio sem graça, uma vez que nunca havia pedido permissão para cortejar ninguém, dirigiu-se a Nestor e Cristina dizendo:

— Senhores, espero que perdoem meu atrevimento, mas peço-lhes, muito respeitosamente, o consentimento para cortejar Fernanda, esperando receber também a bênção de meus pais, de dona Ester e de dona Sofia, aqui presentes.

Animado, Nestor foi logo dizendo:

— Pois tem meu consentimento, rapaz! O que pensa sobre isso, Cristina?

Cristina limitou-se a sorrir e acenar afirmativamente com a cabeça. Todos se alegraram, pois era nítido que os jovens estavam se dando bem. Ao pé da escada, Isabel estava parada, branca como cera. Tinha vontade de pular no pescoço de Joaquim e de Fernanda, mas procurou acalmar-se. Ao vê-la, o rapaz, ignorando o comportamento da prima, anunciou alegremente:

— Prima, quero que participe de minha alegria! Tive o consentimento para cortejar Fernanda, e agora todo nós somos uma só família.

Mal disfarçando o que se passava em seu íntimo, Isabel deu um sorriso amarelo e limitou-se a dizer:

— Se esse é o seu desejo, meu primo querido, que assim seja. Felicidades ao lindo casal! —completou irônica, mal disfarçando sua raiva.

Todos se entreolharam surpresos e desconcertados com a reação de Isabel, afinal era evidente que ela não gostara da novidade. Joaquim ficou bastante constrangido com a reação da prima, mas, de fato, não esperava que ela festejasse sua alegria. Augusta, por sua vez, procurou não olhar para a sobrinha. Sentia vontade de trancá-la no quarto e nunca mais deixá-la sair.

Gentilmente, Augusta convidou:

— Vamos nos sentar à mesa como uma família pela primeira vez.

A refeição transcorreu alegre, exceto por Isabel, que, em dado momento e para alívio de todos, alegou ter voltado a sentir-se indisposta. Era nítido que nem Fernanda nem sua família simpatizaram com a moça, que se mostrara pouco educada e demonstrava claramente não estar disposta a compartilhar daquela alegria ou fazer amizade com qualquer pessoa da família, apesar de ter cogitado, intimamente, tornar-se amiga de Fernanda.

Assim que Isabel deixou a sala, todos ficaram mais à vontade, inclusive Joaquim, embora em seu íntimo estivesse bastante triste. Apesar de achar Fernanda encantadora, ele nunca poderia vir a amá-la, pois seus sentimentos pertenciam a outra pessoa.

Capítulo 2

A noite já ia alta, e todos pareciam dormir. A lua mostrava-se qual senhora no céu e assemelhava-se a um tapete adornado por estrelas de vários tamanhos sobre um manto aveludado. Alguém, em um canto escondido do jardim, olhava para a lua e chorava copiosamente. Era Isabel, que, em sua aflição, perguntava baixinho: "Por que precisa ser assim? O que aconteceu com aquele grande amor? Por qual motivo Joaquim me ignora desde que voltou de Portugal? Como pode ser tão frio comigo? Onde estão as promessas e a sinceridade que eu via em seus olhos sempre que nos olhávamos com amor? Será que ele se esqueceu de tudo o que vivemos? Será que encontrou outro amor lá em Portugal? E por que agora está desejando esse relacionamento fora de hora? Fernanda é encantadora, mas ele certamente *não a ama*. É nítido que ela está encantada com a beleza e posição social de Joaquim, mas esse entusiasmo vai passar, pois não é amor".

Isabel ficou assim por um bom tempo, sem perceber que era observada. Em um canto escuro, Joaquim olhava para a prima com os olhos cheios de lágrimas,

mas sem se mexer e quase sem respirar para não ser notado. No entanto, o silêncio da noite era profundo, e, sem querer, o rapaz fez um movimento que provocou um ruído. Isabel olhou para a direção onde ele estava e percebeu que não estava sozinha. Estremeceu e perguntou baixinho:

— Quem se esconde nas trevas e agora está ciente dos meus segredos? Mostre-se, pois, seja lá quem for, descobriu meus pensamentos mais íntimos.

Isabel caminhou até o cantinho onde o primo estava, descobrindo-o aos prantos, como ela própria estava. Ao vê-lo, a moça não sabia se deveria atirar-se em seus braços ou esbofeteá-lo. Parou incrédula e esperou que ele lhe dissesse algo. Vendo que Joaquim também chorava, não conseguiu entender o motivo daquelas lágrimas, pois acreditava que ele a havia esquecido. Agora, ao vê-lo, imaginava, contudo, que ele ainda pudesse amá-la.

Sem forças, deixou-se cair no banco que ali ficava e que costumava ser testemunha das longas horas em que sonhava em ter Joaquim nos braços.

Isabel levantou os olhos em direção ao primo, que fez menção de se retirar. Mas, em vez de ir embora, Joaquim tomou-a nos braços e beijou-a desesperadamente, como se nunca mais fosse vê-la. Ela correspondeu, e, entre beijos e lágrimas, trocaram palavras de amor.

— Amo-o tanto e cada vez mais, Joaquim. Por qual motivo está agindo como louco, jogando fora nosso amor? O que o faz se acovardar diante desta sociedade, cujos valores você também despreza? Por acaso tem vergonha de amar sua própria prima? Tem vergonha de mim? Ou, pior ainda, sente vergonha do nosso amor?

Ele balançava a cabeça.

— Nunca. Jamais teria vergonha de você. É uma joia preciosa e a mais maravilhosa das criaturas! Eu a amo mais do que minha própria vida. Você é tudo para mim. Nunca se esqueça disso. Passe o que passar em nossas vidas, nunca se esqueça de que você sempre foi e sempre será tudo o que mais amo, amei e amarei na vida. Tivesse eu mais mil vidas, em todas haveria de amá-la, minha pequena flor.

Assim dizendo, Joaquim foi embora, deixando Isabel ainda mais confusa, sentindo nos lábios o gosto daqueles beijos e o abraço gentil e delicado dos braços fortes do amado. Sem vontade de voltar ao seu quarto, a moça ficou ali e, acomodando-se no banco, adormeceu. A noite estava quente, e o manto que colocara antes de sair do quarto a cobria, protegendo-a do sereno da madrugada. Quando acordou, os primeiros raios de sol lhe acariciavam o rosto ainda marcado pelas lágrimas e pelo sofrimento. Por um instante, não percebeu onde estava, e a lembrança de Joaquim parecia um sonho, que, na sua incerteza, não sabia dizer se fora bom ou mau. Ainda sentia, no entanto, o gosto dos beijos do rapaz, seus braços ao redor do seu corpo e escutava sua voz sussurrando o quanto a amava.

Conforme ia acordando, Isabel parecia tomar uma consciência maior do que havia se passado, o que a fez chorar ainda mais. Entendeu que Joaquim não ficaria com ela, embora a amasse e dissesse que amaria para sempre. Julgou que estava enlouquecendo. Qual era a lógica de tudo aquilo? Que motivos teria o primo para não assumir o lindo amor dos dois, para não se casar com ela e não viverem felizes? E, pior ainda, pensava, porque e para que se casaria com alguém que não amava? Depois do acontecido, tinha certeza de que o amor de Joaquim pertencia somente a ela. Por que, então, ele insistia em fazer a corte a Fernanda? Ela, sem dúvida, tinha muitas qualidades, mas ele não a amava! Por um momento, Isabel pensou que o amado talvez estivesse enlouquecendo. "Só pode ser isso", pensava. "Se não, porque jogará fora nossa vida? Porque abdicará do nosso amor? Porque deixará no passado a linda história que vivemos e poderíamos viver novamente?"

Depois daquela noite, Joaquim evitou ficar a sós com Isabel, que, sem entender nada, recebeu a notícia de que o rapaz e Fernanda decidiram casar-se o mais breve possível. Ela presenciava pesarosa os preparativos para a boda, as visitas da moça e da família para discutirem pequenos detalhes sobre o casamento e a indignação da noiva diante da resolução de Joaquim de não fazer uma grande festa.

Certa tarde, Isabel presenciou uma cena que, no fundo, achou muito divertida, pois estava farta de toda aquela conversa sobre casamento. Fernanda chorava copiosamente, enquanto dizia para a mãe e para Augusta:

— Eu sempre sonhei em ter uma grande festa, da qual a cidade inteira se lembraria. Queria o vestido mais bonito e que as pessoas passassem anos comentando sobre como meu casamento havia sido lindo! No entanto, terei de contentar-me com a cerimônia mais simples que uma noiva poderia desejar. Parece que Joaquim não está feliz em casar-se comigo.

Ao ouvir essas palavras, Isabel sorriu em seu íntimo e comemorou a falta de vontade de Joaquim de ter uma grande celebração. Nesse instante, ela teve a comprovação de que o rapaz havia sido sincero. De qualquer modo, não conseguia entender o motivo que o levava a casar-se com Fernanda. Pensava que ele não tinha coragem suficiente de encarar as pessoas, pois não se sentia à vontade de casar-se com a prima.

Algumas semanas depois dessa conversa, a cerimônia de casamento de Joaquim e Fernanda foi realizada na presença de pouquíssimos convidados. Ele insistiu que preferia uma cerimônia discreta, apesar dos intermináveis protestos de Fernanda, que continuava querendo uma grande comemoração. Na verdade, a moça desejava que todos vissem que ela se casara com um homem bonito, rico, de boa família e com ótima posição social.

Isabel não conseguira tornar-se amiga de Fernanda, pois, além de sua falta de vontade de aproximar-se da moça, havia Augusta, que mais parecia um cão de guarda, atenta a qualquer tentativa da sobrinha de conversar com Fernanda. Mesmo assim, Isabel não desistia de provocar o primo com observações inconvenientes ou de falar algo desfavorável sobre a esposa do rapaz sempre que surgia alguma oportunidade de fazê-lo.

Ficou decidido que, após o casamento, Fernanda iria morar na casa do marido. Ao mesmo tempo em que detestou a notícia, Isabel pensou que esta seria uma oportunidade de conseguir o que mais desejava na vida: separar o casal. Queria que Joaquim se arrependesse de tê-la rejeitado e jurou que faria de tudo para conseguir alcançar seu objetivo.

Os primeiros dias que sucederam o casamento foram bem tranquilos na casa, pois Isabel ainda estava aguardando uma oportunidade para começar suas investidas contra Fernanda. Porém, certa noite, durante o jantar, ela aproveitou um comentário que a tia fez sobre Joaquim para lançar uma dúvida sobre o caráter do primo. Augusta, contente com a fama de bom médico do filho, disse:

— Todos com quem conversamos afirmam que você é um excelente médico, meu filho.

Joaquim sorriu, mas não disse nada. Isabel, no entanto, comentou com desprezo:

— Tenho certeza de que, se a paciente for bonita, ele pode ser ainda melhor!

— Cale-se, Isabel! Que falta de respeito falar assim do seu primo!

— É ele quem deve aprender a respeitar as pessoas, principalmente as mulheres — disse Isabel retirando-se da mesa.

Fernanda levantou-se também e, segurando Isabel pelo braço, disse enraivecida:

— Eu exijo que explique o motivo pelo qual está acusando Joaquim.

Soltando-se, Isabel retrucou com ironia:

— Quem é você para me exigir alguma coisa? Cale-se, observe e verá por si. Espere um pouco, e o tempo lhe mostrará com quem você se casou. Não preciso explicar nada para ninguém, muito menos para você. Eu a odeio e farei de tudo para transformar sua vida em um inferno diário!

Joaquim estava consternado. Não esperava que Isabel, sua doce prima, reagisse daquele modo. Augusta levantou-se, seguiu a sobrinha e, antes que a jovem conseguisse fechar a porta atrás de si, ela disse autoritária:

— Eu não vou suportar isso! Agora você realmente conseguiu alcançar o limite da minha paciência! Aqui você não fica mais!

Isabel deu de ombros e, sem dizer nada, trancou a porta do quarto, onde chorou tudo o que não conseguira chorar até então. Sentia-se ridícula e impotente, mas, ao mesmo tempo, queria que Joaquim lhe desse o devido valor. Sabia que, agindo com agressividade, não conseguiria nada, contudo, nada mais importava. Estava exausta de fingir que a situação não a incomodava e decidira que nunca seria amiga de Fernanda. A madrugada já ia alta, quando, vencida pelo cansaço, Isabel finalmente adormeceu.

Depois do ocorrido, Augusta decidiu com muito pesar que era necessário afastar Isabel da convivência familiar. Não podia mais tolerar as provocações e o comportamento inadequado da sobrinha. Não conseguia compreender o que acontecera com a jovem, que sempre fora tão amável, tranquila e equilibrada. De repente, Isabel passou a agir de forma agressiva, querendo a todo custo prejudicar Joaquim. Infelizmente, a única coisa que restava a Augusta era cumprir a promessa que fizera tempos atrás de enviá-la para um convento.

A fim de realizar o que determinara, Augusta acordou Manoel na madrugada da noite seguinte ao ocorrido para visitar o convento da cidade vizinha. Eram duas horas de viagem, por isso se puseram a caminho antes do alvorecer. Encontraram o convento com facilidade. Era um lugar bonito, mas estava claro que era difícil sair dali. A propriedade era rodeada por um muro muito alto, e o portão de entrada era enorme, de ferro, com um cadeado gigantesco que segurava uma pesada corrente. Além disso, havia também uma fechadura no portão. O local era isolado, e, provavelmente, era uma longa caminhada até a cidade mais próxima.

Manoel tocou o sino que ficava do lado esquerdo da entrada, e quase imediatamente um homem saiu de trás dos arbustos que ladeavam o caminho até o prédio do convento. Ele aproximou-se solícito.

— Bom dia. Sou Tadeu, o jardineiro e zelador do convento. Como posso ajudá-los?

Tadeu aparentava ter cerca de trinta anos, era alto e esbelto, tinha olhos escuros e profundos e um sorriso encantador lhe enfeitava o rosto grande e bonito. Sua pele era queimada de sol, mostrando que ele trabalhava ao ar livre constantemente.

— Gostaríamos de conversar com alguém que pudesse acolher nossa sobrinha no convento — disse Manoel com ar pesaroso, que não passou despercebido por Augusta.

Tirando da cintura um molho de chaves, o rapaz abriu o cadeado e recolheu a pesada corrente, deixando-a em um dos lados do portão. Em seguida, destrancou a fechadura e abriu uma das folhas do portão, que deslizou com facilidade.

Manoel comentou brincalhão:

— Pelo tamanho do portão e das chaves, pensei que o portão fosse ranger quando você o abrisse ou até mesmo que as chaves fossem emperrar.

Tadeu riu do comentário e, mostrando certo orgulho na voz, disse:

— Eu trabalho aqui há muitos anos. Quatorze, para ser exato. Nunca deixei o portão ranger ou as chaves emperrarem. Faço manutenção regularmente.

— Então, você começou a trabalhar aqui muito jovem! Mora aqui?

— Sim. A cidade fica a quase uma hora de caminhada daqui. Querem ouvir minha história?

O casal assentiu com a cabeça, e ele começou a falar:

— Minha irmã, que é um ano mais jovem que eu, veio para cá quando tinha treze anos. Éramos pobres e ficamos órfãos muito cedo. Nosso pai morreu quando eu estava com dez anos de idade. Quando fiz quatorze, minha mãe ficou muito doente e faleceu também. Minha tia é freira aqui há muito tempo. Meu avô era rico, mas deserdou minha mãe por ela ter se casado com meu pai, que era o jardineiro da casa dele.

Nesse ponto, Tadeu interrompeu a narrativa e sorriu olhando para o alto, como se estivesse pensando nos pais e dirigindo a eles seu pensamento. E continuou:

— Minha tia, que já queria ser freira, ficou com os bens da família e decidiu doá-los ao convento. Quando minha mãe morreu, ela conversou com a madre superiora para que minha irmã e eu viéssemos morar aqui por um tempo. Minha irmã também quis ser freira e fez os votos assim que foi possível. Como precisavam de mão de obra e viram que eu era de confiança, fui contratado para cuidar de toda a manutenção e dos jardins do convento.

Enquanto Tadeu falava, Augusta e Manoel percorriam o caminho que levava até a grande porta de entrada do prédio, apreciando as flores e admirando como tudo era bem cuidado.

— Que bom que você e sua irmã encontraram um lugar bom para viver. Mas você não pretende casar-se e constituir sua família?

Ele sorriu como se o pensamento tivesse ido para muito longe e disse pensativo:

— Por ora, esse é um sonho impossível. Quem eu amo já está comprometida.

Augusta disse baixinho:

— É uma das freiras?

Tadeu deu uma piscadela e colocou o dedo sobre os lábios pedindo silêncio. Depois, disse baixinho:

— É um segredo. Ela nem me nota. Mas, se um dia eu for correspondido, espero que ela saia do convento e que possamos nos casar. Ou, quem sabe, um dia eu pego minhas economias, vou para a cidade buscar trabalho e encontre alguém lá que queira dividir a vida comigo.

Ele parou no fim do caminho que conduzia para o prédio e pediu gentilmente:

— Sentem-se aqui no caramanchão.

E mais uma vez, demonstrando alegria e orgulho na voz, completou:

— Eu mesmo o construí.

Augusta e Manoel sorriram, e ele falou:

— Se um dia quiser ir trabalhar lá em casa, já está contratado, Tadeu. Você é talentoso e esforçado. Nota-se o cuidado do seu trabalho nos pequenos detalhes de tudo o que faz. Certamente, você jamais ficará sem trabalho.

Tadeu sorriu e respondeu:

— Vou me lembrar disso. Muito obrigado por sua generosa oferta e por prestar atenção ao meu trabalho. Agora, com sua licença, vou avisar à madre superiora que ela tem visita.

— Nós agradecemos — disseram os visitantes em uníssono.

— Que rapaz admirável! — comentou Augusta. — Quem sabe ele não se apaixone por Isabel e ela corresponda? Seria um lindo e feliz final para a história de ambos, não acha?

— Minha querida, você é sempre tão romântica! Sei que está com o coração despedaçado por deixar nossa Isabel aqui.

Augusta não pôde conter as lágrimas, e ele abraçou-a comovido.

— Tem razão. Amo aquela menina como se fosse nossa própria filha.

— Eu também — disse ele. — Quer desistir? Ainda está em tempo.

Augusta ficou pensativa, mas, buscando uma determinação que na verdade não tinha naquele momento, respondeu:

— Creio que ela precise de um lugar para refletir sobre seus atos. E, para falar a verdade, eu também preciso colocar meus pensamentos em ordem. Está muito difícil manter a calma lá em casa. Isabel não perde uma oportunidade de fazer comentários depreciativos sobre Joaquim e agora sobre Fernanda também.

Manoel ponderou:

— Talvez seja a melhor solução para este momento. Em algumas semanas, viremos buscá-la. Certamente, ela estará mais calma e poderá voltar ao nosso convívio. Talvez possamos conversar com Joaquim e sugerir que ele e Fernanda se mudem para outra casa.

— Pode ser uma boa solução. Providenciaríamos tudo durante a permanência de Isabel aqui, e, quando ela voltar para casa, Fernanda e Joaquim já estarão vivendo em outro lugar. Talvez assim ela se sinta melhor.

A conversa foi interrompida pela chegada de uma freira simpática que foi recebê-los. Era uma mulher baixinha, de semblante bondoso e sorriso largo, que se apresentou sem demora:

— Bom dia! Sejam bem-vindos! Sou a madre Paulina. Nosso Tadeu disse que os senhores desejam falar comigo. Vamos para meu gabinete. Pedi que nos trouxessem um suco fresquinho, feito com as frutas do nosso pomar.

— Há um pomar aqui?

— Sim, e uma horta também. Tadeu cuida de tudo com muito carinho; só de vez em quando pede algum reforço para auxiliá-lo. Ele é a alma deste lugar. Sem ele, não haveria tanta beleza nem tanta fartura aqui.

— Mas como ele dá conta de tudo? — perguntou Manoel incrédulo.

— Sinceramente, não sei — respondeu a madre superiora. — Muitas vezes, já quis contratar alguém para ajudá-lo, mas ele prefere fazer as coisas do jeitinho dele. E, uma vez que tudo funciona perfeitamente, como podem ver, deixo-o à vontade em seu “pequeno paraíso”, como Tadeu costuma chamar nosso recanto.

— De fato, é admirável a disposição desse rapaz — comentou Manoel.

Madre Paulina conduziu o casal ao seu gabinete. Era pequeno, simples e acolhedor, como tudo ali parecia ser. Augusta começou a falar:

— Bem, madre Paulina, temos uma sobrinha cujos pais faleceram. Ela é filha da minha irmã e nossa afilhada. Eu gostaria muito que ela ficasse aqui por um tempo. Não sei se tem vocação para ser freira, mas preciso muito encontrar um lugar temporário onde ela possa ficar e ser tratada com carinho. Quem sabe aqui ela comece a sentir vontade de realizar os estudos necessários para também se tornar freira.

— Filha, embora boa parte de nossas freiras e noviças não tenha vocação e tenha vindo para cá pelos motivos mais diversos, principalmente devido aos males do amor, não acho que essa seja a melhor porta de entrada para a vida religiosa, que, quando bem vivida, requer abnegação e desprendimento das coisas do mundo.

— Eu sei, mas é minha única esperança — disse Augusta. — Amo muito minha sobrinha, mas, por algum motivo, ela anda se portando de maneira muito inconveniente.

Em poucas palavras, Augusta relatou à madre Paulina o que se passava com Isabel.

— Pobre criança — disse a madre comovida. — Já pensaram que talvez ela ame verdadeiramente o filho de vocês e esteja sofrendo por isso?

Augusta e Manoel entreolharam-se, mas não disseram nada. A madre continuou:

— E já pensaram que, em algum momento, Joaquim tenha correspondido a esse amor? Pensaram na possibilidade de ele, por algum motivo, ter rejeitado Isabel e por isso ela esteja agindo assim?

— Ele nunca se mostrou interessado nela dessa maneira — disse Augusta. — Ele sempre a tratou como uma irmã mais nova.

Madre Paulina, que era uma médium de muita sensibilidade, embora não visse sua intuição dessa forma, disse:

— Sinto que ambos sofrem, mas não sei por qual motivo não estão juntos. Vocês se oporiam a essa união?

Augusta e Manoel negaram com a cabeça.

— Bem, de todo modo, tudo está consumado agora. Ele está casado, e nada mais pode ser feito, não é?

Nesse instante, bateram à porta. Era uma das freiras trazendo o suco que madre Paulina pedira. Alegre, ela apresentou:

— Essa é irmã Celeste, a irmã de Tadeu.

Embora estivesse coberta pelo hábito, podia-se ver que a jovem era muito bonita. Seu semblante combinava com seu nome, pois aparentava calma e bondade.

— Encantada em conhecê-los — disse ela delicadamente. — Espero que gostem do suco. Eu mesma o preparei.

— Muito obrigada, irmã Celeste. Vê-se que você e seu irmão tiveram uma ótima educação. Ambos são agradáveis e gentis.

— Muito obrigada, senhora. Nossa mãezinha nos ensinou muitas coisas boas, isso é verdade. Com licença — disse ela, retirando-se do gabinete.

— Assim que terminarmos de tomar nosso suco, terei prazer em mostrar-lhes o convento.

Poucos minutos depois, os três já estavam andando pelos aposentos, pela capela, biblioteca, cozinha, enfim, por todos os recantos do prédio. Depois, madre Paulina levou-os ao pomar e à horta. Tadeu estava ali colhendo legumes que seriam preparados para o almoço. O rapaz colocou tudo em uma cesta, que em seguida levou à cozinha. Augusta e Manoel estavam encantados com o lugar, pois era de fato bonito, acolhedor e muito bem organizado.

O casal despediu-se de madre Paulina, agradecendo pelo seu tempo, e Tadeu ofereceu-se para acompanhá-los até o portão.

— Obrigada, meu filho — agradeceu madre Paulina, que, se dirigindo ao casal, disse: — Fiquem tranquilos. Isabel será acolhida com muito carinho.

A visita demorara cerca de uma hora, e logo depois Augusta e Manoel entravam na carruagem para voltarem para casa.

— O que achou? — perguntou Manoel.

— Melhor do que Isabel merece no momento — comentou Augusta, deixando escorrer grossas lágrimas pelo rosto.

Ele abaixou o olhar e não disse nada. Augusta não estava com raiva da sobrinha, mas sabia que ela havia se transformado em uma pessoa pouco confiável. Além disso, temia que a jovem pudesse fazer muito mal à sua família, por isso queria que ela ficasse longe por uns tempos. Lamentou mais uma vez o fato de ter de afastar Isabel da convivência familiar, contudo, entendia que seria melhor para todos que a moça saísse de suas vidas por enquanto.

A carruagem ia pela estrada, e o som compassado das patas dos cavalos dava a Augusta uma tranquilidade misturada com aflição. Ela lembrou-se do dia em que Isabel nasceu. Era uma linda manhã de setembro, o dia estava morno e prometia ser muito bonito. Na manhã anterior, sua irmã Joaquina, mãe de Isabel, mandara avisar que sentia estar chegando a hora de a menina nascer. Ao receber a notícia tão aguardada, Augusta arrumou-se e arrumou Joaquim, que era bem pequenino na ocasião. Ela e Manoel apressaram-se para ir à casa de Joaquina, onde permaneceram até a sobrinha completar uma semana de vida.

A chegada de Isabel foi uma festa! Ela foi uma criança muito esperada por todos os familiares. A casa estava movimentada, pois lá estavam também os pais de Joaquina e Augusta.

Augusta ficara com a irmã e a parteira desde a madrugada, quando as contrações de Joaquina aumentaram, e foi a primeira pessoa a segurar Isabel no colo. A menina pareceu sorrir quando ouviu sua voz, e Augusta sentiu pela criança um amor tão grande que era difícil explicar tal sentimento a quem quer que fosse. Ela tinha adoração por aquela sobrinha, como se fosse sua própria filha.

Já estava combinado que, quando nascesse, a criança seria batizada por Augusta e Manoel. Fora ela quem escolhera o nome da sobrinha, assim como o nome do filho para homenagear a irmã, que, por sua vez, batizara Joaquim com o marido.

Ao pensar na pequena Isabel em seus braços e fazer uma retrospectiva de todos os anos de carinho e amor que a menina lhe dedicara, Augusta lembrou-se da promessa que fizera à irmã de cuidar de sua filha caso algo lhe acontecesse. Ela, então, teve um momento de profundo arrependimento pelo que estava prestes a fazer. Como se pensasse em voz alta, perguntou:

— Será que estou agindo certo em mandar Isabel para o convento? O que minha irmã diria sobre isso? Será que ela também procuraria livrar-se de Joaquim, caso ele lhe causasse problemas, supondo que ela estivesse cuidando dele para nós? Ela confiou Isabel a mim caso morresse.

Augusta olhou para Manoel com ar de desespero, e ele procurou acalmá-la.

— Veja, Augusta, não estamos querendo nos livrar de Isabel. Você sabe que o comportamento dela está prejudicando Joaquim e que isso poderá acabar com o casamento dele. Mas vamos pensar nisso como uma solução temporária. Isabel passará um período no convento, algumas semanas somente, para que possa refletir sobre seu comportamento e acalmar-se um pouco. Depois, nós a levaremos de volta para casa. Quem sabe em um curto período ela modifique seu jeito e possa voltar para a nossa convivência?

Augusta parecia não ouvir o que Manoel dizia. Parecia estar em outro mundo, no qual ninguém podia penetrar, como se houvesse isolado tudo à sua volta e somente tivessem lugar os próprios pensamentos e o remorso que já começava a sentir por afastar Isabel da família.

— O que a madre superiora falou sobre Joaquim amar Isabel não me sai da cabeça — disse.

— Bem, devo lhe dizer que estava justamente pensando nisso. Houve um tempo, antes de Joaquim ir estudar em Coimbra, em que achei mesmo que nosso filho estivesse interessado por Isabel. Seus olhos pareciam ganhar um brilho diferente quando ele a via. Ela, desde bem pequenina, dizia que desejava casar-se com Joaquim, por isso nunca prestei atenção maior à nossa sobrinha. É nítido que ela tem interesse por ele. Eu sempre tinha comigo a ideia de que isso era apenas coisa de criança e de que, quando ficasse moça, ela não pensaria mais no assunto. Vejo, porém, que estava enganado. Acredito que Isabel, de fato, ame Joaquim muito mais do que possamos supor.

Augusta chorava e dizia:

— Pobre da minha menina! Deve estar sofrendo muito. Porque nunca falou comigo a respeito dessa desconfiança de que Joaquim amava Isabel? Poderíamos ter feito alguma coisa para ajudá-lo a falar com ela, não?

— Bem, não sei. Pouco depois dessa percepção que tive, Joaquim foi estudar em Coimbra, e, quando voltou, achei-o tão diferente que me pareceu não se interessar pela prima como antes. Quando retornou de Coimbra, ele parecia evitar Isabel, e logo em seguida você nos convenceu a nos mudar para o Brasil. Meses depois, nosso filho se interessou por Fernanda, que é também uma boa moça.

— Mas nem chega aos pés de Isabel.

— Não é justo falar assim de nossa nora. Ela é adorável.

— É sim, mas Isabel é muito mais bonita, educada e amorosa. Agora tenho certeza de que ela dedica a Joaquim um amor como poucos conhecerão sobre a Terra. Não é um amor passageiro, tampouco um amor que sufoca, Manoel. O amor de Isabel é além da vida e além de tudo.

— Mulher, o que está dizendo?! Acredita mesmo que seja um amor tão grande assim?

— Tenho certeza, Manoel. E agora é tarde demais. Fizemos tudo errado.

Durante o restante do trajeto, ambos permaneceram calados, cismados com seus pensamentos e, de algum modo, sentindo remorso por deixar a situação chegar àquele ponto. Pensavam a mesma coisa: e se Joaquim, de fato, amasse Isabel?

Capítulo 3

Antes de sair, Augusta pediu às serviçais que deixassem a sobrinha dormir até a hora que bem entendesse e que duas delas fossem ao quarto de vestir de Isabel para arrumar suas coisas, pois ela faria uma viagem. Em pouco tempo, as duas mulheres já haviam organizado em baús todos os pertences de Isabel, que nem se dera conta do que acontecia nem notara a ausência dos tios. A jovem dormira tanto que, quando acordou, eles já haviam voltado para casa.

Joaquim, como sempre, fora trabalhar e não vira Isabel. Leôncio, funcionário de confiança da família e que viera com eles de Portugal, informou-o de que seus pais saíram cedo para resolver um assunto, mas que estariam de volta para o almoço.

Ao chegar a casa, Augusta foi informada de que Fernanda saíra para fazer algumas compras e que na volta passaria na casa dos pais, devendo retornar apenas no final da tarde. “Menos mal”, pensou. Não queria expor Isabel a nenhum tipo de constrangimento e sabia que seria muito doloroso para ela que Fernanda a visse sendo levada para o convento.

Isabel ainda não saíra do quarto. Augusta subiu e encontrou-a deitada, totalmente desfigurada; a jovem parecia haver enlouquecido. Seus cabelos estavam desgrenhados, e seu rosto, todo arranhado. Ela virou-se para a tia e saltou sobre ela. Por sorte, Manoel, que subira logo atrás da mulher, conseguiu evitar que Isabel ferisse Augusta.

A jovem também tentou agredir o tio, mas, como ele era forte, conseguiu dominá-la. Leôncio, que escutara os gritos, subiu para ajudar o patrão a conter Isabel. Acalmaram-na, e duas serviçais, auxiliadas por Augusta, a vestiram.

Diante daquela situação, Augusta e Manoel tiveram certeza de que realmente seria melhor que Isabel ficasse longe por algum tempo. Sentindo-se mais segura de sua decisão, Augusta disse energicamente:

— Basta, Isabel! Pare de se comportar dessa forma. Nós sabemos que tudo isso se deve ao seu ciúme e à raiva que sente por não ter conseguido conquistar Joaquim. Por conta disso, passará algum tempo longe de nós, em um lugar onde não poderá mais nos prejudicar. Já suportamos demais esse seu temperamento. Você quase nos arruinou, espalhando boatos maldosos sobre nossa família. Clientes afastaram-se de nós, e saímos desonrados de Portugal. Pessoas como você não podem conviver em sociedade.

E, colocando uma inflexão de extrema ternura na voz, acrescentou:

— Creia que está sendo muito doloroso afastá-la de nós, no entanto, isso é temporário. No convento, você terá tempo para refletir sobre seu comportamento. Sua doença é o ódio, que você está nutrindo ao ver a felicidade dos outros. Em vez de buscar ficar bem e ser feliz, tem preferido espalhar boatos e intrigas. Mas agora basta. Você ficará longe por um tempo e, quando voltar, estará bem melhor.

— Não irei a parte alguma — respondeu ela violentamente.

— Irá sim, nem que seja amarrada! Você precisa ficar longe por algum tempo, pois necessita refletir sobre suas atitudes. Quando estiver em condições de voltar, certamente será acolhida por nós de braços abertos, como sempre foi. Tenha certeza de que tomar essa atitude dói muito mais em mim do que em você, Isabel. Sempre a amei como a uma filha e sofro por afastá-la do nosso convívio.

Agora, Augusta estava mais calma. Ela parou de falar por alguns instantes e, carinhosamente, continuou:

— Será um dia muito feliz para mim quando você se recuperar desse sentimento de ódio que a invade neste momento e eu puder trazê-la de volta para junto de mim.

Isabel chorava, mas disse olhando nos olhos da tia:

— A senhora está muito enganada com tudo. Não sabe de nada! E, quando souber, já será tarde demais. Saiba que jamais voltarei para esta casa. Agora, quem não quer ficar aqui sou eu. Sou rica, logo, não preciso da caridade de ninguém para viver. Jamais farei os votos, pois não quero ser freira. Vou ficar lá, sim, até organizar minha vida, mas, quando sair, nunca mais olharei para nenhum de vocês, pois me interpretaram mal e me humilharam. Nunca deveriam ter me feito passar por essa situação.

E, dizendo isso, Isabel derramou lágrimas sentidas que molharam o chão. Em meio ao tumulto, Joaquim chegou, sem entender nada do que estava se passando. Em poucas palavras, Augusta explicou ao filho tudo o que estava acontecendo, e o rapaz, um tanto quanto aliviado e achando melhor afastar-se dela naquele momento, concordou:

— Parece que o único remédio é Isabel ficar temporariamente longe do nosso convívio. Penso que voltará diferente — concluiu ele sem muita certeza.

Algum tempo depois, Isabel estava pronta para ir embora. Estava irreconhecível. O ódio que tomara conta dela agora aparecia em seu semblante. Olhando para o primo, ela disse:

— Se houvesse cumprido com o prometido, eu teria feito de você um homem muito feliz e o teria coberto de carinho e de mimos. Mas, desde que voltou de Coimbra, mudou a forma de me tratar, e eu passei a ser sua "irmãzinha querida", como quando éramos crianças. Pois saiba que, agora, eu o detesto também e, mesmo longe, farei todo o possível para acabar com sua felicidade. A raiva que sinto de você me alimentará, e lhe enviarei uma dose dela a cada dia de minha vida.

Dizendo isso, Isabel cuspiu em Joaquim, segurou o camafeu que ele havia lhe dado de presente antes de sua partida para Coimbra e começou a chorar desesperadamente. O rapaz ficou sem palavras, mas ninguém deu importância ao que a moça dissera, pois acreditavam que ela estivesse fora do seu estado normal. Aquelas palavras, contudo, martelavam na cabeça de Joaquim, como se elas tivessem algum poder sobre ele. Mesmo assim, decidiu acompanhar a prima e os pais até o convento. Isabel continuava fora de si e, para poder levá-la, tiveram de amarrar-lhe as mãos, pois ela queria bater e arranhar todos.

Leôncio estava triste em ver Isabel naquele estado, pois ela sempre foi muito gentil com ele e com todos os que trabalhavam na casa. A jovem ajudava sempre a todos como podia e preocupava-se quando alguém adoecia ou passava por qualquer tipo de problema. Ele não entendia o que dera na moça para mudar daquela maneira. Balançando a cabeça, enxugou algumas lágrimas que caíam, enquanto a carruagem deslizava pela estrada.

No meio do caminho, Manoel e Joaquim tiraram a corda que prendia as mãos de Isabel, que, cansada, acabou adormecendo. O rapaz agasalhava a prima, seu grande amor, em seus braços e sentia que agora estavam separados para sempre. Em algum momento, ela pareceu despertar, mas, percebendo-se amparada nos braços do amado, decidiu manter-se quieta, sentindo o coração dele pulsar ao seu ouvido, recostada no peito que a amparava. Aquele coração querido parecia pedir-lhe perdão e dizer o quanto a amava. Ela sentiu no rosto as lágrimas que ele derramava, e todo o ódio que desejava ter pelo primo misturava-se com amor. Naquele momento, ela própria estava confusa em relação ao que sentia por Joaquim. Queria apenas desfrutar daqueles instantes que a faziam esquecer-se, por um breve tempo, de tudo o que havia acontecido até então.

Isabel aproveitou a posição na qual se encontrava, aconchegada ao peito de Joaquim, para abraçá-lo. Ele retribuiu o abraço, e, naquele momento, nenhum dos dois se importou com a presença de Augusta e Manoel, que, chorando, olharam um para o outro de maneira significativa, lembrando-se da conversa que tiveram naquela manhã. Era evidente que os jovens se amavam e que esse era o amor mais puro e bonito que poderia existir.

No fundo, os quatro desejavam que aquela viagem não terminasse, pois tudo ali estava em paz. Uma aura de alegria melancólica envolvia a todos. Joaquim, profundamente arrependido, sussurrou ao ouvido de Isabel: "Perdão, meu amor. Jamais amarei a quem quer que seja. Leve consigo meu coração. Algum dia, ficaremos juntinhos, nem que seja na eternidade".

O restante da viagem transcorreu envolvido em silêncio e lágrimas, e todos iam absortos nos próprios pensamentos. Apesar de confusa com a atitude de Joaquim, Isabel estava em paz e de algum modo feliz pela certeza de que ele a amava muito.

Chegando ao convento, Isabel mostrou-se dócil e até parecia contente por estar ali. "Talvez seja bom ficar um tempo longe para colocar as ideias no lugar. Quem sabe, ao voltar para casa, as coisas tenham se modificado", pensou ela.

Tadeu, mais uma vez, abriu o portão e ficou impressionado com a beleza de Isabel. Sensível e atento a tudo à sua volta, entendeu no mesmo instante que ela e Joaquim se amavam. "Basta olhar para ambos para ver que há uma espécie de luz unindo esses dois corações", pensou e lamentou, intimamente, por eles não estarem juntos. "Qual será a história desse amor? E qual será o motivo de não viverem tão lindo sentimento?"

Em silêncio, Tadeu conduziu-os à varanda, onde foram recebidos por irmã Celeste, que abraçou Isabel carinhosamente, dando-lhe as boas-vindas. Sentindo em si mesma toda a dor de Isabel, a jovem freira desejou acolher a nova companheira e fazê-la sentir-se confortável naquele que seria seu novo lar, ao menos por algum tempo.

Isabel olhou para os tios e para o primo que tanto amava. Nenhum dos três jamais se esqueceria daquele olhar suplicante e, ao mesmo tempo, indecifrável e cheio de amor. Naquele instante, era impossível saber o que se passava na cabeça da jovem. Sem se despedir ou olhar para trás, ela virou as costas e adentrou a porta que levava à sala da madre superiora.

Augusta, Manoel e Joaquim voltaram para casa sem trocar uma só palavra. Cada um, absorto nos próprios pensamentos, imaginava como poderia ter evitado tudo aquilo. Isabel estava perdida para sempre do seu convívio, pois, mesmo que implorassem, ela provavelmente jamais voltaria. "Ela foi muito ferida, e uma alma machucada carrega cicatrizes profundas que talvez nunca deixem de doer", pensou Joaquim, que, dos três, era o que se sentia o maior culpado por tudo o que acontecera.

A partir daquele dia, ele também se transformaria em outra pessoa. Quando chegaram a casa, Augusta foi para seu quarto, e Manoel seguiu para a biblioteca, de onde não saiu até a hora do jantar. Joaquim decidiu ir direto para o consultório e só saiu de lá muito tarde da noite. Quando voltou para casa, todos, inclusive Fernanda, já dormiam. Ele, então, acomodou-se no quarto de hóspedes, onde ele já dormia havia tempos, alegando que, devido aos seus horários de trabalho, incomodava o sono de Fernanda. Na mesinha de cabeceira jazia o camafeu que fora entregue para a família por irmã Celeste, e, sobre uma cadeira, a colcha que Isabel bordara durante o tempo em que ele estivera em Coimbra.

Isabel, por sua vez, assim que chegou ao convento, foi recebida com alegria por irmã Paulina, que lhe explicou como tudo funcionava ali. Falou sobre os horários e as tarefas de cada uma das freiras e convidou Isabel a participar da oficina de costura, onde eram confeccionadas roupinhas a serem doadas para bebês de mães carentes. Como sabia bordar muito bem, a jovem logo se ofereceu para a atividade. Pretendia levar uma vida boa no convento, enquanto estivesse ali. De fato, seu plano era sair em algum tempo e ir para bem longe, onde ninguém a conhecesse. Isabel herdara uma enorme fortuna dos pais e sabia que não precisaria se preocupar com as finanças, mas, naquele momento, a única coisa que desejava era adaptar-se à rotina do seu novo lar. As freiras eram todas muito simpáticas e acolhedoras, e, durante algum tempo, ela conseguiu viver bem essa nova vida que lhe fora imposta.

Na casa de Augusta, as coisas não estavam nada bem. Ela tornara-se triste e reservada, e Manoel, por mais que tentasse animar a esposa, não conseguia resultado algum. Joaquim afundou-se no trabalho e quase nunca era visto em casa. Fernanda, por sua vez, aproveitava para escrever seus romances, largamente inspirada pelos acontecimentos do ambiente doméstico. “Essa será uma ótima história”, pensava ela, já antevendo o sucesso do seu novo trabalho. "Será melhor, no entanto, que esse livro seja publicado em Portugal, pois aqui ficaria nítido que estou retratando esta família."

Quase um mês se passara desde a partida de Isabel, e, certa manhã, Tadeu chegou muito cedo à casa de Augusta, trazendo a triste notícia de que a jovem fora encontrada morta em seu quarto. Ele não deu detalhes, mas pediu que a família fosse imediatamente ao convento para cuidar do enterro de Isabel. Em seguida, retirou-se dizendo que precisava voltar o quanto antes ao convento.

Na verdade, Tadeu não quis falar sobre os detalhes da morte da moça, que, apesar do pouco tempo que passara lá, se tornara muito querida, pois tratava a todos de maneira cortês e carinhosa. Aprenderam a gostar do seu sorriso triste e de ouvir sua voz entoando canções melancólicas e sabiam que ela trazia no peito uma grande dor, que procurava ocultar para parecer sempre alegre.

Nos últimos dias que precederam sua morte, todos, porém, a notaram muito estranha, como se seu brilho houvesse se apagado de repente. Mas, na esperança de que fosse apenas uma fase e que esta logo passaria, ninguém tocou no assunto mais profundamente, embora irmã Celeste e madre Paulina tivessem tentado abordar o tema. Isabel desconversou rapidamente, dizendo sentir-se indisposta e com saudade de casa. Sabiam que esse sentimento era normal, principalmente por ela estar entre pessoas desconhecidas e por não haver ali maiores distrações que não fossem o trabalho. A jovem, habituada a uma vida confortável, devia estar estranhando muito o convento, onde, além de fazerem algo de que realmente gostassem e de terem aulas diariamente, todas realizavam diversas e variadas atividades nem sempre tão agradáveis.

Joaquim, ao receber a notícia, quase enlouqueceu de tanta dor. Alucinado, bateu à porta do quarto dos pais e entrou em seguida, jogando-se na cama, no meio dos dois. Aos prantos, contou sobre a visita de Tadeu e sobre a tragédia que ele fora anunciar.

Os três partiram rapidamente para o convento, e a viagem lhes pareceu demasiadamente longa e o caminho hostil. Era como se, de repente, notassem os buracos e os solavancos com mais intensidade; era como se a vida, de repente, se tornasse sem graça e ruim. Como pensar na vida sem a presença de Isabel, mesmo que distante do convívio familiar? Era melhor que ela os detestasse do que não a verem mais.

Quando finalmente chegaram ao convento, madre Paulina recebeu-os pesarosa e explicou-lhes que, como Isabel não comparecera para as orações nem para o desjejum, irmã Celeste foi verificar se ela estava passando bem e encontrou-a pendurada por uma corda — a mesma que, aliás, servira para conter as mãos da moça naquela triste manhã, em que, contra sua vontade, fora levada ao convento. A jovem freira, sentada a um canto, tremia e chorava, chocada e traumatizada com a cena horrível que presenciara.

A notícia da morte de Isabel foi motivo de surpresa para todos que a conheciam, uma vez que não imaginavam que motivos teriam levado a moça a suicidar-se. Depois de alguns dias de sua morte, todos estavam reunidos na casa de Ester e Sofia, como sempre faziam aos domingos após a missa. Querendo de algum modo consolar Augusta, Cristina encorajou-a a falar:

— Conte-nos sobre sua sobrinha, Augusta. Foi para nós um choque saber que uma moça tão jovem tirou a própria vida.

— E de uma forma tão horrível! — exclamou Ester cobrindo o rosto. — Que pecado! Alguém tem ideia do motivo que a levou a fazer tal coisa? Nós a conhecíamos muito pouco.

— Isso é verdade. Mesmo eu, morando na mesma casa que ela por esse curto espaço de tempo, jamais pude entendê-la ou mesmo me aproximar dela — completou Fernanda.

O espírito de Isabel, que a tudo ouvia, estava ali com mais raiva do que nunca. Em momentos assim, queria vingar-se de todos aqueles que não a deixaram ser feliz com Joaquim, inclusive dele, que, segundo sua visão, agira com covardia. Porém, ao mesmo tempo, não se sentia encorajada a fazê-lo. Estava confusa, sem conseguir discernir exatamente o que sentia. Somente tinha certeza de que estava muito infeliz.

Isabel chegou perto de Joaquim, que sentiu um calafrio e teve certeza de que a prima estava ali, bem ao seu lado. Ele podia até sentir sua respiração. O rapaz teve uma vertigem e disse:

— Vamos orar por Isabel e pedir a Deus que a alma dela encontre paz — pediu.

O espírito de Isabel gargalhou e disse bem alto:

— Não sei se poderei ter paz algum dia! — E saiu vagando pelas ruas.

— Isabel sempre estará em minhas orações — disse Beatriz. — Mas nos conte sobre ela, Augusta.

Sentindo-se de certo modo coagida a falar, Augusta, muito a contragosto, começou a sua narrativa, como se, na verdade, estivesse pensando alto. Seu olhar estava distante, e ela falava baixinho, como se sentisse algum alívio em lembrar-se da sobrinha querida.

— Isabel sempre foi meiga e delicada, gostava de ajudar as pessoas e os animaizinhos que encontrava em alguma situação de perigo.

E, como se pudesse ver o que estava descrevendo, Augusta continuou a narrativa:

— Lembro-me bem do dia em que uma pessoa que nos visitava quis matar um passarinho para que o filho fosse pescar. Ela se colocou na frente dele e disse que não permitiria que matasse o bichinho. Disse ainda que, se ele quisesse atirar no pássaro, teria de atirar nela primeiro. E, com as mãozinhas, procurava espantar o pássaro para que voasse para longe dali.

Augusta estava um pouco agitada pelas lembranças que envolviam a sobrinha, porém, continuou:

— Desde pequena, Isabel devotava um carinho especial a Joaquim. Certa vez, ela, minha irmã e meu cunhado estavam nos visitando, e eu fui colher flores com minha sobrinha. Em dado momento, ela me disse: "Quando eu me casar com Joaquim, quero muitas flores enfeitando a igreja". Isabel tinha uns dez anos na época. Não dei muita importância àquela conversa de criança, mas, depois de algum tempo, estávamos escolhendo tecidos para fazer vestidos e, ao ver um lindo e delicado tecido, ela disse: "Quando eu me casar com Joaquim, quero um desse para meu vestido de noiva, titia".

E, como se aquelas recordações pudessem, de algum modo, manter viva a imagem de Isabel em sua mente, Augusta continuou:

— Em muitas outras ocasiões, ela falava sobre casar-se com Joaquim. O mundo dela girava em torno dele. Quando aconteceu o acidente em que minha irmã e meu cunhado morreram, trouxemos Isabel para morar conosco. Manoel e eu éramos padrinhos dela, e minha irmã e meu cunhado eram padrinhos de Joaquim. Nós fizemos um pacto de que, se alguma coisa acontecesse com os pais, os padrinhos tomariam conta do filho de quem morrera. Na época em que veio morar conosco, Isabel tinha apenas doze anos, e, embora sentisse falta dos pais, era evidente que se alegrava em estar perto de Joaquim o tempo todo. Eles pareciam se divertir muito quando estavam juntos.

Augusta parou, deu um suspiro e continuou:

— Quando ainda vivíamos em Portugal, Isabel começou a espalhar boatos, pois não queria que nenhuma moça se aproximasse dele. No início, não sabíamos o que estava acontecendo, pois as pessoas passaram a olhar para nós de maneira estranha, e as moças, quando viam Joaquim, demonstravam antipatia.

Augusta parou para tomar fôlego, denunciando o pesar que tais recordações lhe causavam. Todos esperavam, curiosos, que ela concluísse seu pensamento.

— Mais tarde, soubemos que Isabel contava histórias absurdas para as pessoas, especialmente para as moças que se aproximavam de Joaquim ou queriam fazê-lo por qualquer motivo que fosse. Contava que Joaquim tinha hábitos desrespeitosos, como andar quase nu pela casa, agarrar as moças que lá trabalhavam e forçá-las a aceitar seus "carinhos". Certa vez, ela disse a alguém que meu filho era agressivo e havia batido em um dos nossos serviçais até fazê-lo sangrar. Aquela gente nem sequer supunha que tudo isso eram histórias criadas por Isabel e que ela estava mentindo. Sem averiguarem nada, simplesmente nos desprezavam. Por isso resolvemos nos mudar para cá. Isabel dizia essas coisas apenas para que não se aproximassem dele, mas acabou nos prejudicando. Quando Joaquim se ausentou para estudar em Coimbra, ela intensificou os boatos, fazendo qualquer moça que se interessasse por ele desistir de aproximar-se.

Como se estivesse tentando se lembrar de algo, Augusta parou um minuto, mas continuou:

— Isabel sempre foi a pessoa mais doce que conheci. Tinha ciúme de Joaquim, por isso fazia de tudo para afastar outras moças dele. Todas as vezes que alguém demonstrava algum interesse maior pelo meu filho, Isabel interferia imediatamente. Até então, nós entendíamos tal atitude, pois ela se limitava a dizer que Joaquim já estava comprometido com outra pessoa. No entanto, quando ele voltou a Beja depois de concluir os estudos em Coimbra, os boatos adquiriram outra dimensão. Certa vez, Isabel espalhou que ele gostava de torturar e ferir mulheres e chegou a dizer que nosso filho havia feito isso com ela, mostrando alguns ferimentos que trazia nos braços. O que não disse, contudo, foi que havia caído do cavalo e que Joaquim jamais a agredira.

Augusta suspirou profundamente antes de continuar:

— Acabamos saindo de Beja e nos mudando para o Brasil. Queríamos começar uma nova vida, longe de conhecidos, pois os boatos que Isabel espalhara nos causaram muitos constrangimentos. Queríamos apenas viver em paz, mas não tardou para que minha sobrinha se incomodasse com o interesse mútuo que nasceu entre Fernanda e Joaquim. Cheguei a discutir com Isabel à porta da igreja no domingo em que vocês nos visitaram pela primeira vez, pois ela já dava indícios de que iria começar tudo novamente.

Enxugando as lágrimas, ela completou:

— Sempre amei minha sobrinha como a uma filha, pois a considerava dessa forma. Não sei o que aconteceu para fazê-la mudar tanto!

Ester não se conteve e disse:

— Não há, então, motivo para lamentar a morte dessa moça, pois ela os prejudicou muito em várias ocasiões. Agora, vocês não terão mais que se preocupar com boatos e mentiras. Tenho para mim que ela estava louca, isso sim! Ou era má e ocultou isso por vários anos.

Ao ouvir isso, Joaquim fuzilou a avó de Fernanda com os olhos, e Manoel pediu licença para sair do aposento, dirigindo-se ao jardim. Augusta, por sua vez, defendeu a sobrinha:

— Com todo respeito, dona Ester, peço que jamais se refira desse modo à memória da minha sobrinha. Ninguém aqui a conheceu suficientemente para formar qualquer tipo de opinião sobre ela. Nós estamos pesarosos pela perda de Isabel, que amávamos e continuaremos amando para sempre. Se ela cometeu tais desatinos, certamente teve algum motivo muito forte para isso, e espero, com o tempo, saber qual foi. Até lá, vou simplesmente continuar amando minha sobrinha como sempre amei.

Augusta parou um segundo para tomar fôlego e continuou:

— Espero que nunca mais, em momento algum, alguém fale mal de Isabel na minha presença. Eu lhes contei esses fatos para que entendessem o motivo que nos trouxe ao Brasil, pois várias vezes nos perguntaram e não respondemos de maneira completa. Agora que somos uma só família, imaginei que era justo que soubessem. No entanto, em momento algum pensei em colocar Isabel em julgamento. Pobre criança! Não sei o que aconteceu com minha menina para que mudasse tanto.

Augusta chorava, e Cristina quis consertar a situação.

— Desculpe-nos, Augusta. Com certeza, dona Ester não quis ofendê-los nem à memória de Isabel.

Mas Ester, como se quisesse criar algum tipo de discórdia, não parou a conversa por ali. Rispidamente, ela disse:

— Filha, não precisa se desculpar por mim. Sou velha, mas estou em pleno gozo das minhas faculdades mentais. Apenas disse o que penso. As pedras do sapato precisam ser eliminadas, e essa moça não passou de uma pedra no sapato de vocês.

Nestor interveio:

— Basta, mamãe! A senhora está sendo cruel e inconveniente. — E, dirigindo-se a Augusta e Joaquim, implorou: — Perdoem-nos, por favor. Não sei o que deu em minha mãe.

Ester ia dizer mais alguma coisa, mas Sofia fez um gesto para que ela se calasse. A mulher, demonstrando haver saído completamente do seu estado normal, deu um tapa no braço da filha e disse aos berros:

— Parem já com isso, todos vocês! Se alguém aqui era louca, era essa morta, não eu!

Desconcertados, os familiares de Fernanda ficaram sem reação. Mais uma vez, Cristina tentou apaziguar os ânimos:

— Estamos precisando de um chá. Vamos nos sentar à mesa e nos acalmar, por favor.

Augusta, que estava aos prantos, ignorou o convite e pediu:

— Por favor, Joaquim, vamos para casa.

Ele, que permanecera em um canto com o rosto entre as mãos, sem poder conter as lágrimas, levantou-se imediatamente e deu o braço à mãe. Manoel, que havia voltado para a sala ao ouvir os gritos de Ester, acompanhou a esposa e o filho. Saíram da casa sem dizer nada, enquanto quem ali permaneceu não conseguiu ter qualquer tipo de reação.

Augusta, Joaquim e Manoel voltaram para casa em silêncio. Não havia nada a dizer. Ao chegarem, cada qual se dirigiu para um aposento, onde, a seu modo, remoeram os fatos ocorridos. Augusta e Manoel sentiam-se culpados por não haverem visto antes o quanto o filho e a sobrinha se amavam, e Joaquim sentia-se o mais culpado de todos por não ter assumido seu amor pela doce Isabel. "Jamais me perdoarei", disse ele para si mesmo.

Na casa de Ester, Nestor estava profundamente envergonhado com a atitude da mãe. Quando os ânimos se acalmaram um pouco, ele perguntou:

— Mãe, precisava mesmo ter feito isso?

Ester começou a chorar.

— Tem toda razão, meu filho. Não sei o que deu em mim. Parecia que precisava despejar tudo aquilo sobre a família, como se alguém estivesse me instigando a fazê-lo. Agora, pensando bem no que aconteceu, sinto que nem era eu.

Nestor olhou-a indignado.

— Ora, mamãe, não me venha com essa! A senhora ofendeu e insistiu em ofender e agora diz que não foi de propósito? Cristina procurou chamá-la à razão, e a senhora continuou falando, como se nunca mais fosse parar de falar... Foi horrível!

— Tem toda razão, filho. Não estou me justificando, mas, sim, contando a vocês o que se passou comigo. E, Sofia, me perdoe, por favor. Jamais havia levantado a mão para você e não sei o que me levou a fazer isso. Irei à casa de Augusta daqui a alguns dias para me desculpar pelo meu comportamento ridículo e inconveniente. Mas repito que não sei o que deu em mim para agir como agi. Sinto muito, sinceramente.

Todos se entreolharam. A morta estaria ali e teria se vingado da família que atravessara seu caminho? Estaria Ester enlouquecendo? Teria o impacto da morte de Isabel provocado aquela reação tão inesperada em Ester? O silêncio e os pensamentos foram interrompidos por uma voz suave perguntando:

— Posso servir o chá?

A um canto, um grupo de espíritos gargalhava, divertindo-se com a situação que haviam ajudado a provocar.

Capítulo 4

A morte de Isabel, longe de ser motivo de tristeza, foi um grande alívio para Fernanda, principalmente após tomarem conhecimento dos últimos fatos narrados por Augusta. Mesmo os seus familiares, exceto Cristina, que de algum modo sentia a dor profunda daquela alma, acharam que fora melhor a jovem já não ter qualquer influência sobre a família, principalmente sobre Joaquim.

Fernanda sempre disfarçou sua aversão por Isabel e nunca nutriu qualquer simpatia pela moça, primeiro, por ela viver tão perto de Joaquim, mas principalmente por perceber que ela o amava. Bem no fundo, desconfiava que Joaquim também amava a prima, mas que, por algum motivo, não quisera assumir o sentimento que nutria por ela.

Fernanda quis casar-se com Joaquim a qualquer custo, não por amá-lo, mas por ele ser um dos rapazes solteiros mais cobiçados pelas moças. Ela sentiu-se muito importante quando ele começou a cortejá-la, pois notava os olhares de inveja e os suspiros dirigidos ao casal. Embora fosse uma boa pessoa, Fernanda, até então, não amara ninguém verdadeiramente, e Joaquim tampouco seria seu eleito. A moça era um pouco mais velha que Isabel e, para os padrões da época, já estava passando da idade de se casar. Como não conhecera nenhum rapaz que a interessasse e como Joaquim não se importava com o fato de ela gostar de escrever — o que não era aceito pela maioria dos seus pretendentes anteriores —, Fernanda o escolheu.

Depois desse dia, a família da jovem jamais mencionou novamente o nome de Isabel nas conversas, embora, ocasionalmente, quando se lembravam dela, pedissem intercessão por sua alma sofredora por entenderem que esse era o seu dever e que a alma da "pobrezinha" — como diziam — deveria estar sofrendo muito por ter dado um triste fim à sua vida.

Algum tempo depois do trágico acontecimento, tudo parecia caminhar normalmente, porém, o espírito de Isabel acompanhava a vida de cada um e por vezes sentia ódio, principalmente da tia, que a mandara para o convento, de Fernanda, que lhe roubara Joaquim, e, sobretudo, dele, que a iludira.

Pode causar um pouco de estranheza o fato de Isabel carregar tal sentimento, mas é preciso lembrar que, além de não compreender o motivo de Joaquim não ter assumido o romance com ela, a jovem sentiu-se humilhada e desprezada ao ser afastada da família. Lembremo-nos de que o ódio é o amor que adoece e que, portanto, é compreensível que, agora, ela estivesse nutrindo esse rancor, independentemente de tais sentimentos lhe serem prejudiciais, envenenando-a diariamente com tanta mágoa.

Sempre que encontrava uma oportunidade, Isabel procurava atrapalhar a vida dos encarnados de algum modo. Até então, a jovem não encontrara grandes brechas no comportamento daquelas pessoas que possibilitasse uma intervenção mais direta, pois, na maior parte do tempo, elas mantinham a vibração muito constante, mesmo não tendo os melhores pensamentos. Como Isabel dizia para si mesma, eles tinham "a bendita mania de rezar o tempo todo", o que criava uma barreira muito forte, impedindo-a de penetrar na mente das pessoas. Talvez eles vacilassem em algum momento, mas Isabel ainda não tivera oportunidade de influenciar grandemente qualquer um deles.

Ela, então, resolveu mudar a tática. Em vez de ficar ao redor de todos ao mesmo tempo, decidiu que focaria apenas em uma daquelas pessoas. Assim, começou a observar o grupo com mais atenção e concluiu que Sofia era uma presa mais fácil, pois, em alguns momentos, apresentava um quadro de profundo pessimismo e desânimo por não aceitar sua deficiência física. Embora não dissesse nada, nutria, muitas vezes, pensamentos de revolta e, frequentemente, julgava ser inútil viver daquela forma, incapaz de locomover-se como quisesse.

Ao perceber esse traço em Sofia, Isabel, imediatamente, colocou seu plano em ação. Aproveitando os momentos em que a moça estava mais frágil, passou a inserir seus pensamentos na mente dela, que foi se tornando revoltada e só falava em morrer. A moça já não tinha mais vontade de ir à missa aos domingos — à qual comparecia por não ter escolha, visto que o irmão a levava como sempre o fizera —, pois achava que as pessoas a olhavam com desdém. Todos, então, começaram a estranhar a mudança repentina de Sofia, e Augusta, que embora não soubesse explicar muito bem o porquê, sabia que aquilo era obra do "fantasma" de Isabel, o que chamamos de obsessão[1].

Augusta começou a frequentar a igreja diariamente, para acender velas com a intenção de iluminar o espírito da sobrinha, e a visitar o local onde haviam enterrado o corpo de Isabel, que ficava na propriedade da família, em um lugar afastado da casa. Nessas ocasiões, conversava com a sobrinha como se ela estivesse ali, ao seu lado, e, de fato, Isabel começou a comparecer a cada uma dessas "reuniões" com a tia.

No começo, ela simplesmente ria e falava desaforos, mas, com o tempo, foi se cansando. Sabia que Augusta era muito sincera em suas palavras e em seus pensamentos, e, aos poucos, começou a se aproximar e a sentar-se ao lado da tia para escutar cada uma das lições oferecidas por ela. Augusta, por sua vez, sentia a presença da sobrinha e falava com ela com muito amor. Seu carinho pela moça transbordava, e passou até a sentir o abraço de Isabel quando se despediam.

Mas sobre o que Augusta falava, tocando tão profundamente a alma da sobrinha? Ela falava da bondade de Jesus, de Sua mãe, Maria, mãe de todos nós — de quem ela era extremamente devota — e explicava que

---

1 "A obsessão é a ação persistente ou o domínio que alguns Espíritos logram adquirir sobre certas pessoas. É praticada por Espíritos inferiores, que procuram dominar. Apresenta caracteres muito diversos, desde a simples influência moral, sem perceptíveis sinais exteriores, até a perturbação completa do organismo e das faculdades mentais." *In*: KARDEC, Allan. **O Livro dos Médiuns**. Brasília: FEB.

Deus, nosso Pai, era sábio e bom e jamais condenava suas criaturas. Instintivamente, falava de um lugar melhor para onde poderíamos ir quando nosso corpo morresse e pedia a Isabel que começasse a modificar seus pensamentos e suas atitudes. Sugeria que a jovem se arrependesse, se perdoasse por ter tirado a própria vida e voltasse modificada ao convívio da família, para que, assim, pudesse substituir as atitudes que tivera nos últimos tempos da vida que deixara para trás por outras que fizessem dela uma pessoa mais feliz.

Augusta não contou a ninguém o que estava fazendo, mas, algum tempo depois, Sofia voltou ao seu estado normal e atribuiu aquelas mudanças aos nervos sempre à flor da pele devido à condição em que se encontrava. A partir disso, buscou formas de ser útil e nunca mais pensou em morrer. Incentivada por Isabel, que já se modificara bastante, começou a amar a vida mais do que nunca e até se abriu para a possibilidade de um relacionamento, o que, de fato, viria a acontecer no futuro. Ela foi feliz em seu casamento e teve dois filhos que lhe deram muitas alegrias.

Isabel aceitou, por fim, que teria de partir para outro lugar, a fim de aprender a ser uma pessoa diferente daquela que fora até então, jogando fora, de uma vez por todas, os sentimentos que tanto mal lhe causavam.

Naquela manhã, Augusta estava ao lado do local onde o corpo da sobrinha havia sido enterrado e, como de costume, conversava com ela, quando viu os espíritos de sua irmã e de sua mãe. Havia com elas mais três mulheres que sorriam. Augusta retribuiu o sorriso, e, subitamente, Isabel ficou visível para ela. Seus cabelos estavam desarrumados, suas roupas, rasgadas, e a ferida em seu pescoço causava má impressão.

As duas mulheres que estavam no grupo aproximaram-se de Isabel e colocaram suas mãos sobre ela. Sem proferir palavras, apenas se comunicando por meio do pensamento, explicaram que eram emissárias de Maria e iriam cuidar de Isabel. Como por encanto, a jovem agora vestia roupas limpas, seus cabelos estavam arrumados, e a ferida do pescoço dera lugar a uma cicatriz.

Comovida, Isabel abraçou a tia e agradeceu pelo carinho e pela compreensão que ela lhe oferecera diariamente desde sua morte. Agradeceu por cada prece e pelo empenho de Augusta durante todo aquele período. Isabel voltou a ser a criatura dócil de outros tempos, e seu sorriso estampava seus sentimentos.

— Tia querida, por favor, me perdoe por tudo o que fiz e pelo desgosto que causei a todos.

— Não há o que ser desculpado, minha filha do coração. Sou eu quem lhe pede desculpas por não ter entendido melhor quem você era e o que se passava. Nunca pensei que nutria por Joaquim um sentimento tão profundo, tampouco imaginei que haviam vivido um romance tão lindo. Enquanto meu coração bater, haverei de orar por você e desejar que encontre paz.

— Agradeço imensamente por isso, tia. Haveremos de nos reencontrar.

E assim dizendo, beijou a testa de Augusta, que sorriu com a carícia. Isabel ajoelhou-se e orou como nunca havia feito desde quando tirou a própria vida. Sinceramente, pediu:

— Que me seja mostrado um caminho de luz! Quero ter uma vida diferente, fazer o que for preciso para de algum modo reparar meus erros. Estou disposta a mudar e, se for possível, espero ter uma oportunidade de fazê-lo.

Isabel perdeu os sentidos sem perceber os espíritos que estavam à sua volta. Duas das emissárias de Maria colocaram-na sobre uma maca para levá-la rumo à sua nova vida, enquanto a terceira colocou as mãos sobre Augusta, que sentiu uma paz muito intensa. Tão grande, de fato, que ela achou que havia sido levada ao paraíso. Jamais sentira tamanha paz e alegria. Fechou os olhos, agradeceu pelo ocorrido, e, quando os abriu novamente, todas as mulheres já haviam sumido. Ela entendeu que Isabel tinha sido levada para um lugar onde, finalmente, poderia encontrar a paz e voltar com novas ideias e atitudes. Ela seria feliz! Augusta tinha certeza disso.

A mulher continuou retornando sempre àquele local, pois, mesmo entendendo que ali jazia apenas o corpo de Isabel, queria continuar prestando aquela singela homenagem à memória da sobrinha.

Poucos dias depois do acontecido, Augusta plantou no jardim de sua casa lindas flores que dedicou à sobrinha e mandou fazer uma pequena placa, onde se lia *Cantinho de Isabel.* As flores sempre cresciam lindas, e Augusta tinha certeza de que a sobrinha recebia cada uma delas no lugar onde morava agora.

Passaram-se mais alguns anos, e, aos poucos, Isabel começou a entender que tomara uma atitude muito infeliz ao encurtar a própria vida, mas, por outro lado, sabia que teria novas oportunidades se assim o desejasse. Estudava com afinco, pois queria muito voltar diferente para aproveitar a vida como nunca conseguira. Soube que em outras existências não fora muito diferente do que na vida anterior. Assim, foi burilando o caráter e transformando os sentimentos para colocá-los no lugar daqueles que cultivara até então.

Capítulo 5

Estados Unidos da América, década de 1920.

A Primeira Guerra Mundial (28 de julho de 1914 a 11 de novembro de 1918) chegara ao fim. As fábricas ficaram mais modernas, e o estilo de vida americano espalhava-se pelo mundo. A economia desenvolvia-se de forma espetacular, e o poder de compra da classe média norte-americana aumentara devido às vendas a crédito, o que deu início ao consumismo. Vendia-se de tudo, desde carros a torradeiras elétricas.

Foi nessa década que surgiu, pelas mãos do canadense Thomas Ahearn, o primeiro fogão elétrico, que se popularizou a partir de 1920. Nessa mesma década popularizaram-se também a máquina de lavar roupas e a geladeira elétrica. Os automóveis começaram a se tornar mais populares também, modificando, assim, a paisagem urbana, pois foi necessária a instalação de semáforos nas cidades e que se construíssem estacionamentos e garagens nas casas. Surgiram postos de gasolina, mais ruas pavimentadas e novos arranha-céus.

Essa prosperidade, porém, também foi marcada por grande desigualdade social, uma vez que cerca de cinquenta por cento da população norte-americana vivia abaixo da linha da pobreza. Esses eram particularmente os afrodescendentes, mexicanos e os novos imigrantes. A população rural tampouco participou dessa prosperidade econômica.

Durante o período da Primeira Guerra Mundial, muitos agricultores expandiram sua produção para fornecer alimentos, conforme fora determinado pelo governo. A exportação de produtos agrícolas foi imensa de 1914 a 1920, porém, quando a Europa retomou a produção, os preços foram derrubados. Ao longo da década de 1920, os Estados Unidos continuaram produzindo muito, o que fez o preço das safras despencar. Ao mesmo tempo, as classes médias urbanas também queriam enriquecer rapidamente e começaram a investir na Bolsa de Valores, mas, em outubro de 1929, a quebra da Bolsa pôs fim a tudo isso, ocasionando a ruína dos fazendeiros e uma vida miserável à população urbana.

O crescimento econômico e os contrastes culturais da época propiciavam para a juventude entretenimento e diversão. O modo de vida alienado e superficial dos jovens e sua busca por um rumo que os levasse a encontrar um lugar no mundo fizeram a década de 1920 ser chamada de "geração perdida".

No Brasil, em fevereiro de 1922, foi realizada, no Teatro Municipal de São Paulo, a *Semana de Arte Moderna*, com a ideia de renovar o ambiente artístico e cultural. Participaram dela escritores, artistas plásticos, arquitetos e músicos.

O rádio chegou ao Brasil oficialmente em 7 de setembro de 1922, ano em foi comemorado o centenário da Independência do país. O então presidente, Epitácio Pessoa, inaugurou as transmissões.

Em 5 de julho de 1922 aconteceu no Rio de Janeiro o episódio chamado de Revolta dos 18 do Forte. O movimento queria o fim da República Velha e abriu caminho para a Revolução de 1930.

Em 1924, houve a Revolta Paulistana. Os objetivos eram os mesmos da Revolta dos 18 do Forte, ou seja, voto secreto, reformas no ensino público, poder político ao exército, fim da corrupção e a retirada do presidente.

Foi nesse cenário que viveu a jovem Elizabeth ou simplesmente Liz, que nasceu em 1912 nos Estados Unidos. Estamos agora em 1928.

Liz era uma moça diferente das jovens daquela época, pois preferia ficar em casa para ler. Lia de tudo e tinha sede de aprender. "A vida é curta demais", sempre repetia. Tinha sempre a sensação de que não havia tempo suficiente e que a vida iria abandoná-la a qualquer momento. Desde criança, tinha sonhos estranhos, e o mais recorrente era aquele em que começava a flutuar e sabia que havia morrido. Acordava assustada, e a mãe sempre ia acudi-la.

Os pais, brasileiros, foram viver nos Estados Unidos e lá permaneceram por muitos anos, pois o pai de Liz era um engenheiro renomado e recebera um convite irrecusável para trabalhar naquele país. Ganhava muito bem e tinha muitos benefícios extras. Seu primo, que lá vivia, falou sobre ele em uma reunião com os diretores da empresa onde trabalhava, e estes logo se interessaram em contratá-lo. Queriam que ele ficasse cerca de cinco anos nos Estados Unidos, mas esses cinco anos se tornaram quase vinte.

Ao irem embora do Brasil, os pais de Liz sentiram muito pela família e pelos amigos que deixaram para trás, mas, como acabamos nos acostumando com quase tudo na vida — principalmente com as coisas boas —, eles assimilaram o novo modo de vida confortável e, sempre que possível, voltavam à terra natal. No restante do tempo, enviavam cartas e fotos. Assim, Liz cresceu conhecendo bem a família brasileira, sem, no entanto, conviver com ela. Sua pessoa favorita era Constância, a irmã de sua mãe. A jovem escrevia para ela o tempo todo para contar e saber das novidades, aproveitando para treinar a língua portuguesa, que aprendera desde pequena, tornando-se, assim, fluente em Inglês e Português.

Liz escrevia poesias e pequenas histórias e tinha a intenção de publicar seus escritos em algum momento. O mais interessante era que, ao escrever, sempre o fazia em Português, e não em Inglês, como seria mais natural. A mãe, pacientemente, corrigia os textos da filha e ensinava-lhe sua língua materna a fim de que Liz aprendesse cada vez mais. Achava importante que ela soubesse bem o idioma, pois ela e o marido tinham a intenção de voltar a viver no Brasil em breve. Isso, porém, jamais aconteceria.

Tudo parecia correr bem, quando um trágico acidente levou os pais de Liz para o outro lado da vida. Imediatamente, Constância e seu marido, Francisco, foram para os Estados Unidos cuidar dos negócios dos pais de Liz. Eles eram os padrinhos da jovem e os procuradores dos pais da moça. Dessa maneira, puderam resolver tudo de maneira rápida e satisfatória.

Um mês depois do falecimento dos pais, Liz chegava ao Brasil com os tios. Ela se sentia amparada com eles e preferia ficar na companhia dos familiares a ficar sozinha em um país estrangeiro, onde os poucos amigos certamente tinham de cuidar da própria vida e não poderiam recebê-la em casa. Ao menos no Brasil, teria o carinho e o conforto de saber que era amada.

A chegada de Liz foi uma grande alegria para todos. Ela sentiu-se acolhida e soube que poderia ser feliz no Brasil como fora no país onde nasceu. Naquela época, não havia aqui tanta modernidade como nos Estados Unidos, mas a jovem logo se adaptou à nova vida ao lado dos tios e do primo Rafael, dois anos mais velho que ela.

Desde cedo, eles desenvolveram uma afeição mútua, mas nunca haviam estreitado laços, embora Liz tivesse a impressão de que já o conhecia havia muito tempo. Rafael, por sua vez, mostrava-se educado, mas um pouco distante. Parecia não querer estreitar relações com a prima, como se tivesse receio dela. Gostava de Liz, mas sempre ficava "com um pé atrás", como costumamos dizer.

Seis meses se passaram, e Liz já estava totalmente adaptada à nova vida e ao novo país, que a moça passou a amar como amava sua terra natal. Muita coisa era diferente aqui, mas ela sentia muita gratidão pela vida e queria aproveitar cada minuto, sempre vendo cada dia como uma nova e abençoada oportunidade de ser feliz com o que a vida lhe reservava a todo instante. Acordava sorrindo e cantando, dançava pela casa e, ao sair à rua, cumprimentava a todos com espontaneidade e delicadeza.

Aos poucos, Rafael começou a gostar da companhia da prima, que ele considerava alguém muito especial. Era fácil ser feliz ao lado dela. A jovem era bondosa, alegre e caridosa e havia algo nela que ele não sabia explicar, mas que o atraía profundamente. Na verdade, era aquela força e a pressa de viver bem cada minuto. Eles falavam sobre os livros que liam, ela ensinava a Rafael coisas que ele não sabia sobre a cultura norte-americana, e assim os dois passavam horas conversando e trocando ideias.

Após um ano de convivência com a prima, Rafael parecia não poder mais viver sem sua companhia. Eles haviam se tornado melhores amigos, mas algo começou a preocupar Constância. Ela sabia que, na verdade, aquela não era apenas uma amizade entre primos. Eles se amavam. Talvez pelo fato de serem primos, talvez pelo fato de nenhum dos dois ter se dado conta de que aquele sentimento se transformara em amor ou talvez por medo — enfim, ela não sabia ao certo o motivo —, eles estavam naquela situação inexata de relacionamento. Constância não queria ser invasiva e esperava que eles fossem conversar com ela. Enquanto isso, ela apenas os observava.

Rafael estava na faculdade de Medicina, pois desejava ser médico como o pai, e Liz dava aulas particulares de Inglês. Em um tempo no qual poucas pessoas falavam o idioma no Brasil, ela logo conseguiu ter vários alunos, o que achou bastante divertido, uma vez que nunca havia pensado em ser professora. A jovem gostava muito de realizar esse trabalho, pois achava gratificante ver alguém que não sabia nada conseguir falar várias coisas depois de algum tempo.

Liz conquistara os corações por ser dócil e bondosa com todos, sempre procurando auxiliar a quem quer que fosse conforme lhe era possível. Já estava totalmente entrosada com a cultura do país onde escolhera viver e assimilara os costumes e hábitos da nova terra.

Capítulo 6

A vida seguia seu rumo habitual, quando, repentinamente, Francisco começou a perder peso e a sentir-se estranho. Vários médicos o examinaram, mas não conseguiram fechar um diagnóstico, e, como acontece com frequência quando já não sabemos o que fazer, buscamos respostas onde não havíamos procurado até então.

Por recomendação de sua amiga Letícia, Constância decidiu ir com Francisco à casa de uma senhora, que, segundo diziam, realizava verdadeiros milagres quando as pessoas a procuravam debilitadas ou com algum problema. Maria — assim se chamava a mulher — era espírita e entendera muito bem as mensagens contidas nas obras de Kardec, procurando colocar em prática os ensinamentos adquiridos por meio da doutrina dos espíritos. Por esse motivo, era considerada sábia por muitas pessoas que a procuravam para receber conforto, que sempre chegava por meio de suas palavras.

Naquela semana, Letícia conversou com Maria, que pediu que Constância e Francisco fossem à sua casa no sábado à tarde. Como ela morava perto e o dia estava bonito, o casal decidiu ir até lá caminhando.

Ao chegarem à casa de Maria, um cachorro simpático anunciou a presença dos visitantes. A mulher, alegre e sorridente, foi ver quem era. Assim que Constância e Francisco se identificaram, ela abriu o portão, sempre acompanhada pelo cãozinho Samba, que demonstrava entender tudo o que sua tutora dizia.

— Samba é mansinho — garantiu ela.

E, para provar o que Maria dissera, Samba parou na frente dos visitantes, latiu e abanou a cauda, como se estivesse sorrindo. Em seguida, colocou-se ao lado deles, dando-lhes passagem. Ambos riram. Francisco acariciou o animal e disse:

— Nós gostamos muito de animais, não é, Constância?

— Sim. Sempre tivemos bichinhos em casa, embora, no momento, não tenhamos nenhum. Nosso Bobby nos deixou no ano passado. Era um cãozinho sem raça definida que ganhamos de uma vizinha. A cachorrinha dela deu cria, e Bobby era o mais fraquinho da ninhada. Pensamos que ele não sobreviveria, mas, embora fosse pequeno, ficou forte e nos acompanhou por dezessete anos.

Maria sorriu.

— Gosto de quem respeita os animais. É claro que nem todos querem ter um em casa, mas respeitá-los já é um bom começo, não acham?

Os visitantes concordaram, e ela os encaminhou gentilmente para dentro da casa.

— Letícia disse que o senhor está doente, não é?

Francisco explicou à mulher o que se passava com ele, e, enquanto isso, Maria acariciava Samba, que, com a cabeça deitada em seu colo, olhava para ela e para os presentes. Em certo momento, o cão foi deitar-se aos pés de Francisco e ficou olhando para ele, enquanto Maria falava sobre Jesus e alguns de Seus ensinamentos, recomendando a Francisco que orasse várias vezes por dia, pedindo ao seu espírito protetor que o intuísse sempre que necessário. Depois, deu aos visitantes um exemplar de *O Evangelho Segundo o Espiritismo*, recomendando que fizessem o Evangelho no Lar.

— Isso deve ajudá-lo a melhorar, senhor Francisco — afirmou ela.

— Muito obrigado.

— Antes de irem, vamos fazer uma prece juntos.

Francisco e Constância sentiram uma paz tão grande que desejaram permanecer naquele ambiente indefinidamente. Samba, que deitara a cabeça no colo de Francisco, parecia entender a importância da oração, pois fechara os olhos e ficara bem quietinho. Maria começou a falar, e quem tivesse o dom da vidência veria ao lado dela o espírito de uma mulher de ar bondoso, que intuía as palavras que ela dizia.

— Pai, Mestre Jesus, amigos espirituais, estamos aqui para agradecer por tudo o que recebemos o tempo todo e por todas as vezes em que, mesmo sem nosso conhecimento, fomos socorridos e intuídos a fazer nosso melhor. Que possamos entender as mensagens amorosas que nos chegam a todo o momento, a fim de caminharmos com mais segurança pela estrada da vida, e que sejamos abençoados hoje e sempre.

Ao final da prece, todos, inclusive Samba, beberam água fluidificada. Maria convidou os visitantes a voltarem na semana seguinte, naquele mesmo horário.

— Sou costureira, e os dias são bem agitados. Mas, aos sábados à tarde, estou mais tranquila, e podemos nos reunir, se vocês desejarem.

— Que bom saber que a senhora costura. Da próxima vez, o que acha de trazermos uns tecidos para a senhora fazer algumas roupas para nós? — perguntou Constância.

— Será um prazer! — respondeu Maria.

E, como se tivesse lido o pensamento de Constância, Maria disse:

— Caso os jovens queiram vir também, serão muito bem-vindos.

Constância riu.

— Como adivinhou o que eu iria perguntar?

Maria sorriu.

— Sopraram ao meu ouvido — disse.

— Então, sopraram certo. Muito obrigada por tudo — acrescentou Constância.

Maria foi até uma mesa, escreveu algo em um papel e entregou-o para a visitante.

— Aqui está o telefone da minha vizinha. Se precisarem falar comigo, é só ligar e deixar um recado — disse sorrindo. — Eu ligarei para vocês em seguida.

Francisco e Constância agradeceram e despediram-se da anfitriã e de Samba, prometendo retornar na semana seguinte. Depois, foram caminhando de volta para casa, enquanto trocavam impressões sobre Maria.

— Gostei muito dela — disse Francisco. — Nota-se que se trata de pessoa de boa índole e que tem vontade de ajudar o próximo. Além disso, senti-me muito bem na casa dela. O clima era de paz e tranquilidade, não achou?

— Tem razão — respondeu Constância. — Ela transmite uma paz contagiante. Estou me sentindo muito bem e quero aprender mais sobre a doutrina espírita. No que me diz respeito, gostaria de voltar à casa dela no sábado.

— Eu também — disse Francisco.

Continuaram caminhando até chegarem em casa, onde Liz e Rafael já os esperavam. Ele logo perguntou:

— Então, pai? Como foi? Sente-se melhor?

Francisco não se fez de rogado e respondeu sorrindo:

— Pois estou melhor, sim! Parece que recebi uma injeção de ânimo!

O casal pôs-se a contar aos jovens todos os detalhes da visita.

— Posso acompanhá-los da próxima vez? — perguntou Liz.

— Quero ir também — disse Rafael.

— Vou falar com Maria que vocês irão conosco. Ela os convidou, e tenho certeza de que ficará muito contente com a presença de vocês.

Os dias foram passando, e Francisco começou a sentir-se melhor. Seguindo as orientações de Maria, orava várias vezes por dia e, antes de o sábado chegar, já estava praticamente curado.

Gostaria de esclarecer que o ocorrido com Francisco foi, na verdade, uma forma que os espíritos encontraram de fazer a família começar a se interessar pelos assuntos relacionados à espiritualidade. Eles eram boas pessoas, mas, se tivessem conhecimento nessa área, poderiam acelerar a própria evolução. A decisão de continuar aprendendo ou não certamente seria de cada um deles, no entanto, foi necessário esse "empurrãozinho" para que tivessem um primeiro contato com Maria. Dali em diante, seria respeitado o livre-arbítrio de cada um, pois nada é imposto e cada qual faz apenas o que deseja. Daí a nossa responsabilidade no que diz respeito aos nossos atos. É bastante comum as pessoas fazerem algo e depois responsabilizarem os outros por suas decisões, quando o resultado não é o esperado. É preciso entender que, apesar de recebermos influências tanto de encarnados como de desencarnados, a decisão é sempre nossa. Somos nós que nos deixamos levar ou não por ideias e sugestões.

Nota da autora espiritual

No sábado, conforme havia sido combinado, o pequeno grupo chegou à casa de Maria às 14h50 em ponto. Samba já os aguardava no portão, e, a um simples bater de palmas, a figura sorridente da mulher apareceu abrindo a casa e o coração para recebê-los com alegria. No plano invisível aos olhos da maior parte das pessoas, outro pequeno grupo sorria satisfeito. Constância estendeu um vaso de flores para Maria, que agradeceu a gentileza.

— Muito obrigada. Não vou dizer que não precisavam ter se incomodado, pois entendo que, se o fizeram, foi de coração, e o meu coração reconhece esse carinho.

Todos riram e entraram na casa. Por alguns minutos, conversaram sobre a semana de cada um, e logo Maria os convidou para sentarem-se à mesa de madeira tosca, sobre a qual estavam dispostos uma jarra com água fresca e seis copos acomodados sobre uma toalhinha muito branca. Ao lado da jarra havia um exemplar de *O Evangelho Segundo o Espiritismo*.

— Gostaria de convidá-los a ler um trecho de *O Evangelho* e fazer alguns comentários sobre o que lermos. O que acham?

— Acho ótimo — disse Liz batendo palmas tal qual uma criança a quem foi oferecido um mimo.

Todos sorriram. Maria notou o olhar amoroso de Rafael fitando a moça e uma espécie de tubo que parecia conectar os dois pelo coração. Ela sorriu ao ver quanto amor havia naqueles dois jovens, mas sentiu também o quanto o fato de ocultarem esse sentimento estava fazendo mal a ambos. Um de seus amigos espirituais que assistia o grupo, contudo, quis tranquilizá-la.

Todos se acomodaram, e Maria convidou Constância a abrir o exemplar de *O Evangelho Segundo o Espiritismo* que ela lhe estendia. Abrindo o livro ao acaso, conforme lhe fora orientado, ela deteve-se no capítulo "Fora da caridade não há salvação", que se tornou o tema daquele encontro.

O grupo fez as preces, a leitura e breves comentários, e, em seguida, todos beberam a água fluidificada, inclusive Samba. O cãozinho parecia de fato entender o que tudo aquilo representava, pois sorveu a água até o último gole. Maria teve o cuidado de encher de novo o recipiente para o caso de o bichinho ter sede. Todos acariciaram Samba, que sempre se mostrava dócil e simpático.

— Preparei um bolo para vocês. Posso fazer um café fresquinho?

— Agradecemos muito sua atenção. E todos aqui adoram café — respondeu Rafael.

Assim, a conversa regada a bolo e café tornou inesquecíveis aqueles momentos de alegria e aprendizado. Parecia que todos já se conheciam havia muito tempo.

Nascia ali uma amizade que duraria a vida inteira, pois a afinidade do grupo vinha de outras encarnações.

Constância e Liz foram para o quarto de costura de Maria, que tirou as medidas das duas para fazer os vestidos que elas encomendaram.

— Na próxima semana, já poderão provar ao menos um vestido — garantiu Maria.

As duas agradeceram e voltaram para a sala.

— Que ótimo! — disse Constância. — A senhora que costurava para nós se mudou daqui para o interior para ficar na companhia do filho, que resolveu morar em outra cidade. Estávamos mesmo procurando alguém que soubesse costurar, não é, Liz?

— Sim. Titia e eu fazemos vários trabalhos manuais, mas não temos muito talento para costura.

Constância assentiu com a cabeça, e todos riram.

— Não dá para saber tudo. Ainda bem que no mundo cada qual tem seus talentos. Se juntarmos o que cada um sabe fazer na vida, ficará bom para todos — disse Francisco.

— Verdade — disse Maria. — Acredito que cada um de nós tenha diversas oportunidades para desenvolver seus talentos naturais e aprender outros tantos, mas nem sempre conseguimos ser realmente bons em tudo aquilo a que nos propomos ou gostaríamos de fazer. Por isso a vida é assim: cada um contribui com seus dons para que todos sejam beneficiados.

— Concordo. Titia, por exemplo, cozinha muito melhor que eu — afirmou Liz.

— Ah, mas suas panquecas são muito mais saborosas do que as minhas — respondeu Constância.

— Gosto das duas panquecas — disse Francisco. — E você, Rafael?

— Eu também.

— Vocês estão querendo ser gentis conosco. Isso não vale.

— Mamãe, sua panqueca é fininha, e a da Liz é grossa. Ela diz que é panqueca americana. As duas são bem diferentes, mas, particularmente, gosto de ambas.

— Pronto! Aí está uma ótima explicação — disse Constância.

— Tenho uma ideia — tornou Liz. — Que tal trazermos nossas panquecas da próxima vez, e aí teremos a opinião neutra de dona Maria e de Samba?

Todos riram, e Maria concordou na hora:

— Combinado! Se quiserem, podem fazer as panquecas aqui em casa. Vocês decidem.

— Podemos fazer aqui, então — respondeu Liz entusiasmada. — Elas são mais gostosas quentinhas. O que acha, titia?

— Por mim, está combinado!

— Vou gostar dessa brincadeira — disse Maria.

Nesse instante, Samba entrou na conversa latindo e abanando a cauda. Todos riram, enquanto o cãozinho mostrava os dentes como se estivesse rindo também.

Aqueles encontros tornaram-se o compromisso semanal do grupo e neles havia muita conversa boa e alegria. O aprendizado era enorme, uma vez que, durante a semana, sempre nas noites de quarta-feira, foi instituído o Evangelho no Lar na casa de Constância e Francisco.

A semana passou rapidamente, e, como haviam combinado, chegou o dia do “Desafio das Panquecas”.

Logo após o evangelho da tarde, tomaram um cafezinho com salada de frutas que Maria preparara, e Liz e Constância foram experimentar seus vestidos. Maria conseguira fazer dois para cada uma, e o resultado ficara excelente, pois a costureira trabalhava muito bem. Tia e sobrinha ficaram muito contentes e agradecidas pelo trabalho dela.

— Muito obrigada, Maria. Adorei meus vestidos — disse Constância.

— Eu também! — exclamou Liz. — Ficaram perfeitos.

Maria começou a rir.

— Mas ainda não estão prontos. Depois, sim, ficarão bonitos.

— É verdade — respondeu Constância. — Mas já estão lindos!

— Fico contente que tenham gostado, porém, se não estou enganada, vocês têm uma tarefa a cumprir agora, não?

— Sim! Mãos à obra, titia!

As duas dirigiram-se para a cozinha com a dona da casa, que ia lhes fornecendo os utensílios de que necessitavam para fazer as panquecas. Depois de um bom tempo, tudo ficou pronto. As panquecas de Constância eram salgadas, recheadas com palmito e ervilhas, e as de Liz eram doces, acompanhadas por uma novidade da época: leite condensado.

A mesa estava posta, e as panquecas foram servidas. Maria e Samba não foram capazes de escolher uma ganhadora. Houve empate mais uma vez, e, assim, chegaram à conclusão de que as duas panquecas — cada uma no seu estilo — eram deliciosas.

Capítulo 7

O tempo ia passando, e a afeição entre Liz e Rafael crescia cada vez mais. Em um domingo, os dois foram a uma confeitaria, e Rafael, não suportando mais, resolveu declarar-se para a prima. Já havia decidido que, se ela não aceitasse namorá-lo e depois se casar com ele, colocaria uma pedra sobre o assunto e jamais falaria sobre isso novamente.

Na confeitaria, após fazerem os pedidos, começaram a conversar sobre vários assuntos, mas se sentiam extremamente desconfortáveis. Embora estivessem sempre juntos e tivessem longas conversas o tempo todo, o fato de estarem em casa freava de algum modo o que sentiam, e eles pareciam de certa forma mais seguros, pois sabiam que Francisco ou Constância estaria por perto. Em certo momento, antes que perdesse a coragem, Rafael resolveu falar:

— Liz, preciso muito falar com você sobre um assunto que tem me incomodado bastante.

A moça estremeceu, pois tinha medo do que Rafael pudesse falar. Embora, por vezes, achasse que era correspondida pelo primo, acreditava que ele não falaria nada devido ao parentesco entre eles. Naquele tempo, havia bastante preconceito contra isso, e ela jamais esperaria que algum dia Rafael se declarasse.

Havia poucos dias, umas pessoas que visitavam os tios comentaram que Rafael seria a pessoa certa para a filha deles e que desejavam apresentá-la ao rapaz. Ele era o que, naquela época, se chamava de "um bom partido", isto é, alguém bom para se casar. Além de ser um jovem muito educado e correto, tinha ótima aparência, estava estudando Medicina e parecia ter um futuro promissor. "Será que já combinaram de levar a moça para conhecer Rafael e ele quer me comunicar isso?", questionou-se intimamente. Seus pensamentos, contudo, foram interrompidos pela voz do primo.

— Está me escutando? Parece longe.

— Desculpe-me. Que falta de educação! Fale — pediu ela sorrindo.

Aquele sorriso pareceu encher o coração de Rafael com uma alegria de outro mundo. Ele, então, tomou as mãos de Liz e disse:

— Não sei bem como começar...

— Que tal começar pelo começo? — sugeriu ela.

Rafael parecia um pouco bobo, e Liz achou lindo aquele jeito tímido do primo, que sempre se mostrava tão seguro de si. Ela continuou sorrindo e, com a cabeça, encorajou-o a falar, enquanto apertava as mãos do rapaz. Ele retribuiu o sorriso e disse de uma vez só:

— Eu te amo demais.

Na mesma hora, ela respondeu:

— Eu te amo também. Você é uma das pessoas que mais quero bem na vida.

— Não... — disse ele antes que perdesse a coragem. — Eu a amo, Liz. Quero namorá-la, me casar com você e nunca mais sair do seu lado. Quero dormir e acordar com você, poder passear em sua companhia, ficar velhinho e viver ao seu lado para sempre.

Liz chorava como criança ao mesmo tempo que ria e sorria.

— É tudo o que mais quero também.

Rafael aproximou-se dela e beijou suas mãos. Naquela época, não era apropriado um casal se beijar em público. Mais tarde, certamente encontrariam um lugar para trocar o primeiro beijo.

Resolveram, então, deixar a confeitaria para caminharem um pouco. Saíram de mãos dadas, e ele abraçou-a pela cintura. Era comum que ficassem de mãos dadas, mas agora era diferente. Estavam namorando. Ao longo do caminho, conversavam.

— Você acha que seus pais aceitarão nosso namoro?

— Bem, acho que eles já sabem que nós nos amamos. Vamos falar com eles quando chegarmos em casa. Pode ser?

— Claro. Se houver algum problema, eu sairei de sua casa.

Rafael apertou Liz contra o peito e disse:

— Tenho certeza de que nossa história terá um final feliz. Eu te amo tanto, Liz. Quando a vi pela primeira vez, ainda éramos crianças, mas, desde aquele momento, eu a amei. Esperava por suas cartas e sonhava com suas visitas. E, cada vez que eu a via, meu amor por você aumentava. Eu a achava ainda mais linda. Tenho aquele retrato nosso em minha mesinha de cabeceira e sempre olho para ele antes de dormir, esperando me encontrar com você nos sonhos. Muitas vezes, sonhei e sonho com você, Liz.

— Nunca me contou isso. Eu também sempre sonhei e sonho com você.

Os dois caminharam até uma praça e pararam debaixo de uma árvore. Ali, trocaram o primeiro beijo e ficaram abraçados por algum tempo. De repente, uma chuva gostosa de verão começou a cair, e eles sentiram como se a própria alma estivesse sendo lavada de toda a angústia causada pela repressão dos sentimentos. Correram na chuva e beijaram-se muitas vezes.

Chegaram a casa molhados de chuva e alegria. Constância, ao olhar para os dois, sabia que algo havia acontecido e sorriu.

— Vão correndo se enxugar, tirar essas roupas e tomar um banho quente. Vou lhes preparar um chocolate bem quentinho.

Não demorou para que Liz fosse para a cozinha seguida por Rafael. Francisco lia o jornal e comentava algumas notícias com Constância. Quando todos estavam reunidos à mesa, Rafael falou:

— Papai, mamãe, tenho um assunto muito sério para falar com vocês.

Francisco tirou os óculos como sempre fazia quando queria escutar algo com atenção, e Liz sorriu. Gostava daquele costume do tio, que ela aprendera a amar como a um pai. Constância fitou o filho, esperando o que seu coração já antevia.

— Desde pequeno, eu amo Liz e resolvi me declarar para ela. E, agora, estou contando isso para vocês.

Os pais riram do jeito do filho, e Rafael ficou desconcertado.

— Estão rindo de mim?

Liz não se conteve e riu também.

— Filho, só um cego não conseguiria ver que vocês se amam. Estávamos esperando a notícia a qualquer momento — disse Francisco.

Rafael começou a rir também. Constância tomou as mãos dos jovens e as uniu como se os estivesse abençoando.

— Queremos que sejam felizes — disse Constância. — Já conversamos sobre isso algumas vezes. Vocês foram feitos um para o outro. Liz é nossa querida filha do coração, e nós a amamos cada dia mais. Não poderíamos querer alguém melhor para você, meu filho, que é nosso tesouro mais caro. Ficamos felizes em confiá-lo a Liz, pois temos certeza de que vocês serão muito felizes e têm um lindo futuro pela frente.

Os jovens estavam contentes, pois não esperavam uma reação tão boa de Constância e Francisco.

— E quais são suas intenções com essa moça? — perguntou Francisco agora sério, mas em tom brincalhão.

— Nós queremos nos casar o mais breve possível, pois já nos conhecemos o bastante e sabemos que nos damos suficientemente bem para vivermos em harmonia como um casal.

— E quando exatamente querem se casar? — perguntou Constância.

— Se Liz aceitasse, eu me casaria com ela agora mesmo — disse Rafael.

— Bem, você ainda está estudando, e os dois já estão acomodados nesta casa. Nossa sugestão é a de que se casem e fiquem aqui por um tempo até que tenham o próprio cantinho. Podemos providenciar algumas mudanças na mobília, e vocês têm a liberdade de ajeitar o quarto como quiserem. Aos poucos, vamos arrumando as coisas para vocês. Temos aquele apartamento perto daqui, mas há inquilinos lá neste momento. O contrato vencerá em um ano e pouco. Se quiserem, poderão mudar para lá depois de decorarem tudo com calma. O que acham? — perguntou Francisco.

Rafael olhou surpreso para o pai.

— Vocês já haviam combinado tudo isso? Quer dizer, o que falariam para nós?

— Sabíamos que era questão de tempo para vocês se acertarem — disse Constância sorrindo. — Agora é com vocês. Conversem e decidam. Nós os apoiaremos em tudo o que resolverem.

Liz chorava de alegria.

— Eu sabia que vocês eram maravilhosos e agora sei que são mais que isso. Para mim, está perfeito assim! Se Rafael quiser também, é claro.

— Então, vamos marcar o casamento amanhã mesmo — disse Rafael.

— Vocês irão casar-se na igreja? — perguntou Francisco.

— Gostaria muito de entrar na igreja vestida de noiva e sendo conduzida pelo senhor, titio —confessou Liz, dirigindo-se a Francisco, que sorriu e beijou as mãos da sobrinha.

— Claro, filha! Isso será uma honra e uma alegria, já que não tinha uma filha antes de você chegar.

A conversa continuou em torno dos planos para o casamento. Fizeram a lista dos poucos convidados e combinaram que no dia seguinte já tomariam as primeiras providências.

O tempo passou depressa, e logo chegou o dia tão esperado por Liz, Rafael, Constância e Francisco. Era uma manhã de sábado, e, às onze horas, os noivos e suas testemunhas, entre elas Maria, assinaram o livro de registros de casamento. Algum tempo depois, saíram de lá casados perante a lei, com as alianças nos dedos. No fim da tarde, aconteceria a cerimônia religiosa.

Ao sair do cartório, as outras testemunhas, que eram amigos dos noivos, e os pais de Rafael foram a um restaurante para comemorar o casamento. Almoçaram, e dali Liz foi direto ao salão de beleza, onde faria um penteado diferente para seu dia tão especial. Em casa, tudo já estava preparado: vestidos, sapatos, véu e grinalda descansavam sobre a cama da noiva, que não cabia em si de tanto contentamento.

Rafael estava um pouco nervoso, e o pai procurava acalmá-lo. Ele queria que tudo fosse perfeito, pois sabia o quanto aquele dia era especial, principalmente para Liz, que cuidara de cada pequeno detalhe com Constância.

Às cinco horas, Rafael saiu de casa com a mãe. Liz sairia com Francisco alguns minutos depois para que o noivo chegasse antes dela. Quando a moça entrou na nave da igreja com Francisco, Rafael emocionou-se. Ela estava linda. O vestido branco, feito por Maria e oferecido para a noiva como presente de casamento, era simples, mas elegante. O véu cobria o rosto levemente maquiado de Liz, que trazia nas mãos um delicado buquê. A cerimônia foi breve, e logo todos se dirigiram ao salão da igreja, que havia sido enfeitado por Liz, Constância e Maria na véspera.

A festa transcorreu alegre. Havia poucos convidados, pois os noivos só chamaram para compartilhar aquele momento pessoas que realmente estavam contentes pelo enlace e que vibravam pela felicidade do casal. Muitos haviam torcido o nariz para o casamento entre primos, por isso nem sequer foram convidados. Algumas pessoas tiveram a indelicadeza de fazer comentários desagradáveis e desnecessários sobre o relacionamento do jovem casal, portanto, não estariam presentes no evento.

Capítulo 8

Naquele tempo, era muito comum que os casais passassem a lua de mel em Poços de Caldas, em Minas Gerais. A pequena cidade hospitaleira recebia a todos com os braços abertos, e foi esse o local escolhido por Liz e Rafael para terem momentos de tranquilidade e ficarem completamente a sós pela primeira vez. Seria uma experiência muito diferente para ambos.

Dias depois, Liz e Rafael voltaram da viagem. Estavam radiantes. Constância fez um almoço delicioso, e, depois de saborear a refeição preparada com carinho, Liz foi desfazer as malas e buscar as lembranças que o casal trouxera. Passaram bons momentos em família desembrulhando os presentinhos, enquanto os jovens contavam como fora comprar cada um dos mimos. Falaram da cidade e mostraram os postais que escolheram.

E assim começou a nova vida de Liz e Rafael, que agora estavam unidos para desfrutar de momentos de alegria e convivência como marido e mulher. Jovens, eles faziam planos e tinham sonhos em comum.

Dias, semanas e meses passaram-se rapidamente, e o fim do ano chegaria em breve. Logo Rafael iria se formar. Trabalhando intensamente, o rapaz, quando chegava em casa, só queria estar com Liz e contar-lhe o que se passara no hospital onde realizava a residência. Ele fazia o possível para estar presente nas reuniões na casa de Maria e nas que eram dedicadas ao Evangelho no Lar, porém nem sempre conseguia.

Liz sabia que agora as coisas seriam diferentes e que não teria a companhia de Rafael tanto quanto gostaria. Ela sentia muita falta dele, mas o casal sempre dava um jeito de almoçar junto ou de tomar um café em algum intervalo. De tanto estar perto do ambiente hospitalar — mesmo que, na maioria das vezes, isso só acontecesse por meio da narrativa do marido —, Liz começou a demonstrar interesse em também trabalhar no hospital, para, de algum modo, colaborar com o bem-estar das pessoas que lá estavam internadas, às vezes até por longos períodos. Ela, então, teve uma ideia e decidiu compartilhá-la com Constância.

— Titia, eu estava pensando em dedicar alguns períodos da semana para ir ao hospital e ler um pouco para os doentes. O que acha dessa ideia?

Constância ficou séria e pensou por um instante. Colocando o dedo indicador ao lado da boca, como era seu costume quando refletia sobre algo ou quando ia dar uma opinião, respondeu sorrindo:

— Acho que é uma ideia excelente. Se realmente decidir ir, podemos fazer isso juntas. O que acha? Assim conseguiríamos ler para mais pessoas.

— Seria ótimo, tia. Vamos ver se é possível.

Na mesma noite, Liz conversou com o marido, que prometeu conversar com o diretor do hospital na manhã do dia seguinte.

— Fico contente que tenham vontade de tornar mais alegre o dia das pessoas. Tenho certeza de que o doutor Moacir vai gostar da ideia.

De fato, ao conversar com o diretor, ele achou a ideia excelente e quis conhecer Liz e Constância, que foram ao hospital naquela mesma tarde conversar com ele. O médico ficou surpreso com a espontaneidade e a alegria da moça, que parecia uma menina que recebera um presente inesperado.

— Sua mãe e sua mulher alegrarão o dia de várias pessoas aqui — disse ele para Rafael. E, dirigindo-se às duas mulheres, completou: — Só posso lhes agradecer pela iniciativa. Serão muito bem-vindas ao nosso time. Saibam que vocês nos auxiliarão muito. As horas no hospital custam a passar para os doentes. Sem nada para fazer e muitas vezes incapazes ou impossibilitadas de ler para se distraírem um pouco, essas pessoas enfrentam horas intermináveis e bastante tediosas.

Conversaram por mais alguns minutos, e depois Constância e Liz voltaram para casa. As duas mulheres começaram a buscar entre seus livros aqueles que contassem histórias com mensagens alegres ou finais felizes. Se levassem assuntos tristes para os doentes, eles poderiam não se sentir bem. Começariam no dia seguinte. Iriam uma manhã e uma tarde por semana em dias determinados.

— Tia, pensei que amanhã, após sairmos do hospital, poderíamos almoçar em algum restaurante e comprar mais alguns livros depois. O que acha?

— Acho ótimo. Vamos, sim.

Constância iniciou o trabalho de leitura com doentes que iriam permanecer no hospital por longos períodos, enquanto Liz ficaria com as crianças. A moça levou consigo um livro de Rafael de quando ele era menino.

Acompanhada por uma enfermeira, Constância chegou à sala onde vários doentes já estavam reunidos esperando por ela. Todos os que podiam ser levados para lá estavam ansiosos pela sessão de leitura. Constância estava um pouco tensa, pois os pacientes estavam com os olhos fixos nela, como se esperassem que ela lhes trouxesse de volta um pouco da alegria de viver que perderam estando ali havia muito tempo, sem poder voltar para casa. Calmamente, ela acomodou-se na poltrona reservada para ela e começou a leitura. O primeiro livro escolhido foi *A Moreninha*. Ela começou explicando:

— *A Moreninha* é um romance de autoria do escritor brasileiro Joaquim Manoel de Macedo. A história fala sobre quatro estudantes de Medicina que passam o feriado na casa da avó de um deles na Ilha de Paquetá, que fica no Rio de Janeiro. Um deles aposta que, se ficasse apaixonado por uma mulher por mais de quinze dias, escreveria um romance contando a história dessa paixão. Augusto, um dos rapazes, conhece Carolina, que chamam de Moreninha, e se apaixona por ela, porém, há um obstáculo que é a promessa de fidelidade que ele fez a uma menina que conheceu na infância, mas de quem desconhece a identidade e o paradeiro. Esse problema, no entanto, é solucionado de maneira surpreendente. Acham que vão gostar dessa história? — perguntou Constância.

Todos disseram sim, e, ao término da leitura daquele dia, os doentes ficaram maravilhados com a história leve e divertida e estavam ansiosos pela continuação da narrativa.

Liz, por sua vez, chegou com o coração batendo forte à ala das crianças e entrou no salão onde elas já a aguardavam. Todos quiseram se apresentar e falar brevemente sobre si. Muitas vezes, os olhos da moça encheram-se de lágrimas, que ela tentava segurar e disfarçar. Ao começar a leitura, todos fixaram a atenção em Liz, que, finalmente, conseguiu relaxar.

A moça escolhera a história *O músico maravilhoso*, dos Irmãos Grimm, e começou a narrativa, que falava de um músico em um país distante que tocava muito bem violino e queria encontrar um amigo.

Liz sabia contar histórias muito bem, criava situações de suspense e até imitava a voz dos personagens. As crianças vibravam!

O combinado era que Constância e Liz lessem por, no máximo, quarenta minutos, mas tanto os adultos como as crianças acabaram fazendo a leitura se estender por um pouco mais de uma hora. Assim, ao final daquela primeira manhã de trabalho, as duas mulheres foram almoçar em um restaurante pertinho do hospital, onde Rafael e Francisco as esperavam. Depois de se cumprimentarem, o rapaz exclamou:

— Vejo pelo rosto de vocês que a manhã foi muito boa! Por favor, contem-nos tudo!

Nesse momento, o garçom chegou e todos pediram seus pratos. De repente, Liz começou a chorar.

— O que foi, meu amor? — perguntou Rafael carinhosamente.

— Não sei. Estou emocionada. Os olhinhos das crianças fixados em mim de um jeito tão inocente, esperando por cada palavra que eu lia, as histórias delas e a impotência de não saber o que fazer para aliviar o sofrimento de cada uma me deixaram um pouco triste.

Constância disse:

— Entendo o que está sentindo, filha, pois também me sinto assim. Os adultos não falaram muito de si, mas notei que o breve tempo em que estivemos juntos foi um alívio para eles, pois os fizeram esquecer um pouco os problemas.

Liz concordou. Em seguida, o assunto girou em torno das duas histórias que estavam sendo lidas, e o almoço transcorreu alegre como de costume. Logo depois, os maridos voltaram ao trabalho e as duas mulheres foram para casa.

> *Aqui, faz-se necessário lembrar que, naquela época, não havia televisão, havia muitas pessoas analfabetas, e os dias passados em hospitais podem parecer uma eternidade aos enfermos, quando não há absolutamente nada a fazer e quando não há nada para distrair a mente. Nessas condições, a pessoa doente, na maior parte das vezes, tende a pensar muito na própria doença, o que dificulta ainda mais sua melhora e sua cura.*
>
> *Nota da autora espiritual*

Certa manhã, Liz acordou indisposta. "Felizmente, *não é* dia de ir ao hospital", pensou. Afeiçoara-se tanto às crianças que não queria faltar ao seu compromisso. Rafael ficou preocupado ao ver que a esposa estava tão mal, mas, quando ela disse que estava enjoada, seus olhares se cruzaram e ambos sorriram.

— Será? — perguntaram ao mesmo tempo, abraçando-se.

Eles queriam muito ser pais, e Liz talvez estivesse grávida. Rafael examinou-a e achou que ela estava, sim, esperando um bebê.

— Vamos ao hospital; lá teremos a confirmação. Prefiro que outra pessoa a examine para não termos a decepção de eu estar enganado. Você sabe que quero ser pai tanto quanto você quer ser mãe e receio que minha euforia me faça errar o diagnóstico.

Liz riu divertida:

— Não acho que você se enganaria se estivesse examinando uma paciente. Confio em sua competência e experiência.

Rafael ficou um pouco sem jeito e respondeu pensativo:

— Desde que me conheço por gente, sinto essa vontade enorme de ter filhos. Sempre pensei que teria uma menina e posso até descrever a aparência dela. É como se eu precisasse ter essa filha; é como se fosse uma missão pessoal, entende? Já sonhei com isso algumas vezes em minha vida. É por isso que não me sinto suficientemente qualificado para lhe dar um parecer definitivo. Temo que minha vontade de ser pai possa me enganar e que isso nos decepcione caso eu esteja equivocado.

Liz olhou para o marido e balançou a cabeça concordando.

— Que interessante. Você nunca me contou sobre esse desejo tão forte e sobre a menina. Que história bonita.

Ele sorriu, mas foi um sorriso diferente. Liz pensou que nunca o havia visto daquela maneira. Era como se, de repente, ele se recordasse de algo e sorrisse com a própria alma. Como se tivesse despertado de um sonho, Rafael olhou para o relógio e perguntou:

— Podemos sair em quarenta minutos?

Ela assentiu com a cabeça.

— Vou me arrumar então. Não quero comer, pois estou bastante enjoada.

— Então, vou tomar café enquanto você se arruma, está bem? Por enquanto, não vamos falar nada para meus pais, sim? Não quero criar expectativas.

Quando Rafael chegou à cozinha para o desjejum, seus pais haviam acabado de sentar-se à mesa. Após se cumprimentarem, Constância falou:

— Vamos esperar por Liz. Ela já deve estar vindo comer conosco.

— Não, mamãe. Ela está se arrumando para ir comigo ao hospital. Não está se sentindo muito bem.

Constância olhou para Francisco, e os dois sorriram.

— Será, Francisco? — perguntou.

— Tomara que sim — respondeu ele.

Rafael balançou a cabeça e riu dizendo:

— Vocês não deixam passar nada, não é?

Ambos encolheram os ombros, e Francisco revelou com ar brincalhão:

— Nós estamos aqui apostando que seremos avós em breve. Você não a examinou?

— Sim, mas prefiro que ela seja examinada por outro médico que não seja eu ou o senhor. Afinal, nossa expectativa pode atrapalhar o diagnóstico, não acha?

— Sim. É claro que temos competência suficiente para reconhecer uma gravidez, mas podemos nos enganar pela vontade de que essa criança já esteja a caminho para fazer parte da família. Além do mais, no hospital, Liz poderá ser submetida aos exames necessários, e a confirmação ou não da gravidez será mais certeira.

Liz pegou o final da conversa e começou a rir. Bem-humorada, ela comentou:

— Não dá para esconder nada de vocês, não é?

— Foi justamente o que eu disse — comentou Rafael rindo.

— Bem, gostaria de ir com vocês — disse Constância. E, dando uma piscadela para a sobrinha, completou: — Liz precisa do meu apoio de mãe, não é?

Liz abraçou Constância e respondeu:

— Sempre.

— Vou só me trocar. Não demoro nem cinco minutos.

De fato, logo todos se puseram a caminho do hospital. Chegando lá, Rafael pediu que Liz fosse examinada, e, pouco depois, ela já estava à espera da consulta. O casal estava impaciente, e os minutos de espera lhes pareciam uma eternidade.

Depois de quase uma hora, a médica chamou Liz, que, acompanhada do marido, entrou no consultório.

— Bom dia, doutora Cláudia. Esta é Liz, minha esposa. Suspeito que ela esteja esperando um bebê. Poderia examiná-la, por favor?

A médica riu divertida.

— Bom dia. Doutor, confio na sua capacidade de saber se sua esposa está grávida, mas entendo que é sempre bom ter uma opinião diferente da nossa, não é?

Ele sorriu e concordou com a cabeça.

— Por favor, Liz, tire suas roupas e vista o avental que está sobre a maca. Vou examiná-la. O senhor poderia aguardar aqui, doutor?

— Sim, acho melhor deixá-la fazer seu trabalho.

Após examinar Liz minuciosamente, a doutora Cláudia confirmou a gravidez, prescreveu vitaminas e pediu alguns exames.

— Quando tudo estiver pronto, traga os exames para que eu veja, sim? Isto é, caso queira que eu acompanhe sua gravidez.

— Quero, sim, doutora. Gostei muito da senhora.

— Obrigada. Será uma grande alegria ver essa nova vida se desenvolver. Sabe, embora eu já tenha muitos anos de profissão, sempre me emociona saber que mais um ser chegará à Terra para cumprir sua jornada. Quando trago alguém ao mundo, elevo meu pensamento a Deus e peço que abençoe aquele pequeno ser, seus pais e familiares, para que ele possa cumprir com sucesso sua encarnação.

Liz e Rafael sorriram.

— Pelo visto, a senhora também crê em reencarnação, não é, doutora? — perguntou Rafael.

A médica riu.

— Pois é. Foi muito espontâneo o que acabei de falar, mas é verdade. Acredito em reencarnação e sou espírita. A hora do nascimento é muito especial, pois representa uma nova etapa na vida daquele que está chegando; é um novo capítulo que começa a ser escrito no livro das encarnações daquele ser.

— Que bonita maneira de ver o nascimento, doutora! — exclamou Liz.

Conversaram por mais alguns instantes e despediram-se da médica, indo em seguida juntar-se a Constância e Francisco, que aguardavam a confirmação da gravidez. Ao verem o jovem casal, tiveram certeza de que em breve seriam avós. Abraçaram os dois e combinaram sair para jantar naquela noite para comemorar.

— Espero que não esteja enjoada demais à noite, filha — disse Francisco.

— Creio que estarei bem melhor logo mais, pois a doutora Claudia me prescreveu alguns medicamentos.

— Gostou dela, Liz? — perguntou Constância.

— Muito — respondeu ela, contando em detalhes como fora a consulta.

— Bem, agora vamos deixar nossos maridos trabalharem, não é? — perguntou Constância.

Despediram-se, e as duas mulheres foram visitar algumas lojas para começarem a providenciar o enxoval do bebê.

— Vamos pesquisar as lojas e, em outro momento, voltaremos para comprar, está bem? — questionou Liz. — Sei que há várias opções, mas não quero comprar tudo que vir pela frente.

— Está certíssima. Não é bom deixar-se levar pelo entusiasmo. É preciso ver o que de fato vai precisar e comprar o necessário para que não falte nada ao bebê, mas também não sobre. É comum que as pessoas comprem muitas coisas e depois a criança cresce sem usar tudo o que tem. Melhor adquirir o essencial e ir comprando o que for necessário aos poucos.

— Tia, quero fazer um enxoval para oferecer a alguma mãe que não tenha muitos recursos.

Constância pensou por alguns segundos e sugeriu:

— E se nós confeccionássemos sapatinhos e casaquinhos de lã para oferecer a vários bebês? O que acha?

— Acho uma ótima ideia. Podemos doar ou até vender as peças e reverter o dinheiro para alguma instituição que cuide de órfãos, por exemplo — sugeriu Liz.

— Perfeito. Vamos pensar em como fazer isso da melhor maneira!

Depois de percorrerem várias lojas, as duas pararam para almoçar. Fizeram planos e discutiram detalhes sobre o quarto, o enxoval e quando comprariam tudo. Antes de voltarem para casa, foram a um armarinho onde adquiriram lã, linha e fitas para a confecção do enxoval do bebê que Liz esperava e das pecinhas que seriam doadas. Fariam tudo em branco, verde ou amarelo bem clarinho, como era costume naquele tempo em que não era possível saber o sexo do bebê antes do nascimento.

À noite, todos estavam prontos para ir ao restaurante que haviam escolhido para comemorar a chegada da nova vida, que, certamente, alegraria os dias da família. Felizmente, Liz estava bem e disposta, e o enjoo não a incomodou. Contentes, as duas mulheres contaram sobre o dia, as lojas que visitaram e a ideia de doar pecinhas de enxoval. Francisco falou:

— Acho que podemos aproveitar essa ideia na maternidade do nosso hospital. Muitas mulheres que vão dar à luz são pessoas com poucos recursos, e nós poderíamos doar algumas dessas peças para elas. O que acham?

— Gosto da ideia — disse Liz.

— Eu também — concordou Constância.

O jantar transcorreu alegre em meio a planos e ideias para receber a criança que Liz esperava. Foi uma noite muito proveitosa. O mais feliz de todos, sem dúvida, era Rafael, que veria seu sonho se concretizar. Ele tinha certeza de que teriam uma menina e já podia ver os passeios e as brincadeiras que fariam juntos.

Capítulo 9

Conforme os meses iam passando, a nova vida que Liz carregava ficava cada vez mais visível. A moça estava bem-disposta, continuava dando aulas e apenas se mostrou mais cansada no finalzinho da gravidez, bem perto do nascimento do bebê. Mesmo assim, cumpria tudo a que havia se proposto e, somente quando faltavam duas semanas para dar à luz, aceitou ficar em casa repousando e diminuir seu ritmo de atividades. Ficou combinado que, enquanto Liz não pudesse retomar a leitura para as crianças, Constância cobriria sua ausência, atendendo os adultos e as crianças.

Em uma manhã ensolarada de setembro, veio ao mundo a criança tão carinhosamente esperada por todos. Já haviam escolhido os possíveis nomes para o bebê. Se fosse menina, seria Beatriz; se fosse menino, seria Fernando. Porém, quando viu a menina, Liz perguntou a Rafael se poderiam mudar o nome da pequena para Isabel. Ele estranhou aquela mudança repentina, mas a esposa explicou:

— Esse nome não me sai da cabeça. É como se a criança quisesse se chamar assim.

Rafael sorriu e disse:

— Que seja Isabel, então. Gosto muito desse nome. Inspira-me bons sentimentos.

— Não comentei com você, mas, nos últimos dois meses de gravidez, esse nome ficou martelando minha mente e me vinha como se fosse uma lembrança. E tem mais uma coisa...

Liz calou-se de repente.

— Sonhei muitas vezes com nossa filha. Nos sonhos que tive, ela dizia que teria problemas respiratórios. Não sei bem se asma ou bronquite. E disse também que...

Liz abraçou Rafael e começou a chorar.

— Ficar agitada assim não lhe fará bem, Liz. Procure se acalmar.

Ela continuou:

— Nossa filha não viverá muito tempo entre nós. No sonho, disse que não esperássemos por uma vida muito longa para ela, pois Isabel viveria somente o tempo necessário para resolver algo que havia ficado pendente em sua última encarnação. Revelou-me, por fim, que ela se enforcou na sua última encarnação.

Nesse momento, Rafael sentiu todo o seu corpo gelar, mas não entendeu o motivo exato de isso acontecer. Sentiu-se um pouco zonzo, como se, de repente, lhe faltasse o chão. Ele, no entanto, procurou recompor-se e não demonstrar para a esposa o que ocorria.

Como médico, Rafael havia sido autorizado a permanecer na sala e assistir ao nascimento da criança. Quando levaram sua filha para que fosse limpa e cuidada antes que Liz a visse, ele notou que a menina tinha, na parte de trás do pescoço, um tipo de desenho que parecia ser o de uma corda. Agora, depois da narrativa da esposa, ele deduziu que o tal desenho era mesmo o de uma corda e que tudo o que Liz tinha dito fazia sentido.

Não conseguindo mais se conter, Rafael colocou a cabeça entre as mãos e chorou.

— Desculpe — disse Liz. — Não deveria ter dito tudo isso. Vai ver não é nada, e estou aqui o assustando.

Ele a abraçou e respondeu:

— Pois é tudo verdade. — E contou à esposa sobre o desenho localizado na parte de trás do pescoço da filhinha. — Mas Deus é quem sabe, não é? — disse, procurando sorrir. — Vamos fazer a nossa parte acolhendo essa vida, essa criaturinha que nos foi confiada, e fazer tudo o que pudermos por ela, para que nossa filha saia desta vida com uma bagagem bem grande de virtudes e méritos a serem apresentados do outro lado da vida.

Liz sorriu e concordou com a cabeça. Pouco tempo depois, trouxeram a criança para Liz ver. Ela estremeceu ao pegar a menina no colo e, por um instante, quase perdeu os sentidos. A enfermeira notou e disse gentilmente:

— A senhora está um pouco debilitada por causa do parto, mas logo se sentirá melhor.

Liz sorriu para a enfermeira e agradeceu. Abraçou a criança junto ao peito e disse:

— Você será muito feliz, Isabel. Prometo fazer tudo para que cresça rodeada de muito amor e carinho.

Constância e Francisco, que estavam na sala de espera, viram a netinha pelo vidro e ficaram encantados. Embora muitos digam que bebês são todos feinhos, eles viram a neta e se apaixonaram por ela, jurando que nunca haviam visto bebê mais lindo. Não viam a hora de ver a menina de perto.

Maria, que passara a conviver com a família desde o ocorrido que levou Constância e Francisco a procurá-la, chegou ao hospital logo após o horário de almoço. Francisco havia ido buscá-la, e ela, ciente dos fatos que Liz narrara a Rafael, demonstrou carinho pela menina, pois seus mentores já haviam lhe contado a triste história de Isabel. Maria, contudo, sabia também que a menina teria todas as oportunidades necessárias para recomeçar e ser feliz desta vez.

Liz narrou para Maria o sonho que tivera e falou sobre a marca no pescoço da criança. A amiga, por sua vez, confirmou que seus mentores já haviam lhe contado como Isabel desencarnara. A médium, no entanto, calou-se sobre o restante da história, isto é, sobre o motivo de Isabel ter sido levada ao convento e sobre o grande amor que unira a Isabel do passado e Joaquim — hoje Rafael, seu pai.

Naturalmente, Maria não comentou nada sobre a história da família no passado. Tinha conhecimento de que Constância e Francisco eram Augusta e Manoel e que, mais uma vez, os dois eram os pais de Rafael, o Joaquim da outra encarnação.

Francisco, o Manoel de outros tempos, também se modificara bastante e, nesta encarnação, procurava ser mais dedicado e atento à família.

Maria, na verdade, era Cristina, e havia sido mãe de Fernanda (hoje Liz) naquela encarnação. Ela não viera como mãe de Liz desta vez, porém, tinha a tarefa de auxiliar a jovem e sua família na parte espiritual.

Liz e Rafael estavam juntos para que pudessem acertar as pendências do passado, uma vez que Liz, a Fernanda de outrora, embora tivesse seguido com a própria vida, guardara rancor de Joaquim e de Isabel. Agora, ela cuidaria da filha, e a expectativa era de que um laço natural entre ambas surgisse.

> *Não é comum que as pessoas tenham tanto conhecimento sobre alguma encarnação anterior como Maria tinha, entretanto, veremos mais adiante que há um motivo muito justo para que ela tenha tomado ciência de tais informações. Felizmente, ao reencarnar, somos abençoados com o véu do esquecimento, sem o qual, muitas vezes, ficaríamos desequilibrados ao conhecermos fatos de outras encarnações, principalmente se não tivéssemos assimilado conhecimentos importantes para viver melhor dentro da sociedade e do meio no qual estivéssemos inseridos.*
>
> *Nota da autora espiritual*

Isabel foi batizada um mês depois do seu nascimento, pois, em vista do que havia acontecido com ela na última encarnação, pensaram que, de certo modo, isso seria um alívio para seu espírito que acabara de chegar à Terra. Após o batizado, foram para casa almoçar. Maria, que tinha sido adotada como membro da família, era sempre convidada para estar presente, principalmente para as ocasiões especiais, e eles continuavam indo à casa dela aos sábados para o Evangelho no Lar.

> *Aqui, faz-se necessário esclarecer que, embora seguissem os ensinamentos espíritas, a família ainda sentia a necessidade de manter alguns rituais, visto que estavam habituados*

a tais costumes, não apenas na vida atual, mas também em outras experiências encarnatórias. Isso, no entanto, não diminui a fé ou o mérito das boas ações de nossos personagens.

Após o nascimento de Isabel, Constância e Liz revezam-se no hospital na atividade de leitura para os doentes, e isso possibilitava que uma delas sempre estivesse em casa para cuidar da pequena.

A menina crescia saudável e era muito esperta. Às vezes, porém, parecia ter um olhar triste. Em uma dessas manhãs em que Constância observava a neta, sentiu que, de algum modo, aquela criança não lhe era estranha.

Constância ofereceu para a pequena uma mamadeira com suco de laranja-lima, que a garotinha tomou com gosto. Em seguida, com a criança no colo, fixou seus olhinhos e sentiu uma leve tontura. Parecia olhar nos olhos de alguém que lhe era familiar, mas alguém de outra época. Constância abraçou a criança contra o peito, sorriu e disse para a menina:

— Seja lá o que tenhamos passado, agora estamos juntas para sermos felizes. Vamos ajudá-la a superar seus medos e a viver esta vida com alegria. Assim, você certamente cumprirá o que veio fazer aqui desta vez.

Constância não entendia muito bem o que sentia ou o motivo pelo qual estava dizendo tais coisas; sabia apenas que sentia um grande amor pela neta e que nada a impediria de fazer todo o possível para que a garotinha fosse feliz. Isabel pareceu entender o que Constância lhe dizia, pois sorriu e olhou a avó nos olhos.

— Ah, eu conheço esses olhinhos — disse Constância para Isabel, que se deixou abraçar mais uma vez pela avó, que logo a segurou no colo para que a menina dormisse um pouco.

Quando chegou, Liz viu que a pequena estava dormindo no colo de Constância e sorriu ao ver a tia/sogra acalentando Isabel. Sentou-se delicadamente ao lado da tia, e ambas sorriram. Constância, então, colocou a menina no carrinho, e as duas mulheres foram para a cozinha preparar o almoço.

— O que foi, tia? Parece séria.

— Nada de mais. É que, às vezes, olho para Isabel e sinto como se já a conhecesse.

— Também tenho essa sensação, mas confio que, se ela está no nosso caminho novamente, é porque ainda temos algo a fazer em favor desse relacionamento. Sinto que, de algum modo, ela precisava voltar para nossa família para nos trazer muitas alegrias.

Constância concordou, e Liz prosseguiu:

— Vou lhe contar uma coisa, tia. Um pouco antes do nascimento de Isabel, eu tive um sonho...

Liz contou seu sonho para Constância e falou sobre a marca de nascença no pescoço de Isabel. Constância levou as mãos à boca, sentiu uma vertigem e soltou o copo que estava segurando. Ao ouvir o barulho do copo caindo dentro da pia, Liz amparou a tia rapidamente e a fez sentar-se. Constância estava pálida.

— O que foi, tia?

— Eu me lembro dela. Eu a vi agora. Estava bem, com vida e depois morta. Lembro-me de ir rezar no túmulo dela.

As duas se abraçaram e prometeram cuidar de Isabel, orientando-a para que ela superasse os acontecimentos da outra encarnação e jamais repetisse o ato de tirar a própria vida. Agora que conheciam a doutrina espírita, entendiam ainda mais o valor da vida.

> *A vida é um presente precioso que recebemos. Lembremo-nos sempre que há muitos aguardando a oportunidade que agora temos. Devemos cuidar da nossa vida e resguardá-la da melhor forma possível, lembrando que a encarnação é uma oportunidade bendita que recebemos para resolver pendências, aprimorar nossas atitudes, modificar maneiras de pensar e ressarcir a alguns a quem possamos ter ofendido. Sejamos, portanto, gratos por estarmos encarnados. Embora a vida seja repleta de desafios, com fé, tudo se ajeita e tudo se supera.*
>
> *Nota da autora espiritual*

Isabel completaria um ano em poucos dias. O apartamento de Liz e Rafael ficara pronto, e o casal mudara-se para o novo lar havia alguns meses antes. Moravam, contudo, a apenas duas quadras da casa de Constância e Francisco, o que facilitava muito a vida de todos. O trabalho de leitura no hospital prosseguia, e as duas continuavam a se revezar nos cuidados de Isabel.

A Isabel da outra encarnação possuía várias características físicas da Isabel da encarnação presente. Seus cabelos eram claros, assim como seus olhos, e, quanto ao temperamento, a menina era alegre, animada e cheia de vida. De fato, ela aprendera a lição que lhe haviam ensinado logo após desencarnar.

Capítulo 10

Voltemos à época do início de nossa narrativa. Naquele tempo, era comum que moças fossem levadas ao convento pelos mais variados motivos, nem sempre relacionados à sua vocação religiosa. Em muitos casos, a clausura poderia acontecer devido à rebeldia ou ao mau comportamento, entre tantas outras coisas. Em outras situações, muitas jovens que sofriam desilusões amorosas se enclausuravam espontaneamente.

Isabel, como sabemos, não escolhera ir para o convento. Vejamos alguns detalhes do que aconteceu quando a jovem foi levada para lá contra sua vontade.

Logo depois que chegou ao convento, Isabel foi encaminhada à sua cela, ou seja, ao seu aposento, que dali em diante seria seu lar. Era cedo ainda, e ela foi apresentada às outras freiras, que desejavam conhecê-la. Todas foram muito gentis com a jovem, procuraram fazê-la sentir-se acolhida e, de imediato, perceberam que a recém-chegada não estava ali por escolha.

Isabel estranhou a comida do convento e toda aquela alegria. Havia ali algumas jovens com idade bem inferior à dela. Que alegria era essa? Que vida era essa? Estar enclausurada e não ter liberdade para ir e vir quando quisesse e ficar rezando e trabalhando? Ela nunca colocara um prato à mesa. Como se acostumaria a ficar ali esfregando o chão, limpando vidros, cozinhando?! Suas mãos delicadas não conheciam os afazeres domésticos, pois estava habituada a ser servida e jamais servira a quem quer que fosse, embora sentisse prazer em realizar pequenas tarefas em casa. Mas não o tempo todo, com todo aquele rigor, nem com toda aquela disciplina de horários para tudo. Como suportaria viver desse modo?

À hora do jantar, Isabel foi para a mesa com as freiras e noviças. De novo, aquela alegria. Não, ela não suportaria isso. Definitivamente, nascera para ser livre. Após a refeição leve e simples, as freiras convidaram-na para ir à capela. Sempre às 18 horas, elas se reuniam para rezar.

Uma das freiras começou a rezar o terço e foi acompanhada pelas outras. Depois, cantaram lindamente. Isabel chegou a emocionar-se com toda aquela atmosfera de fé e paz que o ambiente emanava. Sim, essa parte era boa e a agradava. Ainda assim, não conseguiria viver daquela maneira.

Acabada a reza, irmã Celeste acompanhou Isabel à sua cela e, gentilmente, perguntou se ela estava bem acomodada e se necessitava de algo. Mostrou-lhe uma jarra com água fresquinha que uma das irmãs colocara ali para ela e deu-lhe de presente um terço. Sorrindo, a freira estendeu as mãos nas quais segurava o objeto e disse:

— Aceite como um presente de boas-vindas de todas nós. Certamente, você será feliz aqui. No começo, poderá estranhar um pouco, mas logo descobrirá que é possível ser feliz quando o coração está em paz. E aqui você encontrará a paz que procura.

Isabel ficou comovida com o gesto da freira, mas ao mesmo tempo irritou-se — não com a irmã Celeste —, mas por saber que não conseguiria encontrar paz em lugar algum da Terra. Agradeceu o terço, desejou-lhe uma boa-noite e, em vez de se preparar para dormir, começou a pensar. Sentia ferver em si um ódio mortal pelos tios, que a haviam colocado ali, presa, como se estivesse cumprindo pena. Sentiu ódio de Fernanda, que levara dela o *seu* Joaquim — era assim que Isabel pensava no primo, mesmo depois de tudo o que acontecera.

Por alguns instantes, pensou que Joaquim nunca fora de fato dela, pois o que aconteceu entre os dois havia muito tempo ficara no passado. Pelas atitudes que ele tivera desde o retorno de Coimbra, parecia que um romance entre eles nunca existira, uma vez que ele não mais alimentara tal sentimento. Na verdade, dava a impressão de que o tempo que Joaquim passara em Coimbra o fez esquecer-se dela completamente, pois, quando ele voltou, os dois pareciam quase estranhos, e ela já não conseguia reconhecê-lo. Lembrando-se de tudo isso e do fato de ele estar agora com Fernanda, Isabel sentiu ódio do primo por ele ter se encantado por "aquela mulherzinha sem graça".

Mesmo a contragosto, Isabel decidiu que, já que estava no convento e teria de ficar lá por um período, faria da sua estada uma experiência boa, da qual poderia lembrar-se com carinho no futuro. Foi dormir na esperança de que o novo dia que chegaria lhe traria um alento, uma nova maneira de encarar as coisas. Estava exausta, afinal, fizera uma viagem longa e estava sob forte impacto emocional, mas tudo certamente se acomodaria em breve. Resolveu encarar todas as novidades como um período de aprendizado, pois certamente teria contato com muitas coisas diferentes durante o tempo em que permaneceria ali.

No dia seguinte, muito cedo, foi direto para a capela juntar-se às novas companheiras e começou a observá-las. Algumas lhe chamaram bastante a atenção. À noite, no silêncio e na tranquilidade de sua cela, ela escreveria sobre isso no caderno onde fazia anotações sobre sua vida, seus sentimentos, suas descobertas, registrando tudo o que de algum modo fosse importante para ela.

O dia transcorreu agradavelmente. Isabel trabalhou na oficina de costura e na cozinha. "Pensando bem, não é de todo ruim", dizia para si mesma. "Posso aprender a cozinhar e melhorar ainda mais minha habilidade com o bordado. Assim que acertar tudo com minha tia e pegar minha herança, poderei cuidar de minha vida e saberei dirigir uma casa. É isso! Vou aproveitar para aprender tudo o que puder. Afinal, se penso em viver por minha conta, preciso saber como funciona uma casa, e aqui é uma grande casa, onde terei a oportunidade de desenvolver várias aptidões e aperfeiçoar outras tantas".

Com esse estado de espírito, os dias tornaram-se mais leves para Isabel, que até começou a gostar bastante daquela rotina de muito trabalho e muita disciplina. No entanto, à hora de dormir, era inevitável pensar em Joaquim e se perguntar o que ele estaria fazendo. O que mais a atormentava era o fato de julgá-lo feliz no casamento. Imaginava que, agora que ela estava longe, o primo procuraria entender-se com Fernanda, ter filhos com ela, e a vida prosseguiria para o rapaz como se ela jamais houvesse existido. Esses pensamentos, repetidos diariamente, foram aumentando os sentimentos de ódio e revolta. O desejo de vingar-se crescia no peito de Isabel, e tudo aquilo que ela carregava dentro de si parecia prestes a explodir.

Passou-se a primeira semana, veio a segunda, chegou a terceira, e tudo parecia estar sob controle, ao menos durante o dia. Porém, na quarta semana, Isabel já não suportava mais. Como se houvesse se desequilibrado total e repentinamente, certa noite, em sua cela, a moça começou a pensar em Fernanda casada com Joaquim, levando a vida que pertencia a ela e a ninguém mais. Pensou na moça acordando ao lado do primo e recebendo diariamente o carinho que lhe fora roubado. Doía-lhe, acima de tudo, não poder mais ver o rapaz e seu lindo sorriso, que lhe iluminava o rosto, e não ver seus olhos, que eram para a jovem os faróis que iluminavam até as noites mais escuras. Era-lhe absolutamente insuportável não ter mais o amado por perto. Mesmo que ele estivesse casado com Fernanda e que Isabel soubesse que não era mais possível realizar o sonho de ser sua esposa, ainda podia vê-lo na casa dos tios.

A moça percebia que Joaquim não estava feliz ao lado de Fernanda e que a evitava tanto quanto fosse possível, mas imaginava que havia certo constrangimento da parte dele em demonstrar algum carinho pela esposa em sua presença. O que Isabel não sabia era que, na verdade, Joaquim se arrependera amargamente de haver se casado com Fernanda e que seu maior desejo era poder voltar no tempo e fazer tudo de modo diferente. Naturalmente, isso já não era possível. O rapaz nem sequer chegara a ter um momento a sós com Fernanda, mas Isabel desconhecia tudo isso.

Mesmo agora, sem a presença de Isabel, Joaquim não se aproximava de Fernanda. Chegava em casa quando a esposa já estava dormindo e sempre saía antes que ela acordasse. Como dormiam em quartos separados, a moça nem percebia quando o marido chegava ou saía.

Os pensamentos acerca do carinho que Joaquim lhe devia e que agora dispensava a Fernanda, no entanto, povoavam a mente de Isabel, assim como o sentimento de que haviam lhe tirado tudo injustamente, pois ela amava o primo desesperadamente e não poderia continuar naquela clausura longe dele. Sabia que não adiantaria fugir, pois não teria lugar algum onde pudesse se abrigar. Era ficar ali ou pelas ruas, sem proteção ou abrigo, pois os tios eram os guardiões de sua fortuna. Desse modo, precisaria ter paciência e esperar que pudesse finalmente sair dali e reorganizar sua vida bem longe daquela cidade, talvez até em outro país. Mas onde encontraria essa paciência? Como encontraria forças para esperar? E, em dado momento, ela considerou: "O que importa onde viverei, se não consigo tirar Joaquim de minha cabeça? Que sentido terá minha vida sem ele? Agora que já estou em desgraça, o que posso fazer?". Ela chorava, pensava, murmurava e parecia enlouquecida de tanto pensar.

Os pensamentos continuavam fervendo em sua cabeça, quando, de repente, ela viu sobre a cômoda a corda que o tio usara para amarrar suas mãos naquela manhã terrível, em que ele tentava impedi-la de ferir alguém durante seu acesso de fúria. Na falta de uma corda menor, Manoel utilizara uma corda comprida para detê-la. Comprida o bastante para... Isabel parou no meio do pensamento; parecia ouvir uma voz e sentia que não estava sozinha na cela.

— Vamos, coragem! Vai ser covarde agora? Mostre a eles que ficou descontente. Faça com que nunca mais tenham sossego na vida. Todos haverão de se arrepender de a terem tratado dessa maneira, afinal, recompensaram amor com punição! Como se atreveram a enclausurá-la aqui? Liberte-se de tudo isso. Seja livre outra vez. Vamos! Posso levá-la a lugares muito interessantes e ajudá-la a vingar-se de todos eles!

Essa última frase foi o que, de fato, convenceu Isabel a consumar o ato. A jovem, então, pegou a corda, subiu em uma cadeira e, em seguida, na cômoda de madeira maciça. Após amarrar a corda na viga do teto, fez um nó para que seu pescoço ficasse bem encaixado e todo o processo fosse rápido.

Estranhamente, Isabel preparou tudo com precisão, mesmo sem ter feito algo assim antes. Isso se explica com o fato de que era aquele espírito que conduzia os pensamentos da jovem e lhe dava as instruções necessárias para que ela fizesse aquilo. Ele gargalhava, e seus comparsas o acompanhavam na risada. Alheia a tudo isso, Isabel continuava a confeccionar a forca com destreza.

E quem eram aqueles espíritos que a induziam a cometer suicídio? Em outros tempos, Isabel fizera parte daquele grupo. Em uma encarnação pretérita, nascera homem, chamava-se Henrique e era membro de um grupo do que hoje chamaríamos de matadores de aluguel. Aqueles que, naquele momento, a induziam a tirar a própria vida assassinaram muitas pessoas, inclusive crianças, estupraram mulheres e roubaram. Eram pessoas da pior espécie!

Certo dia, foi encomendada a morte de uma jovem chamada Ana, pois alguém queria vingar-se do pai da moça. Henrique (Isabel) teria de cumprir essa tarefa, que, além de ser considerada fácil de ser realizada sem auxílio, seria a prova para o rapaz ingressar, de fato, naquele grupo, uma vez que ele os acompanhava, mas jamais cometera qualquer crueldade.

Henrique era jovem e órfão de pai e mãe. Seu tio, Horácio, era seu único parente vivo e também o chefe do bando. Henrique fora viver com ele, mas jamais se envolvera em qualquer um daqueles atos, mas o tio achava que já estava na hora de o sobrinho decidir se faria parte do bando ou não. Matar a moça seria, então, a forma de o rapaz entrar para o grupo.

À hora combinada, enquanto a moça dormia, Henrique teria de entrar no quarto e dar fim à vida da jovem. O rapaz, no entanto, não possuía qualquer instinto assassino, pois era bom e incapaz de cometer crueldades contra qualquer pessoa.

Ao entrar no quarto e ver a moça, Henrique sentiu uma profunda compaixão por ela. Além disso, apaixonou-se no mesmo instante pela jovem, o que, naturalmente, o impediu de matá-la.

De repente, a moça acordou, e ele tapou sua boca com a mão e pediu silêncio. A partir de então, passaram a se encontrar todas as noites, pois ela também se encantara por Henrique. Assim que ia para seu quarto, Ana recebia a visita que passara a esperar ansiosamente. A jovem apaixonara-se por aquele que fora encarregado de tirar-lhe a vida.

Henrique disse a Horácio que não conseguira matar Ana e pediu-lhe um pouco mais de paciência, pois sentira dificuldade de fazer o que lhe fora ordenado. O tio e seus comparsas riram muito e chamaram-no de covarde. Alegando que precisava preparar-se mais para cometer o ato hediondo, Henrique pediu mais tempo a Horácio, que lhe deu alguns dias a mais, mas percebeu logo o que se passava.

— Apaixonou-se pela moça, não foi? — perguntou Horácio raivoso. — Pois bem! Como você é meu sobrinho, vou lhe poupar a vida, uma vez que minha irmã, sua mãe, poderia me assombrar para sempre se eu o matasse! Mas aqui você não fica mais.

Horácio temia fantasmas e acreditava que, se fizesse algo contra o sobrinho, sua irmã iria persegui-lo. Apenas por isso Henrique não foi morto.

Em certa ocasião, enquanto entrava em uma casa para roubá-la, Horácio viu um serviçal envolto em um lençol. O tal homem estava saindo do próprio quarto para ir ao da namorada e tivera a ideia de enrolar-se em um lençol para o caso de ser pego em flagrante.

Encoberto, imaginou que seria mais fácil sair correndo e se esconder sem ser reconhecido.

Na penumbra, o ladrão não percebeu o que se passava e julgou que estivesse diante de um fantasma. A partir de então, Horácio sempre procurava delegar os trabalhos para os comparsas, pois temia que o tal fantasma aparecesse novamente caso ele fizesse algo errado.

A partir da conversa que tivera com o tio, Henrique foi considerado traidor e banido do grupo. Ele procurou tornar-se uma pessoa melhor e trabalhar honestamente, pois queria casar-se com Ana. O pai da jovem, no entanto, não queria consentir o enlace, pois desejava que a filha se casasse com alguém que tivesse uma boa situação financeira, uma vez que ele estava à beira da falência e devia para todos. Na verdade, esse fora o motivo pelo qual Henrique fora encarregado de matar Ana. Um credor queria vingar-se do pai matando a filha.

Ana e Henrique estavam cada vez mais apaixonados e decidiram fugir. O rapaz juntou algum dinheiro, e eles partiram no meio da noite para bem longe dali. Viviam uma vida simples, porém estavam em paz.

O pai de Ana, no entanto, jurara vingança e não descansou até encontrá-los. Certo dia, enquanto Henrique estava cortando lenha, o homem chegou e o ameaçou.

— Já faz muito tempo que os estou procurando. Vim aqui para acabar com você, pois desonrou minha família ao fugir com Ana. A mãe dela morreria de desgosto se visse a filha nessa situação.

Henrique assustou-se com as ameaças do sogro, mas defendeu-se:

— A mãe de Ana jamais se envergonharia dela, pois, assim que chegamos aqui, fomos à igreja e o padre nos casou.

Ao escutar a discussão, Ana reconheceu a voz do pai e saiu da casa. Ao vê-lo, correu ao seu encontro, e o homem, inspirado pelo espírito da esposa que ali se encontrava, abriu os braços e acolheu a filha. Viu, então, que ela estava grávida e, comovido, derramou lágrimas de alegria.

— Filha, me perdoe. Parece que julguei mal a você e Henrique.

E, estendendo os braços, acolheu também o rapaz em seu abraço. Entrou na casa e juntou-se ao casal para saborear a refeição que Ana acabara de preparar.

— Nós estamos aqui cuidando deste pedaço de terra que consegui comprar com meu trabalho. Espero, no futuro, poder comprar as terras vizinhas para aumentar os negócios. No momento, cultivo o suficiente para termos o que comer e, de vez em quando, troco um pouco do que plantamos por alguns alimentos e roupas.

— Bem — disse o pai de Ana —, vendi o pouco que me restou, paguei todas as minhas dívidas para não sair desonrado do lugar onde vivíamos e consegui guardar um pouco de dinheiro. Se vocês concordarem, posso comprar a terra ao lado, e, juntos, faremos os lucros crescerem. O que acham?

— Gosto da ideia — disse Henrique.

Ana sorriu e respondeu:

— Tenho certeza de que a criança que estou esperando vai gostar muito de viver perto do avô.

Terminaram a refeição alegres, fazendo planos para o futuro. Em pouco tempo, o pai de Ana já estava vivendo na pequena casa que construíra no terreno do casal, e as terras vizinhas, que agora pertenciam à família, já estavam sendo cultivadas. Algum tempo depois, a jovem deu à luz uma menina forte, que, quanto mais crescia, mais se parecia com o pai.

Depois de desencarnado, Horácio jurou que se vingaria de Henrique, que considerava um covarde por não haver cumprido a tarefa que lhe fora destinada. Na ocasião, ele não pôde fazer nada, mas agora procurava vingar-se. "Ele pensa que me engana escondendo-se nesse corpo feminino. Pois esse infeliz está muito enganado se pensa que pode me ludibriar!", blasfemava. "Eu o verei sofrer por ter me feito de tolo na frente de meus subordinados. Tive que escutar gracejos daqueles que me deviam obediência e, a partir daí, nunca mais fui respeitado como outrora. Agora chegou a hora do nosso acerto de contas!"

E foi assim que Horácio induziu Henrique, agora encarnado em um corpo feminino como Isabel, a tirar a própria vida, pensando assim haver consumado o desejo de vingança que acalentava havia muito tempo.

Como vimos, à época, o espírito de Joaquim habitava um corpo feminino e era Ana. Henrique (Isabel) lutara por Ana e a protegera, o que fortaleceu ainda mais o amor que sentiam um pelo outro. Eles viveram uma linda história de amor até o falecimento de ambos, que ocorreu com poucos dias de diferença. Quando reencarnaram como primos, Isabel sentiu-se "dona" de Joaquim, daí a explicação de sua obsessão pelo rapaz. Ela o amava verdadeiramente, mas também nutria um sentimento de posse por ele.

No entanto, na última encarnação que estamos narrando, Rafael (Joaquim) apaixonou-se por Liz (Fernanda), e isso talvez o tenha feito, leitor, pensar sobre o fato de alguém se apaixonar por pessoas diferentes em encarnações distintas.

Ao longo das várias reencarnações, nós temos diversos romances e companheiros de jornada e, muitas vezes, também do outro lado da vida, conhecemos alguém com quem mantemos um relacionamento romântico.

É claro que, dependendo de como enxergamos tudo isso, podemos nos decepcionar, pois, por vezes, imaginamos que o amor romântico é eterno. Na verdade, o amor verdadeiro, o afeto que dedicamos uns aos outros, cria laços inquebrantáveis, mas nossos companheiros de jornada de ambos os lados da vida podem mudar de acordo com as necessidades do nosso espírito e dos outros espíritos com os quais convivemos. Isso nos mostra uma realidade que precisamos sempre nos lembrar: ninguém é de ninguém. Somos todos companheiros de jornada e aprendizes em nossa trajetória como espíritos eternos que buscam evoluir cada vez mais.

Por tudo isso, é importante entendermos que sentimentos como ciúme, vingança e posse não nos levam a qualquer tipo de comportamento saudável. Quando entendemos que, embora em diferentes paisagens e ambientes, somos os mesmos e carregamos conosco tudo aquilo que somos, a vida adquire um sentido mais amplo, tornando-se mais saborosa. Ganhamos leveza no convívio com as pessoas, pois temos certeza de que o amor é o grande sentimento que nos une em qualquer situação e que os que se amam verdadeiramente jamais se separam para sempre.

Paremos aqui para refletir um pouco sobre a triste situação da humanidade no que se refere ao plano sentimental. Sabemos que mil loucuras são cometidas diariamente "em nome do amor", contudo, isso jamais poderá ser chamado de amor. É antes um apego exagerado, um sentimento de posse, como se o outro ser não pudesse respirar por conta própria. Cometem-se crimes "em nome do amor", quando, na verdade, se trata de orgulho ferido, uma maneira de se autoafirmar, um medo enorme de ficar sozinho.

A criatura precisa dominar seu par para se sentir mais segura, sentir que existe alguém no mundo que fará o que ela quiser, pois, por meio de ameaças e do controle que exerce, converte-se em algoz, uma vez que é comum que a outra pessoa se deixe seduzir a ponto de não fazer mais aquilo que deseja e passe a viver em função dos desejos do outro, que faz papel de carcereiro. Sim, podemos chamar assim aqueles que aprisionam os que, por algum motivo, os obedecem cegamente.

Muitas vezes, a pessoa emocionalmente escravizada tem à sua frente uma grossa e escura cortina que a impede de ver o que está do outro lado, então, deixa-se levar pelas ideias e pelos desvarios da outra. É possível que um dia ela saia desse estado e enxergue tudo isso, porém, mesmo enxergando com clareza, muitas vezes teme pela própria vida ou pela vida dos que lhe são caros e continua a farsa do casal apaixonado e perfeito.

É necessário lembrar que, mesmo que uma encarnação inteira transcorra, em algum momento da existência tudo se colocará na devida ordem, pois ninguém nasceu para ser subjugado ou controlado por outras pessoas. Somos livres para sentir e pensar como bem entendemos. E é também nosso direito sermos livres para conduzir a própria vida sem a interferência dominadora de alguém. Fomos criados para tomar as próprias decisões, e para isso Deus nos deu o livre-arbítrio. Ninguém fica impune diante das próprias ações. Jamais haverá "castigo divino"; haverá, sim, um momento em que nossa consciência nos acusará, trazendo a necessidade de reparação de qualquer mal que tenhamos cometido.

Nota da autora espiritual

Capítulo 11

Quatro anos haviam se passado, e Isabel, cada vez mais linda e esperta, encantava a todos. Ela era o *xodó* da família e de Maria, mas havia algo muito especial entre a garotinha e Constância. Era uma sintonia muito grande. Isabel sentia uma grande confiança na avó e sabia que ela sempre estaria ao seu lado.

Desde cedo, a menina participava do Evangelho no Lar e foi assim que se habituou a palavras desconhecidas da maioria das crianças de sua idade. Ela compreendia muito bem do que se tratava tudo aquilo. Era como se estivesse apenas recordando lições já aprendidas. Certo dia, durante o Evangelho no Lar na casa da vovó Maria, como ela a chamava, Isabel virou-se para Constância e disse:

— Vovó rezava muito por mim.

E, como se estivesse se lembrando de algo, voltou os olhinhos para o alto e completou:

— Vovó me ajudou muito.

Constância teve uma visão muito rápida da encarnação em que rezava diante do túmulo de Isabel. Comovida, pegou as mãozinhas da criança e disse:

— É verdade, meu amor. Vovó ama você há muito tempo.

Todos se comoveram também, pois sabiam que eram verdadeiras as palavras de ambas. Aos olhos não habituados ao intercâmbio dos mundos, à reencarnação e aos reencontros que ela proporciona, tal conversa pareceria totalmente insana. Porém, aqueles que creem na continuidade da vida e sabem que nós reencontramos as pessoas que já conviveram conosco entendem que esse diálogo é verdadeiro. Quantas vezes sentimos simpatia ou antipatia por alguém que acabamos de conhecer, não é mesmo? Quantas vezes, ao conhecermos alguém, sentimos uma antipatia profunda ou até mesmo certa aversão?

Terminado o Evangelho, todos se reuniram para tomar chá. Maria fizera um pão, e Constância preparara quindim, sobremesa favorita de Isabel desde a outra encarnação. Todos comiam e conversavam animadamente, quando Liz comunicou que ela e Rafael tinham uma ótima notícia para todos: Isabel iria ganhar um irmãozinho. A menina rapidamente corrigiu:

— Uma irmãzinha, mamãe.

Todos, menos Maria, se olharam espantados.

— Como assim uma menina? Como pode afirmar com tanta certeza?

— Ela se chamará Elisa. Eu vejo que ela está com a gente há algum tempo. Ela sempre me chama para brincar e prometeu que viria brincar comigo logo, logo. Ela é bem diferente de mim, pois tenho olhinhos claros, sou loira e meus cabelos têm cachinhos. Elisa é muito parecida com mamãe. Seus olhos são escuros e seus cabelos também, e ela tem covinhas quando sorri. Ela gosta de brincar, e eu disse para ela que, quando pudesse comer, experimentaria quindim. Aí ela riu e disse que iria esperar por isso.

Todos olharam para Maria, que confirmou com a cabeça, e sorriram.

— Então, vamos esperar a chegada de sua irmãzinha, meu amor — disse Rafael, chamando a filha para seu colo e abraçando-a ternamente. Ele olhou para a menina com carinho e prometeu: — Vou sempre protegê-la, Isabel. Jamais a deixarei desamparada.

Ela abraçou o pai e respondeu:

— Eu sei, papai. O senhor jamais vai me desamparar. Sei que me ama muito e que faria qualquer coisa por mim. Posso confiar sempre no senhor.

Os meses se passaram rapidamente, e logo Elisa nasceu. Ela era uma criança delicada e muito pequena. Nada, contudo, havia de errado com ela, que apenas nascera um pouco menor do que as outras crianças.

Quando viu a irmãzinha, Isabel chorou de alegria.

— Irmãzinha, nós vamos brincar muito! Vou lhe ensinar tudo o que sei, inclusive a rezar. Sei que Jesus está nos vendo, e Ele sabe que é verdade. Vou protegê-la, e você sempre será minha Elisa do coração. Você será muito feliz aqui com a gente. Não precisa ficar com medo de nada. A vida vai ser boa, porque você vai aprender que tudo é melhor quando confiamos que temos amigos dos dois lados.

Todos se comoveram, mas ninguém se surpreendeu. Isabel era muito diferente das crianças de sua idade. O que ela acabara de falar não era fruto da espontaneidade própria das crianças, mas de algo que realmente sentia e sabia.

Isabel já amava muito aquela irmãzinha que havia sido sua filha quando ela foi Henrique em outra encarnação e que agora voltava como filha de Rafael e Liz. Como podemos ver, a vida sempre encontra meios de unir os que se amam ou necessitam de ajustes para aprender a amar de verdade, terminarem algo que ficou inacabado nos relacionamentos ou alinhar sentimentos.

O nascimento de Elisa foi uma grande alegria para todos, principalmente para Isabel, que se sentia muito feliz. Intimamente, seu espírito reconhecia em Elisa a filhinha amada de outrora. Dotada de grande sensibilidade, a pequena Isabel adivinhava os desejos da irmã antes mesmo que ela os expressasse demonstrando incômodo ou chorando, como ocorre com as crianças antes de aprenderem a falar.

Isabel passava horas conversando com Elisa e brincando com ela. A pequena sorria e era uma criança tranquila, que não dava trabalho, a não ser quando algum resfriado ou uma cólica a incomodava. Nesses momentos, Isabel colocava suas mãozinhas sobre ela, como se, instintivamente, soubesse que dessa forma estava ajudando a irmãzinha.

O tempo passou rapidamente, e logo Elisa completou um ano. Ela se desenvolvia normalmente, e cada gracinha, cada novo aprendizado eram motivo de alegria e festa, principalmente para Isabel, que amava muito a irmãzinha.

Tudo parecia correr bem, quando, certo dia, Liz se lembrou daquela conversa sobre Isabel ficar encarnada por pouco tempo. Resolveu, então, conversar com Maria, buscando alguma luz sobre o assunto.

Naquele tempo, como não era comum as pessoas terem telefone, elas costumavam combinar quando iriam se encontrar ou simplesmente apareciam. Se ninguém estivesse em casa, tentavam a sorte em outra ocasião, às vezes deixando um bilhete ou até dando algum sinal de que haviam passado por lá quando não sabiam ler e escrever. Embora tivesse o telefone da vizinha de Maria, Liz resolveu ir até a casa da amiga, pois sabia que, naquele horário, ela estava trabalhando.

A chegada de Liz foi, portanto, uma surpresa para Maria, pois não haviam combinado nada. Samba fez festa para a visitante, sem, contudo, anunciar a chegada dela. Ao vê-la, Maria pressentiu qual era o assunto que levara Liz até ali inesperadamente. As duas se abraçaram, e logo a anfitriã convidou:

— Entre, minha filha.

Maria sempre a chamava de "minha filha" e sabia o motivo. Alegrava-se por ter a oportunidade de conviver com a filha querida de outra vida na encarnação atual. O tempo era diferente, os corpos eram diferentes, mas o amor era o mesmo. Liz acomodou-se e começou a chorar.

— Minha mãe querida, eu não tenho com quem desabafar.

Tais palavras saíram da boca e do coração de Liz sem que ela percebesse. Soluçando, continuou a falar:

— A cada novo dia, eu me pergunto se o momento de Isabel retornar à pátria espiritual está próximo. Eu entendo que o que foi determinado deve ser cumprido, mas ela está indo tão bem na matéria... Será que não há possibilidade de ficar conosco por mais um tempo? Há como interceder por ela?

Assim dizendo, deitou-se no colo de Maria, que lhe afagava os cabelos carinhosamente.

— Filha, eu não sei o que lhe dizer. Também ando refletindo sobre isso e pensei em conversar com meus mentores para lhes pedir que nos esclareçam essa situação. Se tiver de ser assim, desejo que nos deem a força necessária para que enfrentemos isso, mas, se for possível que Isabel fique conosco por mais tempo, que eles nos digam.

— Fará isso? — perguntou Liz abraçando Maria.

— Sim, hoje mesmo. Mas agora fique calma. Tudo se resolverá da melhor maneira. Você verá que logo teremos a solução para o caso. E, se ela tiver de partir, teremos de ser fortes, pois já sabemos que a vida não nos separa. Ficamos distantes por algum tempo, mas sempre acabamos nos reencontrando dentro do mesmo núcleo, no qual, por vezes, há ajustes a serem feitos, perdões que devemos conquistar ou a oferecer, relacionamentos a serem curados, enfim, trabalho não nos falta.

— Eu queria saber por que gosto tanto da senhora. É meu porto seguro, Maria. É claro que amo minha tia Constância e que ela é como uma mãe para mim, entretanto, existe algo na senhora que não entendo, mas sinto que nos une de maneira muito forte.

— Quer mesmo saber, minha querida? — perguntou Constância.

Liz balançou a cabeça afirmativamente.

— Pois bem! Vou lhe dizer! Muito tempo atrás, você, de fato, foi minha filha. Não sei de muitos detalhes, apenas sei que foi na mesma época em que Isabel tirou a própria vida. Você e Rafael já estavam juntos.

Liz abraçou Maria com força e chorou emocionada.

— A vida foi boa conosco, filha, pois voltou a nos unir e nos fez amigas. Faz algum tempo que fiquei sabendo desse nosso laço — disse ela sorrindo.

— Que lindo tudo isso, não? Como Deus é maravilhoso!

Sorrindo entre lágrimas, as duas olharam-se.

— Estou muito contente por ter reencontrado minha mãezinha e por podermos fazer alguma coisa por Isabel. Não quis falar com tia Constância sobre o assunto, pois vejo que ela e Isabel têm uma afinidade que não consigo explicar.

— Essa afinidade se deve ao fato de Constância ter dedicado muito tempo a orar por Isabel, para que ela encontrasse o caminho da luz depois de tirar a própria vida. Quase todos se esqueceram de Isabel, mas Constância, passava horas a fio em oração, para que, na encarnação pretérita, a sobrinha encontrasse o caminho que a levasse a ter paz e alegria. Ela foi incansável e nunca contou a ninguém sobre isso. Durante anos, trabalhou para que Isabel pudesse encontrar forças para se perdoar e ficar bem no plano espiritual e fez tudo isso por amor. Na época, não tinha o conhecimento que tem hoje e tudo o que fazia era movido pelo amor que tinha pela sobrinha, embora nem sempre demonstrasse.

— Que bonita essa devoção. Por isso elas são tão próximas!

— Sim. Por um período, Isabel foi uma pessoa bastante difícil e não teve muitos simpatizantes na ocasião, mas Constância sempre esteve do seu lado, principalmente na hora que ela mais precisou. É por isso que Isabel tem tanto carinho pela avó, e a avó por ela. Isabel aprendeu a ser grata, e esse sentimento de gratidão a fez alcançar seu progresso mais rapidamente, enquanto ainda estava no plano espiritual.

— Interessante... nunca fiquei enciumada por isso. Algo parecia me dizer que era justo esse carinho que uma sente pela outra.

Ambas sorriram.

— A vida tem sempre razão, não é? — perguntou Maria e, a fim de quebrar um pouco o clima de preocupação que pairava no ar, convidou: — Que tal um café?

— Adoro seu café — disse tirando da bolsa um pacote. — Já trouxe até as rosquinhas de que tanto gostamos para acompanhar o melhor café do mundo! Avisei Constância que viria para cá. Ela ficou com as meninas. Disse que eu não me preocupasse com a hora e que aproveitasse sua companhia.

— Constância é uma excelente pessoa, não, é?

— Sim, ela é maravilhosa. Acolheu-me sem pensar duas vezes quando precisei de um teto. E Deus foi tão bom comigo, que me deu duas mãezinhas queridas na ausência da mãe amada que partiu tão cedo — disse comovida.

Maria acariciou os cabelos de Liz, e a conversa prosseguiu animada. Logo o café ficou pronto, e Samba saboreou as rosquinhas de que tanto gostava.

Capítulo 12

Naquela noite, Liz, em espírito, foi levada para um lugar onde já estavam Constância, Isabel e Maria.[2] Era um lindo jardim com flores perfumadas e coloridas. Ao seu lado, uma mulher muito iluminada sorria e a acompanhava.

Liz sentiu-se segura em sua companhia, pois tinha certeza de que se tratava de um espírito amigo. "Será que é meu espírito protetor?", pensou, e a resposta foi afirmativa quando ela olhou para o espírito, que sorria concordando com a cabeça. Assim, deixou-se levar com alegria e tranquilidade.

Quando chegaram, o espírito permaneceu ao lado de Liz, que notou que, perto das outras, também havia um espírito que parecia velar por cada uma. Ela sorriu e, mais uma vez, teve a certeza de que estava sempre amparada. "Tudo depende de nós. Se permitirmos que esses

---

2 "Questão 401
— Durante o sono, a alma repousa como o corpo?
— Não, o Espírito nunca fica inativo. Durante o sono, os laços que o prendem ao corpo se relaxam e, como o corpo não precisa do Espírito, ele percorre o espaço e entra em relação mais direta com outros Espíritos." *In:* KARDEC, Allan. **O Livro dos Espíritos**. Brasília: FEB.

amigos estejam conosco e nos mantivermos em sintonia com eles, teremos sempre sua maravilhosa companhia", meditava ela.

De repente, os pensamentos de Liz foram interrompidos por uma voz feminina, que começou a fazer uma oração. Ela olhou para o espírito recém-chegado e viu uma mulher que brilhava intensamente, sem, contudo, ofuscar os olhos de quem a mirava. Tinha um porte elegante e era muito bonita. Seus cabelos eram negros e longos, seu olhar emanava bondade, e ela parecia abraçar quando olhava para alguém. Terminada a prece, começou a falar:

— Minhas queridas, hoje chamadas Constância, Isabel, Maria e Liz, vocês estiveram juntas na última encarnação e agora estão reunidas novamente para se ajudarem. Constância, desde a última encarnação, tem nutrido um grande carinho por Isabel e velado por ela como um verdadeiro anjo. Acompanhamos cada momento de oração e todos os pedidos que você fazia pela alma de Isabel no local onde os restos mortais dela foram enterrados. Ela, então, foi esquecida por quase todos os encarnados.

"Seu marido, Constância, embora fosse um homem bom, não tinha o hábito de orar. Fernanda só desejava esquecer Isabel, por isso não orava por ela. E Joaquim, apesar de se lembrar da prima em suas preces, não tinha o fervor e a determinação que você teve. Por sentir-se culpado pelo suicídio de Isabel, ele procurava pensar nela o mínimo que conseguia, pois acessar essa lembrança era como abrir uma ferida que ainda sangrava. Lembrava-se da prima tão jovem e linda e imaginava a cena do suicídio. Inutilmente, ele procurava apagar da memória a existência de Isabel, porque isso o adoecia. Joaquim teve vários problemas de saúde na ocasião em que ela tirou a própria vida."

Enquanto o espírito falava, apareceu uma tela mostrando a imagem de Joaquim tossindo muito e acamado. O espírito continuou:

— Naquele tempo, não se falava em doenças provocadas pelas emoções, e Joaquim ficou doente por muito tempo, pois não sabia como cuidar de si mesmo de forma adequada. Constância, em seu papel de mãe, orava muito por ele, que, aos poucos, foi melhorando. Isso aconteceu justamente quando Joaquim parou de pensar na morte da prima e nas circunstâncias que a fizeram tirar a própria vida. Na ocasião, ele costumava ter pesadelos horríveis, nos quais lutava com Isabel para que não se matasse, mas sempre em vão, pois ela sempre lograva suicidar-se. Assim, Joaquim viu Isabel morrer muitas vezes, o que causou aquele quadro clínico. Hoje, com o auxílio de diversas terapias e outros tratamentos, ele teria melhorado e se recuperado mais rapidamente.

O espírito fez uma breve pausa e continuou:

— Isabel, embora você ainda seja muito jovem, já está chegando o momento de retornar à pátria espiritual.

As encarnadas olharam-se com tristeza, e lágrimas escorreram por suas faces. O espírito prosseguiu:

— Estamos aqui para falar sobre a desencarnação de Isabel. Alegrem-se, pois lhe foi concedido um prazo muito maior de vida. Todas têm pedido muito em orações para que ela viva mais e assim será. E qual é o motivo dessa prorrogação?

Olhando para Isabel com ternura, o espírito falou sorrindo:

— Você merece tal prorrogação, minha irmã, portanto, estamos revogando o que foi decidido à época em que voltou à Terra. Agora, poderá viver muito mais, pois expressou seu desejo de desenvolver um trabalho para ajudar as pessoas a terem uma mente mais saudável, que as auxilie a superar os obstáculos e não saírem da vida por meio do suicídio. Seu pedido será aceito, e você poderá viver uma longa vida para cumprir seu objetivo. Queremos que aproveite bem esse tempo extra que lhe foi concedido, pois, como todos sabem, há uma fila interminável de espíritos desejando reencarnar, e precisamos merecer a oportunidade que nos é oferecida. A reencarnação é um presente que recebemos, e viver a vida de forma digna e produtiva, seja lá em qual contexto estejamos inseridos, é simplesmente nossa obrigação, porquanto muitos gostariam de estar no nosso lugar, mesmo passando por grandes dificuldades e desafios.

As mulheres abraçaram-se contentes. Dirigindo-se a Constância, Liz e Maria, o espírito concluiu:

— Vocês terão tarefas muito específicas e importantes para que esta encarnação de Isabel seja bem-sucedida. Naturalmente, a escolha é dela, pois cada ser possui livre-arbítrio, mas vocês certamente farão o que lhes cabe. Por essa razão, foram novamente reunidas nesta vida. Maria continuará educando Isabel sobre a espiritualidade, visto que nossa jovem é médium e precisará do auxílio de alguém experiente para trabalhar com essa capacidade e ter a sensibilidade necessária para atender pessoas que buscarão seu auxílio profissional. Liz, você continuará sendo a mãe desvelada de que ela precisa, e você, Constância, deverá afastar os últimos resquícios das impressões do suicídio de Isabel. Cada uma saberá instintivamente o que fazer. Naturalmente, uma apoiará a outra e todas juntas ajudarão Isabel a conquistar seu intento, para que, assim, ela obtenha sucesso na encarnação atual. Vamos agora fazer uma oração para agradecer por este encontro, pela oportunidade dada a Isabel e pelo grande amor que as une. Quem dera todas as famílias já pudessem se amar tanto assim!

Isabel, sem nada para acrescentar, apenas concordou com a cabeça, e as quatro, de mãos dadas, acompanharam a linda prece daquele espírito iluminado.

No dia seguinte, todas acordaram contentes, bem-dispostas, e falaram sobre o sonho que tiveram, compreendendo, então, que não fora um sonho, mas um desdobramento. Após tal conclusão, agradeceram ainda mais a bondade e sabedoria divinas, que sempre encaminham tudo da maneira mais acertada para que cada qual receba de acordo com a própria necessidade, sempre tendo em vista o progresso do ser.

Capítulo 13

Voltemos no tempo mais uma vez para entendermos o que se passou com Isabel quando ela desencarnou.

Assim que terminou de preparar a corda para enforcar-se, Isabel ainda teve um momento de lucidez e orou pedindo perdão a Deus pelo ato que iria cometer. Seu anjo guardião — ou espírito protetor —, auxiliado por outros espíritos amigos, tentou em vão demovê-la da ideia de suicidar-se, mas seu pensamento estava fixo nessa vontade. Tudo o que puderam fazer para que ela desistisse foi feito, porém, havia do outro lado espíritos com os quais ela tivera afinidade em tempos remotos e que a encorajavam a tirar a própria vida. Esses espíritos desejavam que Isabel ficasse à mercê deles, obedecendo às suas ordens depois que desencarnasse e estimulasse outros ao ódio, à revolta, ao suicídio e ao vitimismo. Dessa forma, devido à revolta e ao ódio que vinha alimentando, Isabel cedeu àqueles que desejavam vê-la destruída.

Após deixar a corda pronta, Isabel subiu na cadeira, depois na cômoda, e soltou o corpo de uma só vez. No mesmo instante, seu pescoço quebrou-se, e o corpo da jovem perdeu a vida. O espírito, porém, seguiria vivo, rumo ao destino que escolhera.

Isabel, em espírito, olhava fixamente para o corpo pendurado na corda. Os olhos mostravam uma expressão de horror, e o pescoço ferido denunciava o sucesso do ato praticado. Isabel, então, gritou alucinada. A jovem percebeu que tivera êxito — pois, de fato, seu corpo estava inerte —, mas, ao mesmo tempo, percebeu que não morrera. Apenas o corpo ali se apresentava sem vida física. Ela não entendia muito bem o que estava acontecendo e, de repente, sentiu um leve torpor. Dormiu por algum tempo até ser acordada por uma movimentação dentro do quarto.

Naquela manhã, como de costume, as freiras estavam reunidas na capela para iniciarem as orações matinais. Irmã Celeste, que sempre ficava no fundo da capela, notou a ausência de Isabel e imaginou que ela houvesse perdido a hora. Decidiu, então, bater à porta da cela da jovem e, como ela não respondeu, preocupou-se. Por sorte, madre Paulina tivera algum assunto urgente para resolver e se atrasara, estando ainda a caminho da capela. Aproximando-se da superiora, irmã Celeste disse aflita:

— Madre, estou preocupada. Isabel não compareceu à capela para as orações matinais. Já bati à porta de sua cela, mas não obtive qualquer resposta. Como ela anda um pouco estranha nos últimos dias, temo que não esteja passando bem.

Imediatamente, madre Paulina pediu:

— Venha comigo buscar a chave reserva da cela de Isabel. Se for necessário, pedirei a Tadeu que vá buscar o médico.

Irmã Celeste pegou a chave, dirigiu-se rapidamente à cela de Isabel e entrou no aposento. Ao ver o corpo da jovem pendurado na corda, soltou um grito de horror tão alto que ecoou pelos corredores. Madre Paulina, que vinha caminhando logo atrás, apertou o passo e adentrou o aposento, deparando-se também com a triste cena.

Imediatamente, madre Paulina cerrou a porta atrás de si antes que alguma freira visse o que acontecera. Como a oração havia terminado e todas já tinham ido para o refeitório, que ficava do outro lado do prédio, seria mais fácil manter a privacidade naquele momento. As duas freiras, instintivamente, fizeram o sinal da cruz e começaram a orar.

— Meu Deus! — exclamou madre Paulina. — Que motivo teria levado Isabel ao suicídio? Ela parecia tão bem ontem, à hora do jantar. Ela lhe contou alguma coisa, irmã?

Irmã Celeste acenou negativamente.

— Ela estava um pouco estranha nos últimos dias, mas dizia que era saudade de casa. Apenas isso.

Tremendo, irmã Celeste não conseguia parar de chorar. Ela era a pessoa mais próxima de Isabel, e as duas haviam se tornado boas amigas. Madre Paulina procurava acalmar a jovem, ao mesmo tempo que lamentava o ocorrido.

— Sinto tanto! Lamento não haver percebido que isso poderia acontecer. Ela chegou a falar sobre suicidar-se?

Mais uma vez, irmã Celeste acenou negativamente.

— Pobre criança! — Dirigindo-se à irmã Celeste, madre Paulina pediu: — Acompanhe-me. Fique em meu gabinete. Por enquanto, não vamos comentar o ocorrido com as outras irmãs. Primeiro, vamos chamar a família de Isabel. Vou falar com Tadeu e depois preparar um chá. Ficaremos juntas esperando os familiares dela chegarem.

Chocada demais para dizer qualquer palavra que fosse, irmã Celeste concordou com a cabeça. Como já sabemos, Tadeu levou a triste notícia para a família de Isabel, e, em algumas horas, chegaram Augusta, Manoel e Joaquim, que insistira em acompanhar os pais, pois se sentia culpado pelo afastamento da prima e remorso por não ter assumido seu amor por ela.

Joaquim nunca comentou com ninguém sobre o que se passara entre ele e Isabel, sobre os doces momentos de amor que haviam vivido em Beja.

A noite convidava ao descanso, porém, visitado pela insônia, Joaquim saiu do seu quarto e resolveu ir ao jardim. Quando lá chegou, viu Isabel sentada no banco que ficava mais afastado da casa. A prima não notou que ele estava ali e assustou-se ao vê-lo.

— Também não consegue dormir, prima?

Chegando mais perto e sentando-se ao seu lado, viu que ela chorava.

— O que foi, Isabel? Sente-se mal?

Ela encostou a cabeça no peito de Joaquim e disse baixinho:

— Sinto-me mal desde quando acordo até a hora em que me deito. Só fico em paz quando durmo e melhor ainda quando sonho.

— Mas o que lhe causa tanto sofrimento, minha querida? — perguntou ele, mostrando aflição pela revelação da prima.

Isabel levantou-se, e ele fez o mesmo. Ela olhou-o nos olhos e perguntou:

— Você me ama?

Ele disse sem pensar:

— Claro. Sempre. Desde que éramos muito pequenos. Sempre fomos bons companheiros, não? Somos grandes amigos.

— Apenas isso, não é?

Sem entender, ele quis reiterar os sentimentos que nutria por ela.

— Claro, prima. Alguma vez lhe faltei com o respeito? Está triste comigo? Fiz algo que a deixou nesse estado?

— Não entende, não é?

Ela parecia ainda mais triste, e Joaquim não sabia o que fazer para acalmá-la. Como se quisesse livrar-se de um grande peso, Isabel, em um ímpeto, agarrou-o e beijou-o com sofreguidão. Depois, envergonhada, levou as mãos ao rosto. Ele, então, a abraçou com carinho e disse:

— Fique tranquila, por favor.

Isabel deixou-se ficar naquele abraço, mas calou-se. Só queria permanecer ali para sempre se fosse possível. Os dois mantiveram-se abraçados por muito tempo. Joaquim por não saber o que dizer, calou-se. Nunca pensara na prima como mulher, pois foram criados como irmãos. Ele, portanto, amava-a, mas sempre a viu como uma irmã mais nova, com quem, na infância, brincara e fizera travessuras típicas de crianças.

Depois de um longo tempo, sem deixar de abraçá--la, ele finalmente falou:

— Não quero que sofra.

Um pouco mais calma, ela pediu:

— Beije-me, por favor. Posso até morrer depois disso, mas preciso sentir seu beijo. Não um roubado como foi agora, mas um beijo dado como se me amasse, como se eu fosse a pessoa que você mais amasse na vida. Por favor...

Comovido e deixando-se envolver por aquele carinho demonstrado por Isabel, Joaquim, por um instante, olhou-a com outros olhos. Até então, nunca havia notado como ela era linda. Para ele, Isabel era sua prima e irmã de jogos e brincadeiras, que, desde a infância, o acompanhava nas peraltices. Mas, diante dele, estava ali uma linda mulher, que o amava e sofria por sentir que esse amor não era correspondido.

Tomando-a nos braços de um modo diferente, Joaquim beijou-a mais uma vez, e outra, e outra. Ficaram juntos naquela noite como se o dia nunca fosse chegar. Nada mais falaram e beijaram-se muitas vezes. Quando estava prestes a amanhecer, Isabel disse:

— Perdoe-me por tudo. Posso ter um pouco de paz agora, pois sonharei com esses momentos até o fim de meus dias. Jamais me casarei. Outro homem nunca me tocará, e eu ficarei com esse gosto e a lembrança dessa noite para sempre. Sei que não me ama e agradeço por ter me dado esses momentos de carinho com os quais sempre sonhei. Siga em paz com sua vida. Jamais voltarei a tocar nesse assunto, no entanto, queria que soubesse o quanto o amo e o quanto sonho com você desde que éramos crianças. Você nunca foi para mim meu primo apenas; sempre foi o meu amor. Adeus, meu Joaquim. Essa noite nunca existiu. Obrigada, meu amor. Levarei nosso segredo para o túmulo e peço-lhe que faça o mesmo. Jamais conte a quem quer que seja o que se passou entre nós. Só queria que soubesse do meu amor por você.

Joaquim ficou ali parado, vendo-a entrar na casa, e, por fim, adormeceu no banco. Acordou com os raios do sol lhe aquecendo o rosto. Por um momento, pensou que sonhara com a prima, mas sentiu em seu corpo o perfume delicado de Isabel e lembrou-se de que tivera uma linda noite com ela. Eles eram muito jovens na época, e ele nunca tivera qualquer experiência com uma mulher.

Joaquim estava atordoado. Poderia amar a prima como ela o amava? E se ele se casasse com ela? Afinal, Isabel lhe apresentara um lado da vida que, até então, ele ignorava.

Os dias passaram-se, e Joaquim não conseguia parar de pensar naquela noite com Isabel. Ela, por sua vez, estava cumprindo sua promessa e, em momento algum, deu qualquer sinal do que acontecera entre os dois. A jovem aceitou que o primo não a amava e resolveu seguir adiante conforme lhe dissera.

Às vezes, Joaquim pensava que talvez houvesse sonhado com tudo aquilo, mas ainda podia sentir o perfume de Isabel impregnado em seu corpo, a maciez de seus cabelos, que ele não se cansou de acariciar, e o gosto de seus lábios. Ela era linda e delicada, e o rapaz começou a vê-la com outros olhos. Andava distraído pela casa, como se estivesse sonhando acordado o tempo todo.

Certa noite, durante o jantar, Joaquim olhou para a prima como nunca havia olhado até então. Isabel, por sua vez, estremeceu ao sentir o que os olhos de Joaquim pareciam dizer: que ele também a amava e que, enfim, não a via mais somente como a companheira de jogos e brincadeiras, mas como a mulher na qual ela havia se transformado.

Um pouco depois do jantar, enquanto seus pais conversavam na sala, Joaquim convidou:

— Isabel, vamos até a biblioteca, por favor. Quero mostrar-te aquele livro sobre o qual falamos outro dia.

Ela ficou surpresa e quase respondeu que não sabia de que livro ele estava falando. Mas, entendendo que Joaquim queria falar-lhe, seguiu-o em silêncio. Assim que entraram na biblioteca, ele fechou a porta, segurou-a pela cintura e, envolvendo-a em um abraço carinhoso, beijou-a com ternura.

— Meu amor — disse ele —, não consigo parar de pensar em você um minuto sequer. Podemos nos encontrar no jardim mais tarde? Preciso falar-lhe.

Surpresa, Isabel abraçou-o com mais força e apenas conseguiu concordar com a cabeça. Não era capaz de dizer nada. Aquele olhar que a envolvera durante o jantar era o mesmo olhar com o qual ela tanto sonhara. Finalmente, ele a via como mulher. Ela, enfim, poderia fazer o sonho de toda a sua vida virar realidade.

Ele beijou-a mais uma vez e entregou-lhe um livro.

— Vai gostar — disse piscando para Isabel. — *Orgulho e preconceito*, de Jane Austen.

Ambos saíram da biblioteca e dirigiram-se à sala. Conversaram por alguns instantes com Augusta e Manoel, e, pouco depois, Joaquim disse que iria para o quarto. Augusta sugeriu:

— Que tal irmos todos nos deitar?

Joaquim e Isabel sorriram concordando, pois não viam a hora de encontrar-se no jardim, conforme haviam combinado. Cerca de uma hora depois, a jovem desceu as escadas em silêncio e dirigiu-se ao jardim, onde Joaquim, ansioso, já a esperava no mesmo cantinho onde se encontraram dias antes. Sem dizerem uma só palavra, apenas se olharam nos olhos e permaneceram abraçados por um longo tempo. Depois, Joaquim afastou-se dela, segurou suas mãos e, como se estivesse hipnotizado, olhou para Isabel como se nunca a tivesse visto antes. Ela riu baixinho:

— Por que me olha tanto? Parece que nunca me viu.

Ele respondeu um pouco envergonhado:

— Perdoe-me. De fato, não a via como a vejo hoje... como mulher. Deixe-me lhe dizer o que se passa comigo. Desde aquela noite, quando me contou sobre seus sentimentos, derrubei dentro de mim o muro que nos separava das crianças que fomos em outros tempos e passei a vê-la como mulher. E, como mulher, é impossível não amá-la, Isabel. Sempre disseram que éramos como irmãos, e penso que isso ficou fixado em minha mente, como se vê-la de outro modo fosse algo pecaminoso. Mas, agora que sei que me ama, não quero censurar meus sentimentos nem os ocultar de quem quer que seja. Quero casar-me com você, ter uma família e, se Deus assim permitir, ser feliz ao seu lado. Jamais quero conhecer outros braços que não sejam os seus. Quero viver com você para sempre, meu amor.

E, dizendo isso, Joaquim beijou-a como nunca imaginou que beijaria alguém. Esses encontros tornaram-se diários, e o amor entre os dois crescia cada vez mais. Os dois não queriam perder um só minuto separados, pois, em algum tempo, Joaquim deixaria Beja e partiria para Coimbra para estudar. Resolveram, então, manter em segredo aquela história de amor, pois não poderiam casar-se antes que ele se formasse. Os dois sabiam que os pais do rapaz provavelmente aceitariam que se casassem, mas, certamente, não concordariam que isso acontecesse antes de Joaquim completar os estudos.

Passado algum tempo, Isabel começou a sentir-se doente. Não tinha disposição para nada, não conseguia comer, sentia muito sono e quase não saía do quarto. Joaquim preocupou-se com ela. Foi ao quarto da moça e questionou:

— O que tem, meu amor? Preocupa-me vê-la assim indisposta. Será que está sofrendo de algum mal do estômago? Quem dera eu já fosse médico. Cuidaria de você e logo estaria curada.

— Logo estarei melhor. Agora preciso dormir um pouquinho. À noite, nos veremos, sim?

Ele beijou a testa de Isabel e esperou que ela dormisse. Ficou ali, velando seu sono e pensando em como sentiria falta da jovem quando estivesse ausente do lar. "Mas, quando eu voltar, acertarei tudo com meus pais. Marcaremos o casamento e poderemos viver sem nos preocupar em esconder nossos sentimentos", pensou.

Joaquim acabou adormecendo na poltrona próxima à cama e acordou quando Augusta entrou no quarto para ver se Isabel estava bem. Vendo que a sobrinha dormia, fez sinal para o filho manter-se em silêncio e saiu novamente. Quando Isabel acordou, desceu para a sala, onde a tia costurava.

— Deixe-me chamar nosso médico, filha. É melhor saber o que está acontecendo com você.

— Fique despreocupada, tia. Ando triste por sentir saudade dos meus pais. Já faz um bom tempo que partiram, mas às vezes me lembro deles com muita saudade — disse ela, buscando justificar sua indisposição.

— Entendo sua dor. Eu mesma penso bastante nos dois, desejando muito que estivessem aqui conosco.

Isabel comeu muito pouco e logo voltou para o quarto. Joaquim acompanhou-a e disse que não saísse naquela noite. Ficaria ali com ela. Era tarde, e todos já dormiam. Cansado, ele deitou-se ao lado da jovem, e adormeceram abraçados.

Alguns dias depois, Isabel entendeu que estava esperando um filho de Joaquim. Não sabia o que fazer, pois estava ciente de que ele precisava estudar e que, somente quando voltasse de Coimbra, eles teriam condições de formar uma família. Não poderia esperar que o rapaz se casasse com ela naquele momento. Por outro lado, não faria nada para evitar que aquela criança nascesse, afinal, ela era fruto de um amor bonito e verdadeiro.

Isabel pensava em soluções até que algo lhe veio à mente: ela pediria aos tios que a mandassem para outro país. Assim, vivendo em um lugar onde ninguém a conhecesse, tudo seria mais fácil. Ela voltaria com a criança quando Joaquim retornasse de Coimbra e tudo ficaria bem.

Pensando nessa possibilidade, Isabel decidiu falar com os tios, mas não contaria nada a Joaquim antes que ele partisse. Quando o rapaz já estivesse em Coimbra, ela lhe escreveria contando tudo. Assim, mais tranquila por acreditar que havia encontrado uma solução, adormeceu.

A vida, porém, resolveu o assunto de outra maneira, e Isabel sofreu um aborto espontâneo, exatamente quando se arrumava para conversar com os tios. O pequeno feto foi expelido naturalmente por seu corpo, deixando-a desincumbida de buscar qualquer solução.[3]

Embora estivesse triste — pois a ideia de ter uma criança, que era fruto de tanto amor, a enchera de alegria —, Isabel pensou que, naquele momento, aquela seria a solução menos penosa para todos. Afinal, Joaquim certamente gostaria muito de estar perto dela quando o bebê nascesse e de acompanhar o crescimento da criança, em vez de conhecê-la apenas depois de formado.

Isabel recolheu o feto com carinho e embrulhou-o delicadamente em um xale. Assim que teve uma oportunidade, disse a Joaquim que não o encontraria naquela noite, pois ficaria descansando.

— Amanhã, estarei mais disposta se puder dormir a noite toda — disse ela.

— Claro, meu amor. O importante é que fique bem o quanto antes. Ando preocupado com você.

---

3 "Questão 355
— Há, como indica a ciência, crianças que desde o ventre materno não têm possibilidades de viver? Qual o objetivo disso?
— Isso acontece frequentemente. A Providência o permite como prova para seus pais ou para o Espírito que está para reencarnar.
Questão 356
— Existem crianças que, nascendo mortas, não foram destinadas à encarnação de um Espírito?
— Sim, há as que nunca tiveram um Espírito destinado para o corpo; nada devia realizar-se por elas. É, então, somente pelos pais que essa criança veio." *In:* KARDEC, Allan. **O Livro dos Espíritos**. Brasília: FEB.

Tarde da noite, quando todos dormiam, Isabel dirigiu-se ao jardim e abriu uma pequena cova onde enterraria o feto, bem perto do lugar onde ele fora concebido. No entanto, ela foi surpreendida por Joaquim, que, não conseguindo pegar no sono, decidiu tomar um ar no jardim.

— O que faz aqui, minha querida?

Ela levantou-se imediatamente e recolheu o pequeno embrulho. Joaquim, gentilmente, tirou-o das mãos da jovem e viu o pequenino feto. Assim, entendeu o que havia acontecido e chorou.

— Por que não me contou?

Isabel chorava, mas não respondeu. Ele, então, a abraçou, beijou sua testa delicada e fê-la sentar-se. Em seguida, terminou de abrir a cova, onde, por fim, colocou o feto. Ambos fizeram uma oração, e Joaquim cobriu com terra os restos mortais do filho. Depois, sentou-se ao lado de Isabel e abraçou-a.

— Deveria ter me contado.

— Jamais poderia atrapalhar seus planos de ir estudar em Coimbra. Se você se casasse comigo por causa da criança, não poderia fazer a faculdade que tanto deseja desde pequenino. E, se nos casássemos, eu não iria com você, pois tem de estudar muito para ser médico. Num contexto como esse, uma criança pequena e uma esposa seriam um estorvo.

— Jamais! — protestou.

— Eu havia pensado em pedir aos tios que me mandassem para outro lugar a fim de passar algum tempo. Ficaria por lá, lhe mandaria uma carta narrando tudo o que aconteceu, e nós três voltaríamos para cá quando você terminasse os estudos. Aí contaríamos tudo aos tios e nos casaríamos.

Joaquim entendeu que Isabel o amava tanto que não desejava prendê-lo. Apenas queria ser amada. Ele a respeitou ainda mais por isso, beijou suas mãos miúdas e disse.

— Nunca mais fique sozinha desse jeito. Estarei sempre aqui para ampará-la. Prometa-me que ficaremos juntos, aconteça o que acontecer. Eu a amo demais para pensar que sofre sozinha. Haveremos sempre de compartilhar todos os momentos, sejam eles bons ou não. Juntos, poderemos resolver o que precisar de solução e encontrar meios para superar tudo.

Beijaram-se longamente e ficaram no banco por algum tempo. Depois, foram para o quarto de Isabel, onde ficaram conversando até adormecerem lado a lado. Um novo dia já se anunciava quando Joaquim saiu silenciosamente do quarto, fechando a porta atrás de si.

Capítulo 14

Alguns meses se passaram, e o tempo parecia mais acelerado do que os jovens gostariam. Por outro lado, quanto antes Joaquim partisse, mais rápido voltaria. Ele deixaria a pequena Beja, onde viviam, para ir estudar em Coimbra e, quando se formasse, voltaria para sua cidade natal. Seus pais estavam exultantes, mas Joaquim e Isabel se encontravam profundamente tristes.

Em uma noite, à hora do jantar, notando o abatimento de ambos, Augusta observou:

— Vocês estão tristes demais! O momento é de celebração. O tempo passa rapidamente, e logo Joaquim voltará formado e poderá ajudar essa gente e este lugar que carecem tanto de médicos.

Joaquim e Isabel sorriram sem vontade. Manoel também quis animá-los e falou:

— Escreva-nos regularmente, sim, meu filho?

— Escreverei muitas cartas para todos, principalmente para Isabel — disse olhando-a com ternura.

Cientes do grande afeto que unia os primos, Augusta e Manoel não estranharam as palavras do filho, mas Isabel, que conhecia o segredo de ambos, sentiu-se muito contente e aliviada ao ouvir o que ele disse. Contaria os dias para receber as cartas.

— Eu lhe escreverei muitas cartas também, Joaquim — respondeu ela sorrindo.

Os jovens tinham cada vez mais dificuldade de esconder o amor que sentiam um pelo outro. Já não conseguiam ficar longe mais do que poucas horas e logo se buscavam, indo encontrar um canto onde pudessem trocar beijos e carícias. À noite, sempre ficavam juntos no jardim ou até altas horas conversando no quarto de um ou do outro. Augusta e Manoel não desconfiavam do que se passava entre ambos, embora achassem os jovens um tanto exagerados. Por outro lado, entendiam que esta seria a primeira vez em que se separariam, e — pensavam — talvez Isabel já estivesse até casada quando Joaquim voltasse.

Conforme os dias iam passando, os jovens ficaram mais acabrunhados. Viviam pelos cantos chorando, e o clima da casa foi ficando cada vez mais triste. Até mesmo os criados contaminaram-se com a onda de tristeza na qual o ambiente mergulhara. Joaquim partiria em dois dias. Isabel sentia que seria bem difícil suportar a ausência do rapaz, que, por sua vez, também já sentia saudade da prima e estava quase desistindo de ir para Coimbra.

— Estava pensando e decidi que não irei a Coimbra. Não vou suportar tanto tempo longe de você, meu amor. E para que tanto sacrifício? Não precisamos disso para viver. Posso trabalhar aqui mesmo, abrir um comércio, qualquer coisa assim.

— Já falamos sobre isso em outras ocasiões. Desde pequenino, você deseja ser médico. Não pode desistir agora. Será muito triste ficarmos longe um do outro, mas para você o tempo passará como um raio. Terá que estudar e frequentar as aulas. Resolvi que bordarei uma colcha bem bonita para nossa cama de casados. Começarei quando você partir e em cada ponto lhe dirigirei um pensamento. Farei pontinhos miúdos para que eu complete o bordado apenas quando você estiver por chegar.

Ele abraçou-a carinhosamente, e olharam-se com ternura. Beijaram-se como se nunca mais pudessem ter outros momentos assim e, quando a noite chegou, aproveitaram todos os momentos juntos. Joaquim só deixou o quarto de Isabel quando os primeiros raios de sol entraram pela fresta da enorme janela. Na noite anterior à partida foi a mesma coisa.

— Levo em mim seu cheiro, o tato de sua pele macia, dos seus cabelos sedosos e com eles me alimentarei até que nos vejamos novamente. Todas as noites, antes de me deitar, beijarei o pequeno terço que me deu para lembrar-me de que ele esteve tantas vezes em suas mãos rezando para que um dia estivéssemos juntos como agora. Esse amor que levarei como uma joia única dentro do peito me alimentará durante essa prolongada ausência.

Isabel sorria e chorava. Ele continuou:

— Prometo-lhe que nunca estarei com outra mulher e lhe escreverei o tempo todo para que estejamos juntos apesar da distância que nos separará.

Isabel colocou o dedo indicador sobre os lábios de Joaquim e pediu:

— Não faça esse tipo de promessa, pois talvez não possa cumpri-la.

E, olhando bem nos olhos dele, já com lágrimas cobrindo suas faces, ela disse:

— No entanto, se não conseguir ser-me fiel, jamais quero sabê-lo, pois não suportaria qualquer traição de sua parte.

Ele insistiu:

— Jamais a trairei, minha pequena.

Sem querer escutar mais promessas, ela alertou-o para o horário:

— Os tios já vão se levantar. Corra para seu quarto e prepare-se para a viagem. Deve levar muito tempo para chegar, então, é bom partir o quanto antes.

— Sim. Parece que são umas trinta horas de viagem. Teremos de parar em alguma hospedaria para pernoitar.

Beijaram-se mais uma vez e combinaram o beijo de "até breve", como diziam, para logo depois do desjejum. Eles não queriam pensar em adeus, pois diziam que sugeria mau agouro. Assim, optaram por dizer até breve, que dava a ideia de que logo estariam juntos novamente.

Joaquim foi para seu quarto, arrumou-se rapidamente e desceu para reunir-se com a família, que já o esperava. Augusta pedira a todos que procurassem fazer uma cara menos triste, pois o filho ficaria ainda mais infeliz se todos estivessem chorosos. Ela mandara preparar tudo o que Joaquim gostava de comer e pediu que preparassem também uma cesta para que ele e seus acompanhantes pudessem alimentar-se durante a longa jornada. Manoel levaria o filho até Coimbra, pois queria ver como ele ficaria instalado.

De fato, a refeição transcorreu com um pouco de alegria — mesmo não muito espontânea — ao falarem do retorno de Joaquim depois de longa ausência. Faziam planos sobre onde ele poderia atender quando voltasse formado, e Manoel, procurando mostrar-se animado, disse:

— Durante sua ausência, procuraremos uma propriedade para construir um consultório em lugar de fácil acesso para quem venha buscar seus serviços, filho. O que acha?

— Acho ótimo, meu pai. Assim, quando voltar, poderei começar a trabalhar logo.

Manoel deu um tapinha no ombro do filho e completou:

— Conto com Isabel e Augusta para me ajudarem a encontrar o imóvel. Vão me ajudar, não?

— Claro! — disse Isabel animando-se. — Será uma alegria preparar o lugar onde nosso Joaquim atenderá seus pacientes.

Para ela seria, de fato, uma alegria, pois se sentiria próxima do amado de algum modo.

— E vamos deixar tudo muito lindo, não é, madrinha?

— Claro! — concordou Augusta, procurando mostrar-se animada também. Será um recanto aconchegante para que tanto você como seus pacientes se sintam muito acolhidos. Quero que todos que entrem em seu consultório sintam que ali receberão cuidados médicos e carinho, pois creio que tudo o que fazemos com carinho prospera. Tenho certeza de que você será um médico dedicado e competente, pois, desde pequenino, sonha com essa profissão. Digo sempre que já nasceu médico.

Conversaram mais um pouco, e, assim que terminaram a refeição, Augusta e Manoel se retiraram para verificar a bagagem do patriarca. Isabel e Joaquim, por sua vez, foram para o quarto a fim de se despedirem como haviam combinado.

Entre lágrimas e beijos, olhavam-se carinhosamente e sorriam pensando no futuro que os aguardava. Eram jovens e saberiam esperar, afinal, ele estava partindo por uma boa causa. Isabel deu ao amado um saquinho onde estavam bordadas as letras J e I.

— O que tem aí? — perguntou ele, abrindo o saquinho antes que ela tivesse oportunidade de responder.

Era uma corrente de ouro na qual estava pendurada uma medalhinha de Santo Antônio carregando o Menino Jesus. Comovido, ele devolveu a ela a corrente e pediu:

— Coloque-a em mim, por favor.

Delicadamente, Isabel beijou a medalhinha, gesto que foi repetido por Joaquim, e colocou-a no pescoço do rapaz. Em seguida, ele retirou do bolso uma caixinha e deu a ela. Ao abri-la, Isabel retirou de lá uma correntinha onde estava pendurado um relicário, no qual havia a escultura de uma linda rosa.

— Quisera dar-lhe uma rosa a cada dia em que estivermos separados. Como não poderei fazê-lo, peço que fique com essa, que simboliza minha vontade. Receba a cada dia essa flor e sinta o perfume dela como símbolo do amor que lhe dedico.

Imitando o gesto de Isabel, Joaquim colocou no pescoço da jovem o presente que lhe dera. Os dois, então, ficaram abraçados, cada qual com seus pensamentos. Às vezes, olhavam-se, beijavam-se novamente e ficavam abraçados.

— Joaquim, está na hora de partir, meu filho!

A voz de Augusta vinha do andar inferior, despertando os jovens de seus pensamentos. Após um último e longo beijo, desceram de mãos dadas, desejando que as escadas nunca tivessem fim.

— Sentiremos muito sua falta, meu filho — disse Augusta, agora chorando copiosamente.

Aos prantos, Joaquim abraçou a mãe e, logo em seguida, um a um todos os criados da casa. Por fim, abraçou novamente a mãe e envolveu Isabel em seus braços, ficando assim por um longo tempo. Delicadamente, Manoel puxou o filho e abraçou a sobrinha e a esposa.

— Boa viagem, meus queridos. Deus os acompanhe!

— Boa viagem e até breve — disse Isabel.

— Boa viagem — disseram os criados em coro, como se tivessem combinado.

A carruagem partiu, enquanto Augusta e Isabel observavam o veículo desaparecer no horizonte. A moça chorava muito e, com a cabeça apoiada no ombro de Augusta, imaginava como seria a vida dali em diante. A matriarca estava triste, mas pensava que ter a sobrinha junto de si seria um grande alento. Abraçando-a, disse:

— Que bom tê-la aqui. Vai ajudar-me a sentir um pouco menos a falta de Joaquim.

Isabel sorriu. Nada mais havendo a fazer ali, ambas entraram na casa e foram buscar algo com que se ocupar para distraírem a mente das ideias tristes.

A pequena comitiva chegou a Coimbra depois da penosa viagem e pernoitou em uma estalagem para descansar e buscar um alojamento para Joaquim no dia seguinte. O estalajadeiro informara-lhes que a maioria dos estudantes vivia no Bairro Alto, por ser mais próximo da faculdade. Ele próprio possuía ali uma casa pequena que costumava alugar e que, por acaso, estava vazia. Deu-lhes o endereço, e eles se dirigiram para lá depois do desjejum.

Ao chegarem ao local, viram que a casa era, de fato, minúscula, como lhes fora dito pelo estalajadeiro. O pequeno jardim estava muito bem cuidado, pois a irmã do proprietário cuidava da casa duas vezes por semana, abrindo-lhe as janelas e mantendo tudo limpo. Segundo o irmão, ela estaria lá quando fossem visitar o imóvel.

Quando abriram o portão e adentraram o jardim, ouviram a voz de uma mulher cantando um fado em voz alegre e harmoniosa. Manoel chamou:

— Ô de casa. Podemos entrar?

Uma mulher baixinha de ar simpático, com lenço na cabeça e brincos dourados de argola, apareceu à porta sorrindo. Manoel explicou:

— É dona Adelaide, pois não?

A mulher concordou com a cabeça.

— Seu irmão nos disse que poderíamos conhecer a casa. Meu filho vai começar a estudar na universidade e precisa de moradia.

Amavelmente, ela convidou-os a entrar. Ambos examinaram a casa minuciosamente, e, em seguida, Manoel levou Joaquim para fora da residência no intuito de conversar com o filho.

— Acha que ficaria bem aqui? — perguntou Manoel.

— Sim, meu pai. Encontro-a perfeita para ser meu lar temporário.

— Que tal mantermos a mulher para cuidar da casa como já faz? Não precisaria preocupar-se com os afazeres, pois não terá muito tempo.

— Bem, meu pai, não quero abusar de sua bondade, mas seria muito bom.

— Vamos falar com ela.

Entraram e encontraram a mulher enfeitando a pequena sala com algumas flores. Manoel dirigiu-se a ela:

— Dona Adelaide, pode-se ver que a senhora cuida muito bem do imóvel do seu irmão, pois está tudo muito limpo! Percebe-se seu asseio nos pequenos detalhes.

Dona Adelaide sorriu largamente, e Manoel continuou:

— Assim sendo, gostaria que continuasse a fazê-lo durante a permanência de meu filho em Coimbra. Veja o quanto isso custaria por mês, e, sempre nesta data, meu filho lhe pagará pelo serviço.

A mulher exultou de alegria. Gostava de cuidar da casa, mas pensava que, quando um novo morador chegasse, teria de deixar seu trabalho. Acertaram, então, o valor a ser pago, e ficou acordado que a mulher viria sempre no período da tarde.

Manoel perguntou:

— Se lhe pagarmos o dobro, a senhora poderia comprar comida e cozinhar para meu filho?

Dona Adelaide alegrou-se mais uma vez, pois ganharia mais que o dobro do que o irmão lhe pagava.

— Basta o moço dizer-me quais são os pratos que o apetecem, e terei enorme prazer em cozinhar o que me for pedido.

Joaquim sorriu ante a boa disposição da mulher.

— Pois gosto do trivial. Para mim, está ótimo! E, quando quiser algo especial, a farei saber, sim? — disse ele amavelmente.

— Então já está, senhor Joaquim — disse Adelaide. — Quando pretende se mudar?

— Hoje mesmo — respondeu o moço. — Vou pedir para nossos acompanhantes trazerem meus pertences, uma vez que já está tudo acertado.

— Pode ficar descuidado, pois deixarei tudo em ordem para o senhor.

— Estamos acertados, então! — respondeu Manoel. — Muito agradecido, dona Adelaide. Parto sabendo que deixarei meu filho em boas mãos. Nossa família ficará muito feliz em saber que encontramos pessoa tão bondosa para cuidar da casa e do estômago do nosso Joaquim. Agora, se nos der licença, vamos sair um pouco para conhecer a cidade.

— Quando voltarem, terei lhes preparado uma boa sopa e pão fresquinho. Está bem assim? Quantos vieram com os senhores?

— Somos quatro no total, pois viemos acompanhados de dois funcionários. Vamos gostar de comer sua comida. E, levando a mão a um dos bolsos, acrescentou: — Vou deixar-lhe algum dinheiro para que faça as compras agora e para comprar a comida que vai preparar para Joaquim durante o mês. Quando precisar de mais dinheiro, por favor, avise meu filho.

A mulher assentiu com a cabeça, e Manoel e Joaquim saíram. Disposta, Adelaide foi comprar comida, arrumou todos os pertences de Joaquim, cozinhou uma sopa substanciosa e fez pão fresquinho. Quando chegaram com Leôncio e outro funcionário que os acompanhava, comeram fartamente.

— Parece que a cozinheira está aprovada, não? — perguntou Manoel.

Todos concordaram e voltaram para a estalagem. No dia seguinte, Manoel acompanharia o filho à faculdade onde algumas formalidades precisavam ser cumpridas. Pernoitariam na estalagem ainda na noite seguinte e, pela manhã, partiriam de volta para Beja, deixando Joaquim em Coimbra, onde ele passaria um bom tempo antes de retornar ao lar paterno.

Capítulo 15

Depois da partida de Joaquim, Isabel começou a contar os dias para a volta do amado e, conforme havia prometido, a bordar uma colcha enorme. A tia não estranhou a confecção da peça, pois era comum que as moças preparassem o próprio enxoval. Todos os dias, ao entardecer, Isabel deixava o bordado e ia sentar-se no banco onde costumava encontrar-se com Joaquim. Ali, imaginava como seria a volta dele e como seriam felizes depois disso.

Manoel, por sua vez, continuava sua rotina de trabalho e, no terceiro ano de ausência do filho, começou a buscar um local onde Joaquim pudesse trabalhar quando voltasse de Coimbra. Encontrou uma propriedade em uma ruazinha tranquila perto do comércio central da cidade e comprou a casa. Antes do retorno do filho, Isabel e Augusta cuidariam de decorá-la.

Augusta sentia muita falta do filho, mas a companhia de Isabel supria em parte a ausência de Joaquim. Ela passava os dias cuidando de vários afazeres domésticos e bordando, conforme o costume da época.

Exceto pela saudade que sentiam de Joaquim, a vida seguia normalmente para todos da casa, que, invariavelmente, falavam do rapaz na hora do jantar. Joaquim já estava fora havia bastante tempo, e, na pequena Beja, todos sabiam que ele estava estudando em Coimbra. Naturalmente, as moças em idade para casar-se começaram a tentar uma aproximação maior com a família a fim de se tornarem mais íntimas da casa quando o rapaz voltasse. E a escolha natural, devido à idade, era Isabel, que, como já vimos, afugentava todas as outras.

No início, Joaquim escrevia para casa toda semana e escrevia duas vezes por semana para Isabel. Com o tempo, as cartas foram rareando até que ele passou a escrever uma vez por mês, tanto para os pais como para Isabel. Embora sentissem falta de notícias, pensavam que isso se devia ao volume de aulas e estudos.

Quando escrevia para Isabel, Joaquim não contava quase nada; apenas afirmava que a amava muito, e isso lhe bastava. Ciente de que era preciso estudar muito para ser um bom médico, Isabel jamais reclamava e continuava escrevendo longas cartas para o primo, contando sobre a vida de todos, sobre seus sentimentos e a saudade que sentia.

Joaquim alegrava-se quando recebia as cartas dos pais, mas, quando recebia as de Isabel, chorava muito. Punha-se sempre em estado de verdadeira prostração, abraçava a carta junto ao peito e segurava a medalhinha de Santo Antônio que ela lhe dera no dia da partida.

Mas, de qualquer modo, o tempo passa, e esse tempo de ausência estava terminando. Quanto mais se aproximava o momento de Joaquim voltar, mais ansiosa

Isabel ficava. Assim, depois dos longos — e aparentemente intermináveis — anos passados em Coimbra, ele finalmente retornou ao lar.

Era uma manhã ensolarada e morna, e todos estavam a postos para recebê-lo. Isabel sonhara milhares de vezes em como seria esse dia e, na sua imaginação, Joaquim lhe dizia o quanto sentira sua falta. E, pouco depois de sua chegada, o rapaz contaria aos pais sobre o amor dos dois e logo se casariam, sendo muito felizes como sempre planejaram.

Ao ouvirem o barulho dos cavalos, todos correram para recebê-lo. Joaquim entrou na casa, e Isabel quase não o reconheceu. Quando partiu, ele era pouco mais que um garoto; agora, era um lindo homem de porte elegante. Ela achou-o ainda mais atraente e não conseguiu parar de chorar.

Tal como fizera ao partir, Joaquim, chorando muito, abraçou um por um. Quando chegou a vez de abraçar Isabel, a moça notou que ele ficara feliz em vê-la, mas sentiu que algo mudara em seu abraço. Não que ele não a tivesse abraçado com o carinho de sempre, mas algo estava diferente. Ela pensou que era apenas a impressão que tinha por ter passado tanto tempo longe do amado, porém, Joaquim nunca mais a procurou ou lhe deu qualquer explicação e já não demonstrava por ela o afeto de outrora.

A partir de então, Isabel se transformou. Seu olhar para Joaquim já não era mais de ternura, era duro, como se o condenasse a cada palavra que ele dizia. Aquela Isabel de outrora tornou-se, então, uma pessoa com desejo de vingança. Sua mudança não se dera por Joaquim não mais querê-la, mas, sim, por ele nunca ter lhe dito nada, como se o amor arrebatador, que tinha por testemunhas a noite enluarada e as estrelas, nunca houvesse acontecido entre eles.

Joaquim e Isabel amaram-se incontáveis vezes sob a luz das estrelas e no quarto de um e do outro, e agora ele a descartava como se ela nunca tivesse feito parte de sua vida ou sido a primeira mulher dele. Isabel contara os dias para a volta do amado e, depois de tanto tempo se guardando para o momento do reencontro, o rapaz a atirou fora como se ela fosse um objeto inútil que ele não queria mais. Tentou falar com Joaquim algumas vezes, mas ele não lhe deu atenção, o que fez todo aquele amor bonito, puro e verdadeiro se transformar em um sentimento que até então ela desconhecia. Era uma mistura de amor, ódio e despeito e um desejo enorme de vingar-se de Joaquim.

Se antes Isabel apenas desejava manter afastadas as pretendentes do primo, a partir dessa atitude do rapaz, ela começou a inventar histórias sobre ele para prejudicá-lo como pudesse. Se ele não tivera a delicadeza e a dignidade de conversar com ela para lhe dizer que estava tudo terminado, Isabel, então, haveria de colocar um ponto final em qualquer relacionamento que ele quisesse ter. Joaquim iria se arrepender do que lhe fizera. Ela seria como uma assombração na vida do primo, atormentando-o dia e noite. E, sempre que ele estivesse com alguém, se lembraria de seus beijos e carinhos. Desejava isso de todo o coração e viveria para alimentar esse desejo.

Quando Fernanda se intrometeu na vida deles, Isabel enlouqueceu de vez e, vibrando desejos de vingança e ódio, atraiu para junto de si companhias que não eram saudáveis. Energeticamente, a jovem vinculou-se ao bando de outrora na encarnação em que viveu como Henrique. Quase todos eles continuavam com as mesmas ideias e infundiam na cabeça dos encarnados, que com eles sintonizassem, os sentimentos e pensamentos que carregavam consigo. Intuída por eles, Isabel conseguiu várias vezes desmoralizar Joaquim e fazê-lo sofrer alguma espécie de constrangimento, mesmo que ele não tivesse agido de maneira indigna naquelas ocasiões. Ela comemorava cada vitória e, durante o sono físico, ia para junto dos espíritos com quem tinha afinidade para arquitetar planos que complicassem ainda mais a vida de Joaquim. O triste final dessa história nós já sabemos.

Capítulo 16

Isabel, como vimos, ficou totalmente consternada ao ver o próprio corpo morto, pendurado na corda. A jovem jamais imaginou que a vida continuasse depois da morte física e achou que estivesse enlouquecendo. Seus pensamentos iam de um lado para outro: às vezes, julgava não estar em seu juízo perfeito; em outras, pensava que aquilo era um pesadelo do qual logo despertaria; outras tantas vezes, perguntava a si mesma como era possível estar viva e morta ao mesmo tempo.

Sentou-se na cama e chorou. Independentemente do que ocorrera, um grande arrependimento a dominava. Mesmo que aquilo fosse um pesadelo, só o fato de haver cogitado tirar a própria vida já era apavorante. Dizia em voz alta:

— Se eu me matei, não tem mais jeito... Mas, se isso for um sonho, quero acordar agora mesmo.

Isabel viu irmã Celeste entrar em sua cela e gritar em desespero e viu também quando madre Paulina entrou logo em seguida. Falava com elas, mas nenhuma delas respondia. A jovem começou a tocar na amiga, mas esta não registrava sua presença. Foi nesse instante que Isabel entendeu que estava viva, mas ninguém conseguia vê-la.

— Que pesadelo maluco é esse? — perguntava a si mesma em voz alta e, freneticamente, repetia: — E agora? E agora?

Exausta, acabou adormecendo e só acordou quando sua família chegou.

Ao ver o corpo de Isabel pendurado na forca, Joaquim quase enlouqueceu. Sentiu-se tão culpado que, durante anos, foi atormentado por essa visão.

O rapaz pensou em como fora egoísta e inconsequente ao tratar Isabel daquela maneira. A prima dedicara-lhe todo o seu amor e entregara-se a ele ingenuamente, sem pedir nada em troca, a não ser momentos de carinho dos quais ele também usufruíra. Joaquim sentiu-se sujo, um canalha, e, durante toda a sua vida, jamais teve qualquer contato íntimo com outra mulher. A partir daquele dia, sua vida transformou-se para sempre.

Isabel percebeu que Joaquim estava sinceramente triste com o que lhe acontecera, quando o viu abraçar-se ao seu corpo inerte e, meio sem noção do que fazia, tentava tirar-lhe a corda do pescoço, chorando. Finalmente, quando conseguiu trazer o corpo da prima ao chão, ficou ali chorando, desesperado, sabendo ser inútil qualquer atitude que quisesse tomar. A vida de Isabel se acabara, e ele não podia fazer nada. Sentou-se no chão, colocou a cabeça dela sobre seu colo e ficou em silêncio. Às vezes, pedia perdão baixinho, acariciando o rosto da jovem, enquanto Augusta, confusa, não entendia o motivo pelo qual ele pedia perdão à prima.

Manoel saíra com as freiras. No gabinete de madre Paulina, ele começou a tratar de algumas formalidades, enquanto irmã Celeste permanecia imóvel, ainda em choque pela cena que encontrara ao abrir a cela de Isabel. Ele ficou pesaroso pelo estado da jovem freira, pois imaginou que fora terrível para ela ser a primeira a ver o corpo de Isabel pendurado naquela corda.

— Vamos levar o corpo imediatamente — disse Manoel.

— Agradeço sua compreensão — disse madre Paulina. — Embora isso já tenha acontecido aqui outras vezes, é sempre um choque passar por tal situação.

— Desculpe-me por perguntar, mas o que pode ter feito essas outras moças cometerem suicídio?

— Bem, senhor Manoel, nem todas as moças chegam até aqui por vontade própria. Muitas não se conformam. Entre aquelas que vêm por vontade própria, muitas se enclausuram espontaneamente para fugir de desilusões amorosas, maus-tratos, abusos de toda espécie dentro de casa e das mais diversas situações que lhes causam infelicidade. Contudo, essas jovens nem sempre encontram aqui a paz que buscavam, pois a paz começa dentro da própria criatura. Se a pessoa está atormentada, tal tormento seguirá com ela aonde quer que ela vá.

— Tem razão, madre. Tem ideia do que poder ter levado Isabel a tirar a própria vida?

— Fiz essa pergunta à irmã Celeste, que se tornou a melhor amiga de sua sobrinha, mas ela também não imagina o que pode ter levado Isabel a cometer suicídio.

Irmã Celeste disse timidamente:

— Isabel era delicada e doce. Nunca imaginei que ela tiraria a própria vida, pois, quando conversávamos, ela sempre falava dos planos que tinha quando saísse do convento. Queria tomar posse da herança que lhe foi deixada pelos pais e desejava mudar-se para bem longe daqui. Pensava em ir para o Porto ou talvez para a Espanha.

Ela sorriu com tristeza e continuou:

— Certa vez, disse que gostaria que Tadeu e eu fôssemos com ela. Isabel ficou muito amiga do meu irmão também. Ela dizia que eu poderia abdicar de minha vocação, exercer a caridade em outros lugares e que nós três seríamos muito felizes. Em pouco tempo, nossa amizade tornou-se muito forte. Sinto como se houvesse perdido uma irmã.

E, dizendo isso, irmã Celeste começou a chorar novamente. Ninguém sabia o que dizer, pois há momentos em que as palavras não conseguem expressar os sentimentos. Assim, cada qual se recolheu à própria dor e aos próprios pensamentos.

Na cela de Isabel, sentada na cama da sobrinha, Augusta observava o filho e, naquele momento, lembrou-se da conversa que tivera com Manoel quando ambos foram visitar o convento pela primeira vez. Sentiu que algo se passara entre o filho e a sobrinha e, procurando espantar tais pensamentos, disse para si mesma: “Se algo houvesse se passado entre eles, eu saberia. E, se aconteceu, por qual motivo não assumiram um compromisso? Não, não. Eles se amavam como primos. É natural que ele esteja transtornado, assim como eu também estou. Aliás, todos *nós* estamos.”

Algum tempo depois, Augusta saiu da cela com a intenção de falar com o marido, mas ele já ia ao encontro dela acompanhado das duas freiras. Juntando-se a eles, combinaram como levariam o corpo de Isabel para que fosse enterrado na propriedade da família.

Ao ver-se sozinho, Joaquim começou a falar:

— Meu amor, me perdoe. Eu a amo muito, mas não achava certo que nos casássemos. Julguei que você merecia alguém melhor que eu, pois fui um canalha. Sou indigno do amor puro e sincero que me dedicou. Fui leviano, vulgar, e me arrependo sinceramente. Se pudesse, daria, sem pestanejar, minha vida pela sua. Faria qualquer coisa para que vivesse novamente. Nem sei o que dizer, pois nada que eu lhe diga poderá me justificar e nada do que eu fizera trará de volta à vida.

E, dizendo isso, Joaquim apertou ainda mais o corpo de Isabel junto ao seu. Ele continuou:

— Sei que é difícil entender, mas fiquei confuso. Quando voltei de Coimbra, pensei que poderíamos, sim, ficar juntos e nos casar, mas fui um covarde. Por algum motivo, achei que não seria certo ficarmos juntos. Não me senti digno de estar ao seu lado. Talvez um dia, você saiba meus motivos e quem sabe até entenda minha atitude. Eu sabia que o remorso me consumiria se ficássemos juntos, mas vejo agora que terei remorso de qualquer maneira. Perdão, meu amor! Perdão!

Joaquim parecia fora de si. Jamais pensara em sua Isabel tirando a própria vida. O desespero só crescia, e ele continuava a falar com ela:

— Se eu pudesse fazer alguma coisa por você, faria de coração. Eu a tornaria minha esposa, e nós seríamos felizes. Por que tirou a própria vida? O que será de você agora? Não acredito em inferno, mas também não sei se chegará ao Paraíso depois desse ato de loucura. Entendo o desespero de ver-se privada da família e, principalmente, de mim, pois, afinal, jurei amá-la por toda a nossa vida. Eu a desamparei! Fui um traidor! Ah, meu amor, por que fez isso? E por que não fui decente com você? Vou carregar para sempre esse remorso. Se um dia puder compensar esse sofrimento, juro que o farei. Não entendo das leis de Deus, mas confio na justiça Dele. Então, haverá um modo de ressarci-la!

E ele continuava chorando, como se as lágrimas jamais fossem cessar, como se pudesse chorar um oceano e mesmo assim não fosse o suficiente. Algum tempo depois, o pai foi até ele.

— Vamos levar o corpo, filho.

Joaquim parecia não entender e apertou o corpo de Isabel ainda mais junto ao peito. Manoel ofereceu:

— Eu o ajudo, filho.

Joaquim olhou para o pai, que viu naquele olhar indecifrável um sofrimento profundo. Manoel não sabia se estava mais penalizado por Isabel ou pelo filho. A cena toda era extremamente chocante. O rapaz parecia ter envelhecido anos durante aquelas poucas horas desde que Tadeu lhes deu a notícia da morte de Isabel. Finalmente, Joaquim pareceu entender o que o pai disse e respondeu:

— Não precisa, pai. Obrigado.

— As freiras nos deram um lençol para que a cubramos. Ninguém precisa ver o cadáver de Isabel nesse estado, não acha?

Joaquim concordou com a cabeça. Sim, ninguém precisava ver aquele rosto angelical banhado pela morte, especialmente por uma morte tão brutal.

Manoel estendeu o lençol sobre a cama, e Joaquim, após se levantar do chão, pegou o corpo da amada, envolveu-o cuidadosamente no lençol alvo e perfumado e, chorando, cobriu o rosto inerte de Isabel.

— Vamos acomodá-la em nosso coche. Importa-se de levá-la assim conosco?

Ele balançou a cabeça. Como haveria de se importar? O pai não tinha ideia de quem fora Isabel para ele. Mais do que prima, companheira de brincadeiras e travessuras e do que a menina que desejava casar-se com ele desde pequenina, Isabel era seu grande amor. Ali, ele jurou que jamais a esqueceria.

Embora tivesse simpatia por Fernanda, Joaquim entendia agora que ela representava apenas o sabor da conquista. Isabel fora a primeira e única mulher de sua vida, e seu passado com ela era muito forte para ser esquecido. Sentia-se um traidor e remoía o remorso por ter se sentido aliviado quando ela foi levada ao convento. Sim, aliviado, pois não teria de suportar a presença da moça lembrando-o do quanto ele fora covarde em não assumi-la e casar-se com ela.

Durante toda a viagem, Joaquim foi abraçado ao corpo de Isabel. Parecendo não ver a aparência em que a jovem ficara após o enforcamento, ele descobriu o rosto da prima e acariciou a pele macia — e agora fria — de sua face, lembrando-se de todas as juras que haviam feito um ao outro. Lembrou-se de certa noite, quando, abraçadinhos, conversavam:

— Quando eu voltar de Coimbra formado, nós nos casaremos. Se meus pais não aceitarem nosso casamento, terei como nos manter, mesmo que eles não nos deem nossa parte em nossas heranças. Importa-se de vivermos de um modo mais simples?

— Nunca. Só quero estar contigo.

Os dois, então, se abraçaram e trocaram beijos e carícias.

— Nada de me trair enquanto estivermos separados, hein? Hei de saber que está deitando olhos para outras.

— Jamais trairei a mulher que amo. Voltarei e permaneceremos juntos até ficarmos velhinhos.

O espírito de Isabel acompanhava a viagem da família e sentara-se ao lado de Joaquim. Ele podia sentir sua presença, mas achava que era por estar carregando o corpo da prima junto ao peito. Ele podia captar os pensamentos de Isabel, que acariciava os cabelos e o rosto do rapaz.

— Poderíamos ter sido felizes juntos. O que deu em sua cabeça, meu amado? Por que me abandonou de forma tão covarde e me desprezou como se nunca tivéssemos tido um passado tão bonito? Guardei-me para você, contando cada dia de sua ausência e esperando sua volta, quando, então, seríamos felizes e teríamos nossa família. Combinamos que envelheceríamos juntinhos, contudo, você quebrou todas as promessas que fizemos um ao outro. Permaneci aqui, esperando sua volta. Quando você chegou, pensei que iria atirar-se em meus braços, dizer o quanto havia sentido minha falta e que nunca mais nos separaríamos, mas, em vez disso, me cumprimentou friamente, sem nunca mais me procurar ou tocar no assunto sobre nosso romance tão lindo. Você me deu seu desprezo, e isso foi demais para mim... Confiei cegamente em você.

Captando os pensamentos de Isabel, Joaquim suplicou novamente seu perdão.

"Tudo o que puder lhe dizer será insuficiente e inútil, pois já não está mais aqui. Nunca pensei que tiraria a própria vida. Se por um único momento eu desconfiasse disso, enfrentaria tudo, todos e até mesmo seu desapontamento, mas não sairia nunca do seu lado. Minha amada, o que será de você? O que será de mim? Nunca mais deitarei olhos em outra mulher qualquer. Pretendo separar-me de Fernanda, a quem nunca amei."

"Por que se casou com ela?", perguntou Isabel.

"Casei-me porque pensava que, ao me casar com ela, eu a libertaria para que encontrasse alguém digno de você e do amor que poderia oferecer. Hoje, entendo que o amor verdadeiro não morre desse modo. Ele sobrevive a distância, ao tempo, às dificuldades, e espera por tudo com paciência."

Assim transcorreu a viagem. Isabel e Joaquim dialogavam em pensamento, enquanto Augusta e Manoel não trocavam uma só palavra durante todo o percurso. Estavam consternados. De algum modo, sentiam-se também responsáveis pela morte de Isabel. De mãos dadas, às vezes trocavam um olhar e mais nada. A viagem parecia não ter mais fim. Quando finalmente chegaram, Joaquim permaneceu no coche, enquanto o pai tomava as providências para enterrar o corpo da jovem.

— Quer ir comigo? — perguntou Manoel.

— Vou ficar mais um pouco com Isabel — respondeu Joaquim.

Augusta também desceu do veículo e entrou em casa. Quis deixar o filho com sua dor, entendendo que, por algum motivo, ele estava sofrendo mais do que todos da família. Ali, sozinho com o corpo de Isabel, Joaquim pode dizer-lhe ainda algumas palavras ternas, que o espírito da moça captou.

Algum tempo depois, Augusta dirigiu-se até onde Joaquim estava com o corpo de Isabel. Chegou com Henriqueta, serviçal da casa, que era considerada membro da família. Como ela não tinha nenhum parente, quando se transferiram de Beja para o Brasil, ela os acompanhou. Nunca fora tratada como empregada, mas como alguém que ocupava um lugar naquele núcleo familiar. Estava havia tanto tempo com os Linces de Faria que conhecera Joaquim logo que ele nasceu e auxiliara a realizar o parto de Isabel. A velha Henriqueta estava inconsolável, pois Isabel era a menina dos seus olhos. Ela, que não tivera filhos, amava os jovens como se fossem gente sua, e esse amor sempre foi retribuído por ambos.

Joaquim parecia haver adormecido abraçado ao corpo de Isabel.

— Filho, vamos preparar o corpo de Isabel para o enterro.

Ajudado por Leôncio, Joaquim carregou o corpo de Isabel ao local indicado pela mãe. Acomodaram o cadáver sobre uma mesa que ficava em um local isolado da casa. As mulheres já haviam providenciado água e panos para higienizar o corpo e as roupas com as quais a moça seria enterrada. Os homens afastaram-se, e

Henriqueta foi abrindo o lençol que envolvia o corpo de Isabel. Ao ver o rosto da jovem, a mulher pôs-se a chorar copiosamente:

— Sempre sonhei em arrumar minha menina para o dia do seu casamento e agora tenho que arrumá-la para ser enterrada.

Augusta abraçou Henriqueta e, nesse instante, deu vazão a toda dor que estava sentindo.

— Minha boa Henriqueta, sinto-me tão culpada pelo que aconteceu! Fui eu quem teve a ideia de levar Isabel ao convento. A intenção era deixá-la ali para que se acalmasse, mas nunca foi a de afastá-la de nosso convívio por um longo tempo. No entanto, ela ficou tão revoltada que imaginei que jamais quisesse viver conosco novamente.

Augusta deu um longo suspiro e continuou:

— Já havia combinado com Manoel que iríamos vê-la no fim de semana e que pediríamos a ela que voltasse para casa, mas não deu tempo — disse em um pranto convulsivo.

— Por favor, não fale assim. Tenho certeza de que a menina não fez isso por estar no convento.

Augusta olhou para Henriqueta espantada, e a mulher continuou:

— A senhora e o senhor Manoel nunca perceberam o que acontecia entre Joaquim e Isabel? Tenho certeza de que os dois se amavam imensamente. Cada vez que um falava do outro, seus olhinhos brilhavam como pirilampos. E esse certamente não era apenas amor entre primos.

Augusta estremeceu. Como não notou o que se passava entre o filho e a sobrinha? Como não soube distinguir o amor fraternal daquele entre um homem e uma mulher? De repente, foi como se um filme passasse em sua mente, e ela lembrou-se de pequenas atitudes dos dois, algum tempo antes da partida de Joaquim para Coimbra.

Augusta olhou assombrada para Henriqueta e perguntou:

— Por que nunca nos contou nada, Henriqueta?

— Perdoe-me, mas não podia intrometer-me em assunto tão delicado e íntimo dos dois. O menino Joaquim confidenciou-me que se casaria com Isabel quando voltasse de Coimbra. Pediu-me segredo, que cuidasse dela e não a deixasse ficar triste. Disse-me que, quando ela se entristecesse demais, eu deveria oferecer uma rosa para a menina e lhe dizer a seguinte frase: "Sabe de onde vem essa flor, não?".

— Que amor bonito esse, Henriqueta. Deveriam ter nos contado. Todos nós teríamos nos mudado para Coimbra e resolvido as coisas de outro modo.

Abraçando Henriqueta novamente, Augusta voltou a chorar. Quando ambas se acalmaram, começaram a limpar o corpo, o secaram e, finalmente, puseram em Isabel um de seus vestidos favoritos.

— Vou chamar Joaquim, Manoel e Leôncio. Somente nós e eles verão Isabel assim. Depois, envolveremos o corpo e o levaremos para que seja enterrado. Não queremos ninguém que não ame Isabel participando disso para falar coisas a respeito dela.

— Tem razão. A menina não precisa levar essas coisas com ela. Há de levar somente nosso amor, e Nosso Senhor Jesus Cristo e Sua santa mãe certamente a receberão. Eles não julgarão o que Isabel fez. O amor e a misericórdia deles e de Deus, nosso Pai, são infinitamente maiores do que a incompreensão dos seres da Terra.

Augusta concordou com a cabeça e foi chamar os homens, que as esperavam em outra sala e chegaram respeitosos. Em seguida, envolveram o corpo da jovem em dois lençóis e levaram-no para o local onde seria enterrado.

Manoel pediu aos outros funcionários que abrissem uma cova perto de uma árvore muito parecida com uma sob a qual Isabel e Joaquim brincaram tantas vezes na infância em Portugal. Ele achou que seria uma bonita homenagem para a sobrinha.

A família evitou divulgar a forma como Isabel havia falecido, pois acreditava que isso daria margem a fofocas para pessoas desocupadas. Assim, nem mesmo aqueles que conheciam a família souberam o que se passara com Isabel. Quando perguntavam, a família apenas respondia que ela passara mal e falecera no convento. Naturalmente, alguns boatos surgiram, mas nada foi confirmado, e, com o passar do tempo, o assunto foi esquecido.

Isabel ficou ao lado de Joaquim por vários dias. Ele, por sua vez, não quis falar com ninguém. Fernanda estranhava o comportamento do marido, principalmente sabendo o quanto a prima o difamara e desejara que ambos nunca tivessem se conhecido ou namorado. Ela, então, começou a desconfiar daquela tristeza exagerada. Por certo, todos estavam transtornados com a morte de Isabel, principalmente por ela haver tirado a própria vida, mas algo ali não fazia sentido. Fernanda e o marido sempre foram bons amigos, mas, naquele momento, o rapaz parecia querer se isolar, deixando bem claro que ela não cabia naquele mundo de tristeza no qual ele estava imerso.

Passaram-se dias, semanas, e já fazia um mês da morte de Isabel. Joaquim perdera totalmente o interesse por Fernanda e tornara-se introspectivo. Trabalhava mais do que nunca, em parte para se distrair e não enlouquecer de tanto remorso e em parte para não voltar para casa. Com isso, Fernanda já estava acostumada, uma vez que, embora estivessem casados, ela nunca houvesse de fato se tornado sua mulher.

Capítulo 17

Certo dia, Augusta foi ao consultório do filho e disse que precisavam conversar. Ela queria entender o que estava acontecendo com Joaquim. A matriarca também sentia muita falta de Isabel e ia diariamente ao túmulo da sobrinha, além de orar por ela várias vezes ao dia, porém, continuava vivendo sua vida, enquanto o filho estava deixando tudo de lado, inclusive a esposa.

Assim que o paciente de Joaquim saiu, Augusta entrou no consultório do filho e encontrou-o cabisbaixo. Ele nem sequer notou a presença da mãe, que se aproximou dele e, enquanto acariciava seus cabelos, disse:

— Filho, você não pode continuar assim. Está cada vez mais introspectivo, não volta mais para casa para almoçar ou jantar e sai cedinho para não tomar o desjejum conosco.

Joaquim não respondeu e continuou exatamente como estava. A mãe não sabia o que dizer para tirar o filho daquele estado.

— Filho, Fernanda está muito infeliz com esse comportamento que você assumiu desde a morte de Isabel. Mulher nenhuma suporta isso. Eu mesma já estaria farta se fosse ela. Amávamos Isabel, mas não podemos paralisar nossas vidas por causa de sua morte. Faço orações por ela o tempo todo, mas continuo vivendo minha vida. Infelizmente, não há nada que possamos fazer para trazê-la de volta.

Nesse momento, Joaquim começou a chorar convulsivamente. Augusta assustou-se com a reação do filho, sem entender o motivo daquele choro desesperado. Ele, necessitando desabafar para não enlouquecer, contou, em poucas palavras, o romance que tivera com a prima, sem ocultar nada, inclusive o bebê que fora abortado espontaneamente. Contou que, quando voltou de Coimbra, passou a tratar Isabel com indiferença e fingiu que não havia acontecido nada entre eles.

Augusta, então, compreendeu que a tristeza de Isabel e seus atos para afastar outras moças de Joaquim se deviam ao compromisso que ambos haviam firmado. A revolta da moça diante da relação do primo e Fernanda era fruto do comportamento indigno que o rapaz tivera com ela.

Foi como se, de repente, uma janela se abrisse e descortinasse a luz diante de Augusta, que entendeu tudo e percebeu o quanto fora ingênua achando que certas brincadeiras e alguns olhares entre Isabel e Joaquim vinham da grande afinidade entre os primos. Naquele momento, Augusta ficou muito triste, pois pensou que Isabel e Joaquim poderiam ter sido felizes. Em vez disso, o romance dos dois acabara em uma grande tragédia.

Ela, então, lembrou-se da conversa que tivera com Manoel durante o trajeto de volta do convento e das observações que Henriqueta fizera sobre a relação entre os dois jovens. Dessa vez, foi ela quem começou a chorar aflita, pois, se tivesse prestado mais atenção, o filho e a sobrinha teriam sido felizes juntos e Isabel estaria viva.

— Vejo que fui tola e não quis ver o que se passava dentro de nossa casa. Nunca levei a sério o amor que Isabel sentia por você. Pensava que isso se devia apenas à grande afinidade que tinham e ao fato de você ser um pouquinho mais velho e ensinar tantas coisas a ela. Sempre soube que Isabel nutria uma grande admiração por você, mas, sinceramente, não imaginava a grandeza desse amor. E, pelo jeito, você também a amava muito.

— Sim. Amava Isabel com toda a força da minha alma. Quando ela me contou que me amava, deixei fluir o sentimento que até então pensava ser fraterno. Fomos muito felizes pelo tempo em que nosso romance durou. Acredito que nunca mais encontrarei paz na minha vida por ter feito tanto mal a alguém que amo mais que a própria vida.

Augusta estremeceu ao ouvir tais palavras. Notando a expressão da mãe, Joaquim, tentando sorrir, a acalmou.

— Não atentarei contra minha vida. É apenas uma maneira de expressar a imensidão do amor que sinto por ela.

Aliviada, Augusta comentou:

— Henriqueta foi mais perspicaz do que eu. Ela sabia do amor de vocês.

— Boa Henriqueta! Ela nos ajudou várias vezes, nos avisando onde a senhora e meu pai estavam e mantendo-se sempre atenta para o caso de chegarem de surpresa. Ela foi nosso anjo bom.

Augusta sorriu.

— O amor dela por vocês é imenso! Tenho certeza de que, de bom grado, daria a própria vida por ambos.

Joaquim sorriu.

— Estou seguro disso. Mãe, foi muito importante para mim termos essa conversa, pois ocultar tudo o que sinto estava me consumindo. Eu jamais me envergonharei de tudo o que vivi com Isabel e do que sinto por ela. Envergonho-me somente de ter sido canalha com ela quando voltei de Coimbra. Mas agora a senhora também sabe os motivos que tinha para agir assim.

Augusta assentiu com a cabeça, e Joaquim continuou:

— Nada justifica tudo de errado que fiz, mas ao menos pude contar-lhe toda a verdade.

Augusta abraçou o filho, e ambos choraram.

— Bem, espero que esta conversa lhe traga algum alívio e que você consiga prosseguir com sua vida, pois, se continuar assim, enlouquecerá — disse ela.

— Agradeço por me ouvir, minha mãe querida. Hoje, entendo também que deveríamos ter lhes contado o que se passava para que nos ajudassem. Tínhamos medo de que não aceitassem nosso amor e quisessem nos separar, por isso nosso plano era contar-lhes somente quando eu regressasse de Coimbra. Temíamos não ter meios para viver, pois vocês são — eram — os tutores de Isabel, e a herança dos tios está em suas mãos.

Augusta entendeu o temor dos jovens e sentiu muito por eles terem carregado sozinhos o peso de tantas decisões sem terem maturidade suficiente para isso.

— Meu filho querido, rogo a Deus que tenha piedade de nossas escolhas e decisões equivocadas e confio na misericórdia divina para nos redimir de tudo isso.

Voltarei para casa e o deixarei trabalhar agora. Peço-lhe que fale com Fernanda o mais breve possível para colocar um fim nessa situação sua com ela.

A partir da conversa que teve com a mãe, Joaquim já não quis esconder mais nada de ninguém e decidiu que, naquele mesmo dia, falaria com Fernanda. Saiu do consultório mais cedo, chegou em casa por volta das dezessete horas e ainda teve tempo de tomar um chá com a mãe antes de falar com a esposa.

Fernanda não fazia questão alguma de ser agradável com a sogra, pois também se arrependera de casar-se com Joaquim. Era nítido que Isabel, mesmo depois de morta, era a única mulher além de Augusta que representava algo naquela família. Embora a sogra a tratasse bem, Fernanda sentia-se uma intrusa e, por não nutrir qualquer afeto por Isabel, estava extremamente incomodada com tudo o que estava acontecendo. A jovem passava o dia escrevendo em seu quarto e apenas comparecia às refeições, em que o verniz social transparecia mais que os sentimentos. Ela era educada, mas não compartilhava da dor da família.

Joaquim pediu a uma das criadas que avisasse Fernanda para encontrá-lo na biblioteca assim que possível. Ele a estaria esperando.

Fernanda demorou um bom tempo para descer, mas Joaquim não se importou, pois encontrara na biblioteca o livro que havia muito tempo recomendara a Isabel: *Orgulho e preconceito*, de Jane Austen. Notou que a moça deixara dentro do exemplar anotações e poemas que ela mesma escrevera e uma rosa, sua flor preferida. Reconheceu em cada poema a força do amor que os unia, e lágrimas encheram seus olhos. O livro ainda continha o perfume de Isabel, e as páginas pareciam guardar o toque dos dedos e o movimento do olhos da jovem percorrendo cada linha com atenção e vibrando com o romance escrito pela autora inglesa.

Fernanda bateu à porta e entrou em seguida.

— Decidiu finalmente quebrar o silêncio? — E, meio zombeteira, acrescentou: — Parou de pensar na priminha suicida?

Ele olhou-a muito sério e respondeu sem pestanejar:

— Não admito que nem você nem qualquer outra pessoa se refira a Isabel desse modo desrespeitoso e pejorativo.

— Mas falei algum absurdo? Ela não era sua prima? E não cometeu suicídio?

Joaquim precisou segurar a língua para não dizer coisas inadequadas para Fernanda, por isso procurou lembrar-se das regras da boa educação. Sua mãe sempre lhe dizia que, em qualquer ocasião, quando sentisse que estava prestes a perder a cabeça, deveria calar-se até que o bom senso voltasse a tomar conta de si.

— Não estou aqui para discutir com você, Fernanda — disse ele. — Quero apenas conversar e lhe dar as explicações que merece, afinal, estamos casados, e, como marido, devo respeitá-la e lhe ser sincero. Sinto muito se não consegui fazê-lo antes, mas isso já não importa. Você precisa saber de toda a verdade.

— Que bom que resolveu ter uma atitude decente. Até que enfim!

— Veja, o que tenho a lhe dizer é muito doloroso para mim. Se vai continuar com esse tom de ironia, nossa conversa acabará aqui mesmo. Não estou disposto a escutar seus insultos, embora reconheça merecê-los.

Fernanda finalmente percebeu que o assunto era muito sério e sentou-se para escutar Joaquim. Entendeu que estava indo longe demais em suas colocações infelizes diante de tudo o que a família estava passando. Calou-se e, em seguida, disse educadamente:

— Fale, por favor.

— Peço que não me interrompa, sim? Depois que eu terminar, pode dizer-me o que quiser. É que, se for interrompido, não sei se terei forças para continuar.

Por alguns instantes, Fernanda teve compaixão de Joaquim e sentiu que ele estava sendo sincero. Sem rodeios, o rapaz contou à esposa o que acontecera entre ele e Isabel e finalizou:

— É por isso que jamais haverá outra mulher em minha vida. Peço-lhe que me perdoe. Agi como um canalha com você também.

— Agora entendo porque nunca tivemos qualquer tipo de intimidade maior. Cheguei a pensar que o desagradava.

— Veja, eu não tinha coragem de aproximar-me de você. Além de amar Isabel e saber que ela sofria, sentia-me sujo, pois não cumpri o que havia prometido a ela.

O espírito de Isabel, que ficava muito tempo perto de Joaquim, acompanhara toda a conversa entre ele e Augusta e agora escutava o diálogo entre o rapaz e Fernanda.

— O que não entendo, Joaquim, foi o motivo de não haver se casado com sua prima. Se vocês se amavam, o que o impediu de fazer as coisas do jeito certo? Por que, ao voltar de Coimbra, não cumpriu com o combinado?

Isso me faz duvidar de sua inteligência. Você é louco ou gosta de sofrer e fazer sofrer? Não consigo compreender.

Joaquim sorriu.

— Tem razão. Contando assim, parece que, de fato, perdi o juízo, não é? Vou explicar-lhe o que aconteceu.

A sala estava à meia-luz, e essa semiescuridão parecia mostrar Joaquim ainda mais abatido. Ele estava cabisbaixo e chorava.

— Cheguei a Coimbra disposto a dedicar-me apenas aos estudos e manter-me fiel ao meu amor por Isabel. Durante muito tempo, consegui viver em castidade e não olhava para outras mulheres, mas, de repente, senti uma necessidade de provar a mim mesmo que poderia conquistar outras moças também. Não que eu quisesse um novo amor, pois este era somente de minha Isabel... No entanto, nós éramos muito jovens à época do nosso romance, e eu nunca havia imaginado que ela me amava tanto, até aquela noite em que a encontrei no jardim de nossa casa.

Como se houvesse sido transportado ao momento sobre o qual falava, Joaquim pôde ver o cenário e reviver cada cena. Ele sorria, e sua expressão deixou bem claro para Fernanda que ambos tiveram momentos muito bonitos juntos. O rosto do rapaz parecia iluminado e tinha um semblante de paz.

Fernanda sentiu raiva e ciúme, mas, ao mesmo tempo, sentiu também que estava invadindo a intimidade do marido. Era como se ela estivesse espiando por detrás de uma cortina. Isabel, por sua vez, reviveu cada momento com o amado, aumentando, assim, a intensidade das recordações. Isabel abraçou Joaquim, que sentiu a presença da jovem, o que o deixou ainda mais triste. Em segundos, a expressão de alegria transformou-se outra vez em uma expressão de profunda dor.

Envolvida por aquela aura de amor e sofrimento, Fernanda sentiu uma imensa compaixão pelo trágico final daquela história, que parecia ter sido tão verdadeira e bonita. Ela, então, começou a chorar, sinceramente comovida com a situação. Embora não tivesse simpatia por Isabel, podia entender agora o que não conseguira compreender até aquele momento. De certo modo, Joaquim fora fiel ao seu grande amor e preservara Fernanda, pois nunca fizera dela sua mulher.

Cada um estava em silêncio dentro do próprio mundo. Depois de algum tempo, Joaquim procurou recompor-se e continuou sua narrativa. Fernanda, quieta, continuava escutando-o e não pôde deixar de pensar que aquela história daria um belo e comovente romance.

— Eu amava Isabel, só não percebia o quanto. Pensei que nós sempre estaríamos juntos e nunca me passou pela cabeça o amor romântico até o instante em que ela me disse o quanto sofria por me amar em silêncio, sem, contudo, esperar algo de mim. Quando parti para Coimbra, tinha a intenção de casar-me com ela quando voltasse para Beja e de termos nossa família, porém, tempos depois de haver chegado ao meu destino, comecei a me envolver com outras mulheres. Tudo era novidade. Algumas eram muito experientes e bastante sedutoras; eram o oposto de Isabel, a menina ingênua que eu fiz mulher. Deixei-me levar por toda aquela situação, sem ao menos querer controlá-la.

Joaquim parou de falar, como se aquelas lembranças cravassem um punhal em seu peito. Pouco depois, ele continuou:

— Quando a data de minha volta começou ase aproximar, passei a sentir-me muito culpado por haver traído Isabel. Na verdade, tive muita vergonha de pensar em olhar para ela quando nos encontrássemos. Sentia que não merecia mais seu amor, muito menos sua confiança, pois tinha absoluta certeza de que ela nem sequer olhara para outro homem e que, por mais que fossem tentadoras as oportunidades de flertar com alguém, ela jamais o faria. Isabel era de total confiança. Era aquele tipo de pessoa que faria qualquer coisa por aqueles a quem amasse. Hoje, vejo que, quando passei a desprezá-la, ela usou essa mesma força para, de algum modo, mostrar a todos que eu não era merecedor de nada, pois a traíra da forma mais baixa que poderia fazê-lo.

Ele fez uma pausa, como se tomasse fôlego para continuar a lembrar-se daqueles fatos tão tristes.

— Quando voltei, em vez de, após tão longa ausência, atirar-me em seus braços como ela esperava, eu a ignorei como se nunca tivéssemos vivido tão linda história de amor. Eu a tratei como alguém por quem não tinha afeto. E ela, por sua vez, fez o que achou certo. Entendo que ela tenha me difamado. Eu mereci e mereço tudo isso. E quando, ingenuamente, ela tentava afastar outras moças de mim, mesmo antes de eu voltar de Coimbra, era por ter certeza de que, assim que eu chegasse, resolveríamos tudo com meus pais e nos casaríamos. Ela nunca fez nada indigno ou errado. A única coisa ruim e equivocada que fez foi tirar a própria vida por causa de uma pessoa que agiu de forma tão desprezível. Ela era linda, jovem e tinha a vida toda pela frente.

Como se adivinhasse os pensamentos de Fernanda, Joaquim falou:

— Talvez esteja se perguntando por qual motivo, afinal, me casei com você. Veja, tenho muito carinho por você, pois é uma pessoa maravilhosa. Peço de coração que me perdoe por havê-la envolvido em tudo isso. Se Isabel não tivesse se matado, eu certamente passaria a vida toda com você. Eu imaginava que, com o tempo, ela se esquecesse de nosso romance e se casasse com alguém, ou talvez ficasse só, mas nunca pensei que tiraria a própria vida. Jamais imaginei que isso fosse acontecer. Quando eu a conheci, Fernanda, pensei que poderíamos levar uma boa vida juntos. Eu, de fato, não tinha coragem de voltar para Isabel depois de tê-la traído, pois sentia muita vergonha. Acredite ou não, eu me envergonho muito de tudo isso.

Joaquim fez uma ligeira pausa e, um pouco constrangido, continuou:

— Nunca contei para ninguém, mas, durante o tempo que passei em Coimbra, cheguei a viver com algumas moças. Elas tinham um pensamento muito liberal e não se importavam que os outros rapazes e eu ficássemos um tempo com uma e depois com outra, ou até com mais de uma ao mesmo tempo. Estávamos ali de passagem. Na verdade, elas nos trocavam quando aparecia alguém que lhes despertasse mais interesse. Foi um período bastante promíscuo, e hoje me sinto muito mal com essas lembranças. Pensei que poderia recomeçar com você e quem sabe apagar um pouco esse passado, mas entendo agora que não sou mais capaz de ter um momento de intimidade com quem quer que seja.

Fernanda estava consternada. Ele prosseguiu:

— Você é jovem, linda e tem a vida pela frente, Fernanda... O melhor a fazer é recomeçar longe de mim. Espero que um dia possa me perdoar pelo mal que lhe causei. Talvez um dia, você me perdoe, embora eu reconheça que essa não será uma tarefa fácil, afinal, dedicou-se a este casamento, confiou em mim, quis viver ao meu lado e ter uma família. Eu já não posso oferecer-lhe nada e acredito que o melhor a fazer é buscar sua felicidade longe daqui.

Fernanda também chorava.

— Tem razão. Eu não viverei bem ao seu lado daqui em diante, pois, de algum modo, enganou-me também. Entendo tudo o que me contou e respeito seus sentimentos, mas não posso mais compartilhar minha vida com você. Acho justo que eu me vá e o deixe livre para que possa reconstruir sua vida. Poderá ter outra mulher e uma família.

— Minha intenção é dedicar-me ao meu trabalho e ajudar o maior número de pessoas possível para que minha passagem por esta vida não seja totalmente inútil. Penso em jamais me unir a alguém novamente. Não tenho nada a oferecer de bom. Sou como erva daninha, que se espalha estragando as coisas boas.

— Não fale assim. Eu o entendo, mas está sendo muito rigoroso consigo. — Ela riu de modo sarcástico e continuou a dar sua opinião sobre o assunto: — Afinal, não é assim que os homens agem? Nós, mulheres, temos de nos manter castas, mas aos homens tudo é lícito, não?

A maioria, em seu lugar, voltaria, se casaria com Isabel, teria uma família e viveria feliz com ela, mas procuraria outras mulheres. Essa é a sociedade na qual vivemos.

— É verdade, mas acho isso errado e não me importa o que os outros fazem. Acredito hoje que devemos ter mais dignidade no que diz respeito a relacionamentos com pessoas, contudo, não pensava assim quando estava em Coimbra. Na minha cabeça, eu estava desfrutando a vida e as coisas que ela podia me oferecer. Eu vivi de um modo que, sinceramente, não acho o melhor.

Joaquim olhou para Fernanda e continuou:

— Pouco me importa como os outros pensam ou agem. Se acham certo viver assim, que vivam. Não me diz respeito, mas não concordo com isso. Hoje, penso que todo ser humano merece respeito, e eu não respeitei aquelas mulheres. Apesar de elas agirem do modo como estavam habituadas, eu deveria ter me lembrado dos meus valores. Muitas vezes, nós nos deixamos levar e influenciar. É muito fácil culpar os outros pelos equívocos que cometemos, mas, como tanto a palavra final como a atitude final são nossas, a responsabilidade sobre tudo o que decidimos é também nossa.

Aqui, precisamos abrir parênteses na narrativa para dar uma explicação a você que está lendo nossa história. Quando Joaquim estava em Coimbra, ele, na verdade, foi influenciado pelos espíritos que faziam parte do bando ao qual Isabel pertencera na encarnação em que fora Henrique. Horácio jamais se conformou com o fato de o sobrinho haver abandonado o grupo e encontrou em Joaquim a brecha necessária para influenciá-lo e dessa forma vingar-se de Henrique, cujo espírito habitava o corpo feminino de Isabel. Naturalmente, foi decisão de Joaquim deixar-se levar pelas ideias que lhe eram sugeridas. Nesse ponto, Joaquim tem toda razão em dizer que a responsabilidade da decisão cabe a quem decide.

Nota da autora espiritual

Fernanda olhava para Joaquim sem saber o que pensar. Lamentava suas escolhas, mas, ao mesmo tempo, estava triste por si mesma. Isabel, ao lado de Joaquim, aconchegava-se em seu peito e acariciava suas mãos. Conseguia entender agora tudo o que havia se passado com ele e sentiu compaixão pelo amado. Nesse momento, ela percebeu que algo dentro dela havia mudado. Ela sabia que, em outros tempos, teria se revoltado com ele e talvez até viesse a atormentá-lo, mas já não queria nada disso.

— Em alguns dias, direi o que pretendo fazer. De todo modo, deixe toda essa culpa para trás, pois tudo passou e é impossível consertar o passado.

Joaquim ficou sozinho com o espírito de Isabel.[4] Cansado, ele adormeceu. Em desdobramento, os dois, então, puderam conversar. Isabel estava abatida, mas para ele continuava sendo a mulher mais linda do mundo.

— Meu amor, que saudade! — disse ele abraçando-a.

Ela retribuiu o abraço.

— Saudades também.

---

4 "Questão 459
— Influem os Espíritos em nossos pensamentos e em nossos atos?
— Mais do que imaginais, pois com bastante frequência são eles que vos dirigem." *In*: KARDEC, Allan. **O Livro dos Espíritos**. Brasília: FEB.

— Preciso explicar o que aconteceu e que me perdoe, se puder.

— Já sei de tudo. Ouvi sua conversa com Fernanda. Não se inquiete mais com esse assunto. Vim despedir-me de você por enquanto. Vou partir para cuidar da minha nova vida. Como vê, a morte apenas me deixou sem o corpo físico, mas continuo viva como antes. Vou buscar novos caminhos e aprendizados. Um dia, quem sabe poderemos nos reencontrar. Amo-o cada vez mais e, agora que sei de tudo, não guardo qualquer rancor. Siga em paz. Certamente, nós nos reencontraremos, pois, como posso ver muito bem agora, a morte não existe.

Comovido, Joaquim abraçou-a ainda mais forte, cobrindo-a de beijos.

— Sentirei sua falta a cada minuto de minha vida. Cada batida do meu coração será sempre por você. Cultivarei sua memória em meu peito para todo o sempre. Eu a amo como nunca e jamais amarei outra mulher em toda a minha vida.

Ficaram assim abraçados por muito tempo até que, delicadamente, ela se desvencilhou dos braços do amado. Joaquim voltou ao seu corpo físico, e Isabel dirigiu-se ao local onde seu corpo havia sido enterrado. Esperou até que amanhecesse e que a tia viesse fazer suas orações como fazia diariamente. Havia do lado do túmulo um banco no qual Augusta ficava por horas, rezando e conversando com a sobrinha. Foi nesse dia que Isabel resolveu conversar com a tia, como vimos anteriormente.

Capítulo 18

Quando deixou a Terra, Isabel foi levada para uma colônia para receber o tratamento necessário. Ali, ela ficou em um hospital para recuperar o perispírito danificado pela morte violenta. Embora Augusta a tivesse visto com a aparência anterior ao enforcamento, a jovem trazia a marca da corda no pescoço no plano espiritual. A cabeça pendia para frente, voltada para o lado oposto ao do nó da corda que a enforcara, o queixo estava levemente encostado no tórax e os olhos estavam salientes. O rosto de Isabel estava arroxeado, e um líquido sanguinolento escorria pela boca e pelas narinas da moça. Sua língua apresentava uma cor entre o azul e o roxo e saía um pouco da boca. Essa é, normalmente, a aparência do cadáver de quem morre por enforcamento, porém, como tudo passa e sara, os cuidados recebidos ajudariam Isabel a retomar a aparência anterior.

Ela permaneceu adormecida por algum tempo no hospital, onde recebia passes magnéticos, as orações de Augusta e as flores que a tia lhe oferecia. Aos poucos, Isabel foi recuperando a consciência. A jovem não podia ver seu rosto — pois não havia espelhos no local —, mas sentia a cicatriz provocada pela corda.

Certo dia, Luciana, uma das enfermeiras que cuidava dela, convidou-a para dar uma volta no jardim. Ao aproximar-se do lugar, Isabel sentiu um perfume indescritível e suave, que parecia acalmá-la de algum modo. Quando viu as flores e as plantas, seus olhos encheram-se de lágrimas. Havia tantas cores e tantos formatos! Eram flores e plantas que ela nunca vira na Terra.

Isabel acomodou-se em um dos bancos e lembrou-se das vezes em que se sentara em um banco ao lado de Joaquim. Teve saudades dele, mas já não sentia rancor ou tristeza. Adivinhando os pensamentos da jovem, a enfermeira falou:

— Assim que for possível, você terá notícias das pessoas que deixou na Terra e de quem veio para o outro lado da vida antes de você.

Ela sorriu, sentindo que agora o mais importante era sua recuperação. Depois teria as notícias que tanto desejava. Por ora, queria apenas entender tudo o que se passara consigo.

A enfermeira, adivinhando mais uma vez os pensamentos de Isabel, começou a falar:

— Está se perguntando como tudo isso é possível, não é?

Isabel sorriu. De algum modo, achava reconfortante não precisar explicar e perguntar o tempo todo. Era bom que soubessem como ela se sentia, pois isso a fazia sentir-se protegida por essas pessoas, que, mesmo sem a conhecerem, a receberam tão bem e cuidavam dela com tanto carinho.

— Vamos começar do início! Ou, melhor dizendo, do final de sua encarnação na Terra. Quando tirou a própria vida, você, de fato, tinha o único desejo de afastar-se do que a fazia sofrer. Todos os que cometem suicídio querem, na verdade, apenas acabar com o próprio sofrimento, mas, quando chegam ao outro lado e descobrem que a jornada continua, entendem, por fim, que não adianta tirar a própria vida, uma vez que a morte não existe. As pessoas buscam um alívio para algo que as está machucando, mas acabam descobrindo que, em algum momento, será necessário repetir as mesmas lições até que elas sejam aprendidas.

Luciana fez uma pequena pausa como se desejasse que a interlocutora compreendesse melhor o que ela dizia e logo continuou a explicação:

— Você ainda ficou algum tempo na Terra, em sintonia com aqueles a quem tinha afeição, e demorou um pouco para aceitar nossa ajuda. Várias vezes, tentamos trazê-la, mas, como você ainda não estava preparada, ficou por ali mais um pouco. Quando chegou ao astral, dormiu bastante, e nós lhe aplicamos passes magnéticos para que se recuperasse aos poucos.

Isabel não entendeu o que Luciana estava falando, pois, naquela época, tais ideias não lhe eram familiares. Assim, como ela desconhecia completamente o assunto, a enfermeira logo esclareceu:

— Passe é uma transmissão de energia que ocorre por meio da imposição das mãos e tem como função equilibrar o corpo perispiritual de quem está em tratamento em nosso hospital. Vou lhe explicar de um modo bem simples: quando você está doente ou enfraquecida por algum motivo, eu lhe dou a força de que precisa para se sentir melhor. E como faço isso? Colocando minhas mãos perto do seu corpo, mas sem tocar nele.

Isabel sorriu agradecida pela explicação simplificada, mas tão precisa da nova amiga, e sentiu que havia muito a aprender naquele mundo novo que agora era sua casa.

Capítulo 19

Logo depois da conversa com Joaquim, Fernanda voltou para a casa dos pais, e, pouco tempo depois, a família toda partiu definitivamente para a França, inclusive Ester e Sofia. Desejava viver em algum lugar distante, onde ninguém a conhecesse, para recuperar o tempo perdido em um casamento que não lhe trouxera qualquer alegria. Quando constatou que o marido não conseguiria esquecer Isabel, principalmente pela maneira trágica como ela deixara este mundo, decidiu cuidar da própria vida.

Fernanda reconhecia que fora muito feliz no início, pois conhecer Joaquim fora algo mágico e lindo. Ela, então, decidiu levar consigo apenas as boas lembranças e dar a si mesma a oportunidade de ter a família que tanto desejava.

Nos primeiros tempos, Fernanda não saía de casa nem tinha muito ânimo para conhecer pessoas novas, porém, aos poucos, foi cedendo aos convites que os pais lhe faziam e começou a sair com eles, frequentar alguns lugares e fazer novas amizades. Embora vivessem na França, e Paris parecesse a escolha mais óbvia, especialmente devido à vontade de Fernanda de publicar seus livros, preferiram estabelecer-se em Chantilly[5].

Naturalmente, a aparição de Fernanda nos locais que ela passou a frequentar começou a chamar a atenção das pessoas da cidade. A jovem e os pais, então, decidiram que seria melhor dizer a todos que ela era viúva, pois, se soubessem que a moça abandonara o marido, haveriam de falar. Naquele tempo, a intolerância a esse assunto era muito grande, e as mulheres não tinham a liberdade de escolher o que fazer da própria vida. Embora essa repressão ainda esteja presente em algumas culturas e no comportamento de algumas pessoas, hoje é vista como exceção e não como regra.

Naquela época, no entanto, tudo era bem mais complicado nesse sentido. Assim, dizendo que Fernanda era viúva, evitariam especulações em torno de sua vida. Por outro lado, a família da jovem, que, naquele tempo, era bem mais liberal do que a maior parte das pessoas, entendia que a vida deles — e muito menos o estado civil de Fernanda — não dizia respeito a ninguém. De certa maneira, ela enviuvou quando Isabel tirou a própria vida, pois, a partir daquele momento, deixou de existir definitivamente para Joaquim.

Atraídos por sua beleza e bom caráter, não tardou para que vários pretendentes lhe fizessem a corte. Dois anos se passaram, mas Fernanda ainda não se

---

5 Chantilly é uma pequena cidade localizada a 37 quilômetros de Paris. O creme de mesmo nome surgiu nessa região, criado por Fritz Carl Vatel (1635–1671), que percebeu que, por possuir um alto teor de gordura, o leite batido apresentava uma textura bastante diferente. Ele, então, adicionou açúcar àquela pasta, e assim surgiu esse grande sucesso nas confeitarias ao redor do mundo. Os senhores do Castelo de Chantilly gostaram tanto da iguaria que deram o nome do seu castelo ao creme.

interessara por ninguém. Seguia escrevendo seus romances e suas poesias e concluíra o livro baseado na triste história de amor entre Isabel e Joaquim. Agora, buscaria publicar a obra que considerava a mais bonita que produzira até então. A jovem escritora tomara o cuidado de adaptar a história a fim de que ninguém que os conhecesse ligasse imediatamente a narrativa ao que ocorrera na família Lince de Faria.

Embora houvesse sofrido pelo que lhe ocorreu, Fernanda agora entendia que nunca amara Joaquim de fato. Casara-se com ele atraída pela beleza do rapaz, suas boas maneiras e sua posição social. Hoje, ela pensava que, se tivesse continuado com o marido, talvez ficasse entediada com o passar do tempo e sua vida seria sem graça. Não que Joaquim não fosse interessante, muito pelo contrário; ele tinha uma ótima conversa e um excelente senso de humor — naturalmente, isso tudo quando ela o conheceu e até os primeiros tempos de casada. Joaquim era um homem fascinante, mas ela não o amou. Ele fora um bom amigo com quem passara horas conversando, pois tinham muitos interesses em comum. "Mas o amor deve ser algo diferente", imaginava Fernanda, enquanto se envolvia completamente e cada vez mais com sua escrita.

Embora a vida na França fosse diferente da vida no Brasil, ali a mulher também não havia conquistado os direitos e privilégios que os homens possuíam. Assim, Fernanda continuava publicando sob o nome do pai, que, embora sempre participasse de maneira ativa da produção literária da filha, lendo tudo o que ela lhe mostrava e a auxiliando na publicação de seus escritos, nunca sequer escrevera um versinho, por mais infantil que fosse.

Naquele tempo, despontava também para a literatura George Sand, pseudônimo de Amandine Aurore Lucile Dupin, que nasceu em Paris, França, no dia 1º de julho de 1804. Ela usava um pseudônimo masculino para poder publicar suas obras e ter seu trabalho respeitado, assim como era respeitado o trabalho dos homens escritores. Ela acabou se tornando uma das autoras mais populares do século 19 e é considerada a maior escritora francesa. Foi também a primeira mulher a viver do direito literário de sua extensa obra, composta por 60 livros, 25 peças de teatro e duas autobiografias, além de mais de 40 mil cartas, que foram publicadas em 25 volumes.

Na ocasião de sua morte, em 1876, o próprio Victor Hugo reconheceu sua genialidade, escrevendo: "Eu choro uma morte e saúdo uma imortal". Isso dá ideia da grandeza dessa escritora, que, não obstante tudo isso, não pôde assumir sua identidade feminina para fazer-se ouvida. Portanto, não seria Fernanda a primeira a esconder-se atrás de um pseudônimo masculino.

Nestor, o pai da moça, estava empenhado em encontrar alguém que publicasse a obra literária da filha e começou a buscar quem pudesse auxiliá-lo. Conversando com alguns conhecidos, chegou a Antoine, um homem que tinha a idade aproximada de Fernanda, mas já possuía grande experiência no ramo literário, pois publicava obras de escritores renomados e de estreantes. Como Fernanda (sob o nome do pai) já havia publicado alguns livros em Portugal e no Brasil, o homem com quem Nestor manteve contato por meio de cartas ficou curioso e quis conhecer tal trabalho, pois seria interessante publicar alguém que já era lido em outros países.

Havia cerca de dois meses, Nestor enviara alguns escritos da filha a Antoine, que pediu para conhecê-lo pessoalmente e marcou um encontro em sua casa. No dia combinado, Nestor, acompanhado por Fernanda, dirigiu-se ao endereço e, assim que bateu à porta, uma senhora muito amável os atendeu, convidando-os para que entrassem.

— Encantada. Sou Amélie, mãe de Antoine.

— Desculpe-me, *madame* Amélie. Parece que nos adiantamos um pouco. Tomei a liberdade de trazer minha filha Fernanda comigo.

A simpática senhora sorriu e respondeu:

— De forma alguma. É uma alegria recebê-los em nossa casa.

Amélie os conduziu a um cômodo charmoso e pequeno com uma grande janela e cortina florida, onde havia uma mesinha em um canto rodeada por quatro cadeiras.

— Acomodem-se, por favor. Já o estava esperando, por isso preparei um chá. Meu filho está para chegar.

— Muito gentil de sua parte, *madame* — disse Nestor.

Ela sorriu e comentou:

— Antoine contou-me que vieram do Brasil. É um país bastante jovem ainda, não?

— Sim — disse Fernanda. — Gostávamos bastante de lá, mas decidimos mudar de ares, não é, papai?

— Sim. Fomos muito bem acolhidos, vivemos bem lá e tivemos a alegria de conhecer pessoas muito boas. A gente do lugar é hospitaleira, e a natureza enche os olhos.

— Deve ter sido uma experiência muito bonita.

— Sem dúvida — disse Nestor, enquanto Amélie servia uma xícara de chá aos visitantes.

Uma simpática senhora adentrou a sala, cumprimentou os dois visitantes sorrindo e colocou uma travessa sobre a mesa. A dona da casa prontamente convidou:

— Experimentem esses *profiteroles*. Nossa Madeleine os faz como ninguém.

A serviçal fez uma mesura e deixou a sala, enquanto Amélie servia o delicioso doce. Antes mesmo que eles começassem a comer, ouviu-se um barulho de trinco e a porta se abriu. Segundos depois, Antoine adentrava na sala. Seus olhos encontraram imediatamente os de Fernanda, e ele sorriu para a moça, sendo imediatamente correspondido. Profunda e mútua simpatia se estabeleceu entre ambos.

Nestor cumprimentou o rapaz e apresentou-lhe a filha. Amélie convidou:

— Venha, filho. Junte-se a nós para um chá com *profiteroles*. Madeleine já trouxe outra xícara para você.

Antoine sentou-se à mesa com a mãe e os visitantes e logo se pôs a falar:

— Fico feliz em recebê-los em nossa casa — disse ele amavelmente. — É sempre bom saber que há pessoas com disposição para publicar novas histórias e divulgar ideias. Mas, diga-me, faz tempo que escreve, *monsieur* Nestor?

Nestor e Fernanda entreolharam-se, e ela fez um sinal para o pai.

— Bem, *monsieur* Antoine, na verdade, a responsável pela obra literária que enviei ao senhor é minha filha Fernanda, por isso eu a trouxe comigo.

Antoine sorriu, e Fernanda achou-o admiravelmente belo.

— Estou agradavelmente surpreso. Não esperava por essa revelação.

— Bem, o senhor sabe como as mulheres são vistas em nossa sociedade. Optamos, então, por deixar Fernanda produzir em paz, sem ser criticada ou comparada a escritores homens. Infelizmente, as pessoas ainda têm a cabeça muito fechada.

— O senhor está certo. Embora eu considere absurda essa discriminação e creia que todos devem ter direito de expressar sua arte, penso que essa é uma boa opção. Espero sinceramente que, em futuro muito breve, isso mude, pois não podemos rotular pessoas por sua cor, classe social, por seu credo, sexo ou qualquer outra coisa. Agradeço por confiarem em mim e revelarem seu segredo.

Fernanda, que até então havia ficado calada, acrescentou:

— Logo vi que era uma pessoa diferenciada, *monsieur* Antoine. Por outro lado, acreditamos que uma relação baseada em mentira não pode dar certo. Por isso, preferimos contar-lhe a verdade, e, assim, o senhor terá a opção de publicar ou não minha obra.

Ele sorriu, concordou com a cabeça e pediu amavelmente:

— Que tal deixarmos de lado a formalidade? Chamem-me apenas de Antoine.

Fernanda sorriu. Por algum motivo que não sabia explicar já se sentia próxima dele. Era como se o reencontrasse depois de um longo tempo. Alegrava-se por estar na companhia de Antoine e tinha certeza de que, dali em diante, seriam cada vez mais próximos.

— Li seus escritos, Fernanda, e devo confessar-lhe que me impressionei com sua forma de escrever, como havia muito não me acontecia. Além de se expressar de maneira bastante especial e muito leve, você consegue fazer a pessoa viajar através do texto, como se estivesse vivenciando cada cena descrita. E seus poemas são simplesmente fantásticos!

Fernanda olhou surpresa para o pai.

— Mandou também os poemas, papai?

— Dois poemas magníficos — disse Antoine, mais uma vez sorrindo daquele modo que encantara Fernanda.

Ela sorriu também. Nestor encolheu os ombros e disse:

— Queria mostrar um pouco do talento de minha amada filha.

Todos riram. Antoine ficou sério de repente e falou:

— Sinto muitíssimo que não possa se apresentar como a autora de sua própria obra, Fernanda. Envergonho-me por ter de ser assim, mas creio que seja o melhor a fazer no momento.

A troca de ideias transcorreu animada e alegre. Amélie participava da conversa com entusiasmo, pois ela própria escrevia seus poemas, acobertada também por uma falsa identidade masculina. Os laços entre as famílias de Fernanda e de Antoine estreitaram-se rapidamente, pois as duas tinham vários interesses em comum. Não demorou também para que os jovens estivessem completamente envolvidos.

Percebendo que o relacionamento com Antoine se tornara sério, Fernanda, em uma tarde de domingo, quando estavam no pequeno jardim da casa do rapaz, decidiu que chegara a hora de contar-lhe a verdade sobre seu estado civil. Caso ele não aceitasse sua condição, ambos estariam livres para seguir cada um com a própria vida.

— Antoine, preciso lhe contar algo sobre mim que você não sabe ainda.

Olhando-a com carinho, ele disse:

— Bem, nada do que possa me contar mudará o que sinto por você.

Ela sorriu e pediu:

— Assim espero. Mas, se algo mudar, seja sincero comigo. Promete?

Ele concordou com a cabeça.

— Bem, eu fui casada no Brasil, mas não fiquei viúva.

Em poucas palavras, Fernanda contou a ele a história de seu casamento e de como tudo acabou quando Isabel faleceu. Antoine ficou perplexo, e ela não entendeu sua reação no primeiro momento.

— Que triste essa história — disse ele, como se não houvesse registrado o fato de ela ter sido casada. — Quanto sofrimento! Que tragédia, meu Deus!

Ele parecia sinceramente comovido com o triste desfecho da história de amor de Isabel e Joaquim.

— Pobre Joaquim! — disse Antoine finalmente. — E Isabel? Que triste fim! Desculpe-me, mas uma coisa é ler nos livros e outra bem diferente é saber de alguém que de fato passou por algo assim. Já havia ouvido falar sobre situações semelhantes, mas nunca conheci uma pessoa que se envolveu de maneira direta com tais acontecimentos.

Fernanda, ao recordar-se dos fatos, comoveu-se também. Agora, passado tanto tempo desde o ocorrido, ela conseguia ver os acontecimentos sem se sentir envolvida e lamentava a morte de Isabel e o destino que atingira os dois enamorados. Por alguns instantes, nem mesmo se lembrava de que ela também fizera parte daquela história.

— Sinto muito por tudo isso. Nem sei o que dizer — disse Antoine abraçando-a.

Ele continuava demonstrando não se incomodar com o fato de Fernanda ter sido casada. De repente, Antoine percebeu que ela esperava uma resposta ao assunto.

— Meu amor, jamais me preocuparia com o fato de ter sido casada e ter se separado de Joaquim. Sinceramente, eu lamento muito por tudo isso. É uma das histórias mais tristes que já ouvi, e agora reconheço no seu romance um pouco do que me contou.

Fernanda abraçou-o e, aliviada, pensou que agora sim estava pronta para viver ao lado de Antoine. Ela não queria que nenhum tipo de mentira viesse a atrapalhar algo entre eles. Sentia-se livre, leve e muito tranquila, pois tudo estava bem claro e resolvido. A partir daquele momento, viveria sua vida da maneira como sempre sonhara.

Algum tempo depois, o romance escrito por Fernanda foi publicado. Ela escrevera sobre o amor entre dois jovens, cuja história terminava com a morte da heroína, mas de forma natural. O romance foi um sucesso total, e, com o passar do tempo, o talento de Fernanda tornou-se conhecido pelo público, embora ela continuasse assinando as obras sob o nome do pai.

O tempo também mostrou a Fernanda que, além de ser seu grande e verdadeiro amor, Antoine era o companheiro perfeito para discutir as leituras e falar sobre os novos livros que ela pretendia publicar. Assim, conectados por esse e por tantos outros interesses em comum, além de estarem irremediavelmente unidos por um grande amor, resolveram viver juntos e quase juntos desencarnaram, pois Fernanda morreu um mês após o falecimento de Antoine.

Capítulo 20

Quase três anos haviam se passado desde que Isabel se tornara habitante da colônia espiritual. Os dias eram de aprendizado nos dois lados da vida. Augusta, que sempre foi muito devota e gostava de ir à missa, passara a fazê-lo diariamente e, logo em seguida, parava no túmulo de Isabel. Somente depois desse ritual começava seus afazeres diários.

Manoel seguia um tanto quanto alheio a tudo, ocupando-se mais dos negócios do que de outra coisa qualquer. Ele não era um homem propriamente fiel, mas Augusta já não se incomodava com as escapadas do marido, uma vez que a situação vivida pela família abalara o relacionamento dos dois. De certo modo, o casal sentia-se responsável pelos acontecimentos, e isso acabou afastando-os cada vez mais. Não que tivessem deixado de se amar, mas não tinham vontade de conversar. Intimamente, um culpava o outro por não haver notado o que se passava dentro da própria casa.

Em uma manhã de inverno, Manoel acordou com muita febre e, poucas horas depois, já estava enterrado. Sua jornada na Terra acabara.

Embora não fosse mau, Manoel era neutro como grande parte da humanidade. E o que é esse estado? Pessoas neutras são aquelas que não fazem diferença na vida de ninguém nem na própria, no que diz respeito ao progresso moral. Elas chegam a este mundo e partem dele sem angariar para si tesouros pessoais. É como se viajassem a um país estrangeiro e, ao voltarem da viagem, trouxessem a mesma mala, sem ter adquirido nada de relevante durante o tempo em que estiveram fora. Retornam sem terem aproveitado para conhecer novos lugares e costumes e sem terem aprendido e construído quase nada ou nada de realmente significativo para si. Longe de criticar alguém, queremos chamar atenção para a importância de sairmos deste mundo melhores do que quando chegamos, aproveitando as oportunidades que nos são oferecidas para crescer e aprender.

E Joaquim? O que foi feito do jovem cheio de planos, que se lançou em um casamento simplesmente por não querer assumir a vida com a prima que tanto amava por vergonha do seu comportamento e por tê-la traído? Ele nunca mais — conforme prometera quando Isabel desencarnou — se relacionou com outra mulher. Vivia para trabalhar e acreditava que, ajudando as pessoas, poderia, de algum modo, livrar-se um pouco do peso que sentia pelo suicídio da moça. Adquirira o hábito de orar pela jovem e, diariamente, ao terminar seu dia, visitava o túmulo da amada.

Quando estava prestes a completar cinquenta anos, Joaquim teve um infarto enquanto dormia. Sentiu-se mal e viu sua mãe, que desencarnara no início daquele mesmo ano, e sua amada Isabel, que estava linda como sempre.

Ambas lhe estendiam as mãos. O espírito de Joaquim, então, levantou-se da cama e partiu para o mundo espiritual de mãos dadas com as duas.

No dia seguinte, quando o sol já ia alto, uma das pessoas que trabalhava na casa bateu à porta do quarto, pois estranhou o fato de o patrão não ter descido para tomar o desjejum no horário habitual. Sem obter resposta, entrou no aposento e encontrou o corpo inerte de Joaquim, que estampava nos lábios um sorriso e trazia o semblante em paz.

O procurador de Joaquim cuidou do funeral, e os bens da família foram distribuídos para entidades que prestavam caridade, conforme fora determinado em testamento.

E assim se encerrou aquela encarnação de Joaquim. No futuro, quando fosse oportuno, as pessoas se reencontrariam para continuar seu aprendizado.

Capítulo 21

Vejamos como foi o aprendizado de Isabel na colônia onde ela foi acolhida. Naturalmente, a moça aprendia coisas novas a cada dia e, embora estivesse um pouco preocupada com a lição seguinte — pois já percebera que havia muito a aprender —, ficou encantada ao descobrir que a vida continuava e que, em algum momento, teria outra oportunidade de viver. Isabel aprendeu que, de algum modo, seria possível reparar o ato que praticara e ficou feliz por entender que não havia qualquer tipo de condenação, mas, sim, novas chances de buscar outras experiências e modificar as atitudes que causaram danos a si mesma e a outras pessoas.

Ela compreendeu que a vida é uma dádiva que recebemos e que muitos esperam sua vez de reencarnar. Ficou muito triste quando soube disso, pois, voluntariamente, encurtara a própria vida. No entanto, não havia como voltar no tempo nem mudar o que já estava consumado. Agora, teria de se preparar e esperar uma nova oportunidade para retornar e, desta vez, sentia que estava mais preparada e que suportaria dores e situações adversas sem abandonar a vida.

Aos poucos, Isabel foi se fortalecendo e não aprendeu apenas sobre reencarnação. Frequentando as aulas na colônia, compreendeu que tudo na vida estava interligado de alguma forma.

Muitas vezes, temos a sensação de que as coisas são meio soltas dentro do grande quebra-cabeça que é nossa vida, mas, se repararmos e tivermos "olhos de ver", como disse Jesus, entenderemos — ou ao menos aceitaremos melhor — várias coisas que consideramos erradas ou incompreensíveis. Isabel teve acesso à sua encarnação como Henrique e achou muito estranho que ela tivesse sido homem e Joaquim, mulher.

— Qual é o objetivo de sermos às vezes homem e às vezes mulher?[6] — perguntou ela.

E a resposta veio rápida e objetiva:

— É necessário experimentarmos os dois gêneros para adquirirmos a força e a delicadeza de cada um.

---

6 "Questão 200
— Os Espíritos têm sexo?
— Não como o entendeis, porque os sexos dependem da constituição orgânica. Há entre eles amor e simpatia, mas baseados na afinidade de sentimentos.
Questão 201
— O Espírito que animou o corpo de um homem pode animar o de uma mulher, numa nova existência, e vice-versa?
— Sim, pois são os mesmos Espíritos que animam os homens e as mulheres.
Questão 202
— Quando somos Espíritos, preferimos encarnar em um corpo de homem ou de mulher?
— Isso pouco importa ao Espírito; depende das provas que ele tiver de sofrer.
Comentário de Kardec:
Os Espíritos encarnam-se homens ou mulheres, porque não têm sexo. Como devem progredir em tudo, cada sexo, como cada posição social, oferece-lhes provas e deveres especiais e novas ocasiões de adquirir experiências. Aquele que fosse sempre homem só saberia o que sabem os homens."
In: KARDEC, Allan. **O Livro dos Espíritos**. Brasília: FEB.

Isabel ficou maravilhada com aquela explicação e entendeu o sentido dessa lei da vida, considerando muito coerente que tenhamos de passar por experiências diversas durante nossas várias encarnações.

— É por isso que somos tão ricos em conhecimento. A cada nova encarnação, aprendemos um pouco mais. Mesmo que não nos lembremos de tudo o que nos aconteceu, de algum modo trazemos em nós essas lembranças e, instintivamente, sabemos como agir. Trazemos um pouco de cada experiência de nossas diversas encarnações, como se fôssemos muitas pessoas em uma só, e um pouco de tudo o que aprendemos na erraticidade, isto é, durante o intervalo de nossas existências corporais. Certo?

Lucas e Eronete, os dois espíritos que a acompanhavam, sorriram e concordaram com a cabeça. Eronete disse satisfeita:

— É uma ótima aluna! Que bom que entendeu a sutileza de tudo isso. No começo, estranhamos essas informações, mas, ao raciocinarmos e percebermos que tudo está em harmonia, entendemos que não poderia ser de outra forma. Que sentido teria a vida se vivêssemos apenas uma vez e não tivéssemos a chance de fazer algo diferente, ao adquirirmos mais experiência e conhecimento, não é?

Isabel ponderou e, mostrando certeza sobre o que dizia, tornou:

— Sim. Imagine se eu ficasse eternamente dormindo ou, pior ainda, queimando no fogo do inferno por haver cometido suicídio. De que valeria tudo isso, se eu não tirasse qualquer lição proveitosa do que aconteceu?

— A essência criadora sabe bem como nos proteger de nós mesmos, não é? — Brincou Lucas. — Imagine se não tivesse previsto que faríamos tanta coisa equivocada.

Todos riram, e Isabel acrescentou:

— Erramos muito, não é?

Eronete interveio:

— Não vejo assim, pois acredito em aprendizado, não em erro. Deixe-me explicar melhor. Entendo que, conforme vamos aprendendo, nos aperfeiçoamos em todos os sentidos. Nós nos aprimoramos conforme entendemos que um caminho é melhor do que o outro. Penso que, se ficarmos o tempo todo dizendo que erramos, acabaremos nos sentindo sem valor ou com pouquíssimo valor e achando que erramos muito mais do que acertamos. De algum modo, é como se ficássemos esperando fazer algo errado.

— Faz sentido — disse Isabel.

Eronete sorriu e continuou:

— Por outro lado, se tivermos a compreensão de que experimentamos algo e concluirmos depois que não era o melhor, teremos mais cautela e buscaremos um novo modo de fazer ou de agir em uma próxima vez. Desse modo, aprenderemos a dar um sentido novo a tudo o que fizermos.

Isabel pareceu pensativa, como se buscasse uma forma melhor de elucidar seu pensamento, e concluiu:

— É como realizar uma tarefa qualquer pela primeira vez. Conforme praticamos, aprendemos e fazemos cada vez melhor.

Eronete interveio:

— Concordo com isso. Pensar que estamos aprendendo e que aprendemos também como não fazer e não agir nos trazem uma leveza bem maior. Vamos, naturalmente, fazendo novas escolhas, que, por sua vez, se tornam mais acertadas e de acordo com o que é bom para nós mesmos e para quem nos cerca.

— Sim, Isabel. O mais importante é fazermos o melhor que soubermos a cada momento. Jamais devemos perder a oportunidade de aprender e evoluir com nossas experiências — completou Lucas.

A conversa agradável foi interrompida por uma surpresa que alegraria muito Isabel. Um dos espíritos da colônia chegou e disse:

— Isabel, você está sendo chamada lá na Administração.

Lucas e Eronete entreolharam-se sorrindo, pois já sabiam do que se tratava.

— Vamos — convidou ela.

Isabel ficou contente em poder contar com a presença dos amigos. Nunca havia sido chamada para falar com alguém da administração, por isso se sentia um pouco desconfortável. Lucas, sorrindo, procurou tranquilizá-la:

— Fique tranquila. Logo saberá do que se trata. Mas garanto que ficará contente!

Caminharam durante uns poucos minutos e logo chegaram ao prédio. Isabel não pôde deixar de comentar:

— Como é bonito!

— É, sim — comentou Lucas. — E o interior é ainda mais bonito! Vamos entrar.

Isabel ficou boquiaberta ao adentrar a porta de duas folhas que dava para um lindo saguão muito claro. O prédio era alto, e a luz natural entrava por uma cúpula de vidro que parecia não ter fim. Uma escadaria toda branca levava ao andar superior, onde diversas salas eram ocupadas pelos administradores. No andar inferior, vários trabalhadores atendiam e orientavam quem vinha em busca de informações.

O vaivém de todos aqueles espíritos e o espaço impecavelmente bem organizado lembravam uma grande empresa com inúmeros funcionários cumprindo funções diversas. Isabel sorriu e comentou com os amigos:

— Todo esse vaivém me lembra um relógio funcionando com precisão. Apesar do grande número de pessoas, percebemos que tudo é muito bem organizado e que o serviço executado é eficiente.

— Você observou muito bem — disse Eronete, rindo da comparação.

— Não teria descrito de melhor maneira — completou Lucas.

— Venha — pediu Eronete com gentileza.

Ela pegou na mão da amiga e apertou-a de leve como se estivesse encorajando-a, mesmo sem dizer nenhuma palavra. Isabel, por sua vez, sentiu-se mais tranquila. O toque amoroso e confiante de Eronete fê-la sentir-se mais segura. Subiram a larga escadaria que se bifurcava em duas direções e tomaram a direção esquerda. Quando chegaram ao último degrau, viram uma sala, cuja porta estava aberta.

Nessa sala havia um confortável sofá e algumas poltronas, o que deixava subentendido que o lugar era comumente utilizado para reuniões. Havia também uma mesa oval em um canto e alguns apetrechos, cuja utilidade Isabel desconhecia completamente. Sentados à mesa, dois homens os esperavam sorrindo. Um era magro, tinha os cabelos brancos e a aparência bondosa de um avô. Era José. O outro, com aparência mais jovem, cabelos escuros e olhos profundos, era Juvenal. Após os cumprimentos e depois de se apresentarem para Isabel, convidaram o grupo de visitantes para se sentarem. Todos notaram que ela estava inquieta.

— Fique tranquila, Isabel. Nós temos boas notícias — disse José.

Ela sorriu aliviada, relaxou um pouco, e ele prosseguiu:

— Temos acompanhado seu progresso desde que chegou aqui. Você tem sido uma aluna exemplar nas aulas que frequenta e se mostrado muito interessada em reencarnar para realizar o que não foi possível em sua encarnação anterior.

Isabel sentiu-se um pouco envergonhada. Aquelas pessoas conheciam sua última encarnação, e ela sentiu um grande constrangimento por saberem que ela encurtara a própria vida. Sentia que poderia ter feito diferente, mas, de algum modo, fugira à responsabilidade de colocar-se em pé novamente após tudo o que acontecera.

De forma bondosa, mas firme, Juvenal falou:

— Pare de pensar desse modo. Todos nós aqui já passamos por algo semelhante, nos suicidamos também, e é justamente por isso que trabalhamos nesta colônia acolhendo outros que passaram pela mesma experiência.

Isabel não conseguia acreditar que aquelas pessoas tão calmas e que mostravam tanto conhecimento e tanta sabedoria fizeram a mesma coisa que ela. Todos sorriram.

— Vamos contar nossas histórias brevemente — disse Juvenal. — Você verá que todos nós somos aprendizes e estamos aqui pela bondade infinita de Deus, que nos permite recomeçar tantas vezes seja necessário para que aprendamos a fazer cada vez melhor e tenhamos uma vida mais plena. Começarei contando minha história. Vamos nos sentar ali. É mais confortável.

Assim dizendo, Juvenal dirigiu-se até as poltronas. Quando todos se acomodaram, ele abriu uma espécie de tela onde se podia ver sua imagem em outra encarnação. Conforme ele narrava, as imagens iam surgindo na tela, que exibia um homem jovem e altivo. O ano era 1712.

O homem falava com uma mulher de rara beleza, que apenas parecia ser bonita na aparência. Era possível notar que sua aura mostrava um caráter duvidoso, por ser o tipo de pessoa que busca obter vantagens sem importar-se com quem possa ferir para conseguir seu intento.

Juvenal, que naquela encarnação se chamava Fúlvio, parecia amar a mulher apesar de tudo. Ela, por sua vez, tirava proveito disso, pois ele era herdeiro da maior fortuna daquele lugar, e estava habituada a fazer dos homens o que quisesse. Naquela cena, Fúlvio implorava que ela deixasse seus amantes e aceitasse seu amor. Ele desejava casar-se com ela e dar-lhe seu nome, mas a mulher, no entanto, dizia não querer depender de ninguém. De fato, sua beleza fazia os homens se jogarem aos seus pés e lhe oferecerem tudo o que ela pedisse — desde que, naturalmente, a moça satisfizesse aos seus desejos. Na verdade, ela já havia sido amante de quase todos os homens poderosos do lugar, inclusive do pai de Fúlvio.

Juvenal começou a falar:

— Eu era louco por ela. Seu nome era Jane. Na verdade, eu não a amava por ela ser tão linda; inexplicavelmente, eu a amava e queria que vivêssemos juntos para sempre. Ela era mais velha do que eu e já tivera como amantes todos os homens que quis, mas eu desejava que fôssemos viver em outro lugar e recomeçássemos nossas vidas longe de comentários e olhares curiosos. Ela, no entanto, jamais largaria a vida que escolhera. Fui tolo, pois achei que Jane me desprezava, quando, na verdade, ela apenas escolhera uma vida diferente daquela que eu queria viver com ela.

Na tela podia-se ver como Fúlvio (Juvenal) definhava a cada dia e sofria por Jane não aceitar seu pedido de casamento. Seu corpo começou a enfraquecer, e ele sentia que nada mais podia ser feito, pois ela não mudaria de ideia. Fúlvio não aceitava viver sem Jane e, no seu delírio de sofrimento, resolveu dar fim à própria vida.

Ele recordou:

— Era uma linda tarde de verão. Caminhei até a praia para admirar o pôr do sol e, embora aquela paisagem devesse me revigorar, eu estava determinado a tirar a própria vida. Deixei que aqueles pensamentos tolos me envolvessem, enquanto dizia a mim mesmo que de nada valia tanta beleza se eu era tão infeliz. Meu amor por Jane havia se tornado uma obsessão. Passava meus dias esperando para vê-la de longe e a seguia para admirar sua beleza. Meu comportamento doentio levou-me ao completo desequilíbrio físico e mental, uma vez que minha vida se resumia a admirar minha amada. Quando finalmente o sol desapareceu, fui caminhando na direção de onde ele havia se posto.

Essa lembrança pareceu impactar Juvenal, que narrava sua história em tom muito sério, como se em seu íntimo revivesse os sentimentos daquela ocasião.

— As ondas batiam em mim, ora mais gentis, ora mais fortes, e logo a água cobriu boa parte do meu corpo. Como eu não sabia nadar, em pouco tempo o mar me tragou.

Isabel estava boquiaberta. Jamais imaginaria que aquele homem de aparência calma e equilibrada havia passado por tal experiência. Ele continuou a narrativa:

— Naturalmente, minha mãe estranhou o fato de eu não ter me juntado à família para o jantar e, julgando que eu perdera a noção do tempo ou talvez tivesse adormecido, pediu a uma das serviçais que fosse aos meus aposentos para me chamar. Ela bateu à porta e, como não teve resposta, foi abrindo a porta devagarzinho, constatando que eu não estava ali. Desceu e avisou a minha mãe. Ela não havia visto quando saí e pensou que eu retornaria mais tarde.

Apesar do tempo que se passara, a lembrança seguinte ainda parecia machucar Juvenal. Com os olhos umedecidos, ele narrou:

— Na manhã seguinte, minha mãe foi ao meu quarto para me chamar e saber o que havia acontecido na noite anterior. Ao chegar, viu que minha cama estava arrumada e que, portanto, eu não tinha dormido em casa. Chamou-lhe a atenção um pequeno buquê de flores do campo amarelas das quais ela tanto gostava e que eu deixara em um vaso sobre minha cômoda. Ao lado havia uma carta que ela leu aos prantos:

> *Minha querida mãe, quando ler essas linhas, eu já não estarei neste mundo, pois terei partido para sempre. Perdoe-me por ir embora sem ao menos uma despedida, mas, se eu falasse com a senhora, certamente não teria a coragem necessária para deixar este mundo, uma vez que, seguramente, seu amor me faria mudar de ideia. Acontece que já não vejo motivos para continuar uma vida de tanta infelicidade. A mulher que amo se recusa a desposar-me, e, sem ela ao meu lado, a vida não tem qualquer sentido. Espero que me entenda e me perdoe por ter tirado o que a senhora mesma me proporcionou, que é a vida que tive até aqui. Agradeço por todo o seu carinho e por sua dedicação amorosa durante esses anos em que vivemos juntos. Será inútil buscar meu corpo para enterrá-lo, pois o mar o possui. A não ser que ele não o queira, meu corpo jamais será encontrado. Peço respeitosamente sua bênção e seu perdão. Amo-a muito.*

Na tela, a imagem daquela mãe desesperada segurando a carta do filho que abandonara a vida doía em quem presenciasse a cena. A pobre mulher estava atordoada. Foi uma das criadas da casa quem a encontrou com a carta na qual o filho se despedia. Dali em diante, ela tornou-se uma pessoa triste, mas não perdeu a vontade de viver. Passou a dedicar seu tempo e parte de sua fortuna para ajudar os órfãos do lugar, oferecendo a Deus seu trabalho, para que isso pudesse ajudar o filho suicida a encontrar seu lugar no Paraíso, segundo ela acreditava. Rogava a Deus para que Ele o perdoasse por ter escolhido deixar de viver devido à sua infelicidade e pedia ainda que a mãe de Jesus acolhesse o filho que ela tanto amava.

— Pois bem... — continuou Juvenal. — Como as preces das mães são realmente poderosas, essa intercessão abençoada me ajudou a tomar, aos poucos, consciência da gravidade do meu ato e a aprender coisas que mudaram totalmente minha maneira de pensar. Finalmente, vim trabalhar aqui na colônia, onde tenho a oportunidade de acolher irmãos que, assim como eu, também tiraram a própria vida.

Mesmo já conhecendo a história de Juvenal, todos se emocionaram, inclusive ele próprio. Após alguns instantes, ele trocou um olhar com Eronete, que fez um gesto de assentimento com a cabeça e continuou a narrar a história iniciada por Juvenal.

— Ao saber do ocorrido, Jane quase enlouqueceu. Embora não tivesse dito nada a Fúlvio, ela tinha a intenção de aceitar seu pedido de casamento no futuro. Na verdade, ela aprendera a amá-lo, pois ele fora o único homem em toda a sua vida que nunca lhe pedira nada e que oferecia, desinteressadamente, seu amor, seu nome e sua fortuna. Jane, no entanto, era orgulhosa demais. Aprendera a não depender de ninguém, pois, quando ficou órfã ainda menina, precisou desfazer-se do pouco que possuía. Os recursos foram escasseando cada vez mais, e, embora ela buscasse algum trabalho que pudesse realizar, empregando-se em alguma casa para ter onde dormir e o que comer, sempre era rechaçada. As mulheres temiam que a rara beleza de Jane as ofuscasse, e os homens, por sua vez, sempre tinham intenções nada nobres em relação a ela.

Com certo constrangimento, Eronete continuou a narrativa:

— Foi então que Jane começou a oferecer o próprio corpo em troca de dinheiro e o fazia somente para homens bem-sucedidos, construindo, assim, sua própria fortuna e assegurando uma velhice tranquila para si. Queria juntar mais um pouco e, quando tivesse o suficiente, recomeçaria a vida em algum lugar distante, onde ninguém a conhecesse e soubesse do seu passado.

"Depois do suicídio de Fúlvio, Jane parecia fora de si e do mundo. Ela não tinha o hábito de beber, mas, naquele dia fatídico, bebeu demais. Quando terminou o conteúdo da garrafa, quebrou-a e cortou as veias do pescoço, provocando uma forte hemorragia que ocasionou sua morte instantaneamente.

"O espírito de Fúlvio, que se posicionara ao lado da amada, também estava enlouquecido por descobrir que a morte do corpo físico não pusera fim à sua existência. Ele acolheu Jane, abraçando-a e explicando que fora inútil tirar a própria vida, pois, como podiam constatar, ambos estavam ali. Ela, então, olhou para seu corpo inerte e ensanguentado e lamentou o ato praticado. Os dois abraçaram-se e começaram a orar, pedindo perdão a Deus. Pediram também que, se fossem perdoados, recebessem um sinal. Adormeceram abraçados e acordaram aqui na colônia."

A tela continuava mostrando as cenas narradas. Ao final da projeção, Eronete acrescentou:

— E aqui estamos até hoje para acolher a todos que, como nós, pensaram que a morte do corpo físico poderia resolver determinadas situações.

Isabel olhou surpresa para Eronete e Juvenal.

— Vocês eram Fúlvio e Jane?

— Sim — disse ela segurando as mãos de Juvenal. — Depois de reencarnarmos algumas vezes para aprender a valorizar o dom da vida, decidimos permanecer aqui para auxiliar aqueles que passaram pela mesma situação.

— Então chegaram a reencarnar e se reencontraram?

— Em uma das reencarnações, sim. Juvenal foi meu filho e desencarnou ainda pequeno. Eu desencarnei algum tempo depois devido a uma doença. Nós aprendemos a valorizar a oportunidade da reencarnação. São muitos os espíritos que aguardam a chance de retornar para a Terra. Muitos tiram a própria vida, e tantos outros, embora não cometam suicídio, passam por ela sem viver. São aqueles que desperdiçam a encarnação, pois não realizam qualquer coisa útil nem deixam um legado para os que ficam. Essas pessoas não contribuem em nada para o próprio progresso nem fazem algo digno de nota, o que torna sua encarnação improdutiva. Infelizmente, são muitos os que agem dessa maneira. Passam a vida apenas cumprindo as necessidades fisiológicas, sem acrescentar nada de bom ou notável para si ou para aqueles com quem convivem. Saem da encarnação como entraram. É uma pena, pois podem passar muito tempo esperando surgir uma oportunidade de reencarnar.

Isabel estava surpresa com tudo o que ficara sabendo e com a ponderação de Eronete acerca da importância de reencarnarmos. Como todos iriam contar sua história, José começou a sua narrativa.

— Eu era um jovem totalmente irresponsável, exatamente como Eronete acabou de dizer. Fui aquele tipo de pessoa cuja existência não faz diferença para ninguém, pois, embora não praticasse o mal, tampouco praticava o bem a quem quer que fosse.

"Em 1820, nasci em uma família da aristocracia britânica e, desde cedo, acostumei-me a ter tudo o que o dinheiro e a influência política do meu pai podiam proporcionar. Passava as noites em festas me embriagando e tinha aos meus pés todas as mulheres que se possa imaginar. Mas isso se devia à minha posição na sociedade e não por eu ser uma pessoa que, de fato, possuía qualidades. Eu era grosseiro e arrogante, sempre tratava mal a todos os serviçais da casa e dos lugares que frequentava."

Sorrindo, ele observou:

— Além de não ser atraente em nenhum aspecto, eu era bem feio também, como podem observar na tela. Uma coisa que eu fazia melhor do que ninguém era esbanjar. Na maior parte das vezes, pagava as contas de todos que estivessem no lugar onde eu me encontrava. Dessa forma, todos se mostravam meus amigos, pois sabiam que, além de ter muito dinheiro, eu era perdulário. O tempo passou, meus pais faleceram, e eu, sendo filho único, herdei toda a fortuna da família. No entanto, não adianta ter muito dinheiro e nenhum juízo, pois o dinheiro acaba quando não fazemos nada para repor o que esbanjamos. Em pouco tempo, eu estava na miséria total, e todos aqueles que me suportavam por consideração aos meus pais fecharam as portas para mim, pois eu era arruaceiro e ingrato. Passei, então, a viver na rua com os mendigos.

Demonstrando que essas lembranças estavam muito vivas em sua mente, José prosseguiu:

— Na rua, eu era igual a qualquer um deles, e, generosamente, eles sempre dividiam comigo um pouco do seu alimento. Privado de viver como vivia até então, em vez de buscar aprender a lição, certa noite fui até as margens do Rio Tâmisa, que corta a cidade de Londres, e me atirei em suas águas. Como não sabia nadar e estava embriagado, a morte veio rapidamente. Ninguém notou minha ausência, a não ser dois ou três mendigos com os quais eu conversava de vez em quando e que acabaram dividindo entre si os poucos pertences que eu havia deixado.

E, ainda sob forte emoção, José acrescentou:

— E assim acabou aquela encarnação inútil, na qual tive todos os recursos necessários para fazer algo de bom e não fiz. Uma oportunidade que deixei passar e que jamais voltará. Estou aqui trabalhando e aguardando minha vez de reencarnar para fazer diferente da próxima vez.

— Sempre demora tanto assim para reencarnar?[7]

---

7 Questão 223
— A alma reencarna logo depois de se haver separado do corpo?
— Algumas vezes reencarna imediatamente, porém, de ordinário só o faz depois de intervalos mais ou menos longos. Nos mundos superiores, a reencarnação é quase sempre imediata. Sendo aí menos grosseira a matéria corporal, o Espírito, quando encarnado nesses mundos, goza quase que de todas as suas faculdades de Espírito, sendo o seu estado normal o dos sonâmbulos lúcidos entre vós.

— Cada caso é diferente. Às vezes, demora mais; às vezes, em pouco tempo, se reencarna novamente — disse José. — Mas agora é sua vez, Lucas. Conte sua história para Isabel.

— Cometi suicídio várias vezes. Era um suicida compulsivo, por assim dizer. Em uma das vezes, me afoguei; em outra, me enforquei; e, em outras duas, atirei em minha cabeça. Em todas as ocasiões, tirei minha vida por motivos fúteis. Na verdade, sempre fui uma pessoa mimada. Não no sentido de alguém me mimar, isto é, satisfazer todos os meus caprichos, mas de me recusar a crescer. Achava que o mundo girava ao meu redor e que a vida tinha de se adequar aos meus caprichos. Qualquer contrariedade um pouco maior já era motivo para eu ameaçar tirar minha vida. E, quando não alcançava o que queria, era isso o que eu fazia.

Lucas parou de falar por um breve instante, como se meditasse sobre o que estava dizendo, mas logo prosseguiu com a narrativa:

Questão 224
— Que é a alma no intervalo das encarnações?
— Espírito errante, que aspira a novo destino; fica esperando.
a) Quanto tempo podem durar esses intervalos?
Desde algumas horas até alguns milhares de séculos. Propriamente falando, não há limite máximo estabelecido para o estado de erraticidade, que pode prolongar-se muitíssimo, mas que nunca é perpétuo. Cedo ou tarde, o Espírito terá que volver a uma existência apropriada a purificá-lo das máculas de suas existências precedentes.
b) Essa duração depende da vontade do Espírito, ou lhe pode ser imposta como expiação?
É uma consequência do livre-arbítrio. Os Espíritos sabem perfeitamente o que fazem. Mas, também, para alguns, constitui uma punição que Deus lhes inflige. Outros pedem que ela se prolongue, a fim de continuarem estudos que só na condição de Espírito livre podem efetuar-se com proveito.
In: KARDEC, Allan. **O Livro dos Espíritos**. Brasília: FEB.

— As várias encarnações não me ajudaram em nada; eu não aprendia coisa alguma. Teimoso e rebelde, tinha pena de mim mesmo e me sentia constantemente injustiçado. Não procurava conquistar meu lugar no mundo com dignidade nem me fortalecia para, de fato, fazer o necessário para vencer pelo meu próprio mérito. Não aceitava derrotas em nenhuma área de minha vida.

"Já faz muito tempo que estou aqui desde a última vez que tirei minha vida, mas ainda não me sinto forte o suficiente para reencarnar. Sinto que ainda falta um pouco mais de coragem para enfrentar os fatos sem querer fugir. Devo ficar aqui por um bom tempo ainda até estar suficientemente fortalecido para reencarnar e viver até o fim natural, que de qualquer modo sempre chega, não é?"

E, como se visse à sua frente um futuro ainda distante, ele concluiu:

— Da próxima vez, quando sentir que o fim da encarnação se aproxima, talvez eu queira ficar mais um pouco.

Isabel ficou comovida com a história de Lucas, que, sempre tão bem-humorado e pronto a dizer coisas boas para todos, era, entre aqueles que ela conhecera na colônia, o que talvez mais se prejudicara, pois não conseguia cumprir as encarnações até o final.

— Estou bem, Isabel. Sei que, contando assim, parece trágico, mas pode ter certeza de que já evoluí muito. Afinal, tudo isso aconteceu há muito tempo.

— Desde quando está na colônia? — perguntou Isabel.

— Faz pouco mais de cem anos.

— Em que ano estamos?

— Na Terra, o ano é 1931.

— Já se passou tanto tempo assim? — questionou Isabel um pouco atarantada.

— Sim. E achamos que está na hora de você voltar à Terra. O que acha?

Isabel ficou surpresa, pois não esperava ouvir aquilo. Ao mesmo tempo, estava admirada por ter partido da Terra havia tanto tempo. Aliás, não saberia dizer naquele momento qual das duas coisas lhe causara maior surpresa. Todos sorriram.

— O tempo passou rapidamente, não? — perguntou Eronete.

— Sim. Eu não fazia ideia. Então, todos que eu conheci naquele tempo já se foram também? — questionou Isabel com um pouco de tristeza na voz.

— Quer ver?

Ela assentiu com a cabeça, e logo uma tela se abriu. Isabel, então, pôde ver o que aconteceu com cada um daqueles com quem ela havia convivido. Viu o sofrimento de Joaquim e o fim do casamento do rapaz com Fernanda. Viu sua tia Augusta cultivando, até o fim de sua vida na Terra, flores para a sobrinha em seu jardim e orando por ela junto ao túmulo onde haviam sido enterrados seus restos mortais. E, por fim, Isabel teve acesso também a outras cenas que a comoveram. Em silêncio, apenas conseguiu derramar lágrimas de arrependimento pelo ato que praticara e por haver ocasionado tanto sofrimento àqueles que a amavam e eram amados por ela.

— Já passou — disse Juvenal comovido. — Sabemos como está se sentindo, pois, como vê, todos nós já passamos por esse despertar para a realidade do que nosso suicídio causou, não somente a nós mesmos, mas também a todos que nos amavam. Mas veja como estão eles hoje.

Uma tela abriu-se novamente, e Isabel viu Rafael, Constância, Francisco e Liz. Reconheceu em Liz a Fernanda de outrora e pareceu desapontada. Então, mais uma vez, não ficaria com Joaquim? Lágrimas jorravam incontrolavelmente de seus olhos. Os amigos ficaram comovidos. Juvenal, carinhoso, interferiu:

— Isabel, sabemos do seu grande amor por Joaquim desde outros tempos. Veja.

A tela mostrou Isabel e Joaquim quando eram Henrique e Ana. A moça, então, viu tudo em detalhes e lembrou-se de como foram felizes e do quanto se amavam. E depois ela fora Isabel e ele, Joaquim. Ela sorriu ao assistir aos momentos de tanta alegria nas duas reencarnações. Mas, agora, ela não estaria com ele? Por qual motivo ficariam separados? Ela sentiu ciúme de Fernanda (Liz) e mostrou-se bem desanimada com a ideia da reencarnação. José explicou gentilmente:

— Joaquim, que hoje é Rafael, será seu pai, e Fernanda, hoje Liz, será sua mãe. Nós vamos prepará-la para reencarnar, Isabel, e preparar os dois para a receberem.

E, antes que Isabel pudesse perguntar o que estava pensando, ele continuou:

— Vocês todos terão a oportunidade de estreitar os laços de amor, pois é necessário que aprendam muitas lições. Naquela ocasião, Fernanda partiu para a França com o orgulho ferido e bastante decepcionada com tudo que acontecera. Ela nutriu algum ressentimento por você e Joaquim, pois, embora estivesse contente com a nova vida na Europa, sentira-se traída por ambos. Em um primeiro momento, Fernanda até se alegrou com sua morte, pois achava que, a partir disso, teria mais atenção do marido. Na verdade, ela entrou nessa história de forma inadvertida e sem ser convidada. Joaquim, por sua vez, carregou a culpa de ter agido de maneira covarde com ambas, pois você era o grande amor dele.

Isabel ponderava sobre o que José acabara de falar, e ele continuou:

— É muito comum que, na ânsia de terem alguém — como se isso fosse mais uma obrigação do que algo que pudesse enriquecer a existência —, os encarnados se unam a pessoas que lhes causarão muito mais sofrimento e dissabores do que alegria. A impaciência durante a espera pela pessoa certa quase sempre faz as pessoas perderem a oportunidade de encontrar aquele ou aquela que, de fato, poderia contribuir para uma existência harmoniosa, em que não somente os laços do amor e companheirismo estariam presentes em suas vidas, como também cumpririam com o que foi combinado antes da reencarnação. Perdem-se, assim, os planos traçados, e tudo o que foi ajustado anteriormente acaba sendo adiado — às vezes por séculos — pela falta de paciência e precipitação dos envolvidos.

Isabel concordou com a cabeça, e ele continuou:

— Mas, voltando ao seu caso, Joaquim (Rafael) precisa aprender a valorizar os sentimentos e entender que é necessário respeitar o outro. Fazer promessas e não cumpri-las, causando sofrimento àqueles que nos amam, é uma grande falta. Quando as pessoas esperam de nós o que não podemos dar, naturalmente não há nada a ser feito. Não temos, contudo, o direito de fazer promessas que não poderemos ou não temos a intenção de cumprir nem devemos causar estragos na vida dos outros por causa de nossa leviandade.

Isabel, compreendendo as colocações do novo amigo, concordou mais uma vez com a cabeça. José fez um gesto para Juvenal, que completou os esclarecimentos:

— A princípio, você deverá ficar na Terra por poucos anos. Veja, você iria desencarnar jovem naquela vida abreviada. Joaquim e Fernanda provavelmente se casariam para cuidar da pequena que você teria do seu casamento com ele. Seria um relacionamento mais de companheirismo do que propriamente uma história de amor. Ele ajudaria Fernanda a publicar suas obras. Ela era escritora, lembra?

Isabel concordou, e José prosseguiu:

— Você terá a tarefa de despertar em Joaquim o senso de compromisso e comprometimento, pois ele se sentirá responsável pela criatura que terá como filha.

Lendo o pensamento de Isabel, José comentou:

— Sei que ainda acha estranho reencarnarmos às vezes como homem, às vezes como mulher, mas isso nos dá o equilíbrio necessário, pois dessa forma adquirimos ambas as experiências. Por um lado, mais racionalidade; por outro, mais emoção. E como tanto a força quanto a doçura nos são necessárias, pouco a pouco aprendemos a equilibrar tudo isso dentro de nós.

— Não posso negar que, visto dessa forma, tudo isso faz muito sentido.

Ele sorriu e continuou:

— Quanto às relações, às vezes somos pais, às vezes somos filhos, e, em outras, podemos ser cônjuges da mesma pessoa. Isso nada tem de incestuoso, mas, sim, nos faz experimentar e aprender dentro dos mais variados papéis. Fique tranquila, pois nem você nem Joaquim se lembrarão de que já foram um casal. O amor dos pais pelos filhos é o mais desinteressado e saudável que pode haver, pois não envolve fatores comuns aos relacionamentos conjugais, tornando mais fácil a reparação dos erros que todos nós cometemos pelas encarnações afora. O amor entre pais e filhos tem uma magia que supera barreiras e perdoa com muito mais facilidade do que aquele que existe entre casais. É por isso que a reparação se tornará mais fácil para você e Joaquim (Rafael).

— Entendo — tornou Isabel.

— Se saírem vitoriosos dessa experiência, estarão preparados para viver o amor que há tanto tempo é interrompido por diversos obstáculos e acontecimentos que, na maior parte das vezes, foram modificados por vocês próprios.

Compreendendo o que se passava na cabeça de Isabel, ele sorriu e completou:

— Sim, Isabel, vocês têm estado juntos há muitas reencarnações. As duas últimas não foram as primeiras. Esse será o ajuste final de que necessitam para acelerar o aprendizado que ainda falta a ambos.

Juvenal, percebendo o quanto aquelas informações e os novos conhecimentos adquiridos haviam impactado Isabel, acrescentou bondosamente:

— Agora, vamos deixá-la descansar um pouco. Reflita sobre tudo isso. Voltaremos a nos reunir amanhã. Está bem assim? Quer nos perguntar alguma coisa?

Isabel respondeu com um sorriso:

— Acho que por ora as informações que recebi são suficientes. Vou pensar sobre tudo o que conversamos.

Todos se despediram, e logo Isabel estava a caminho de casa, acompanhada por Eronete e Lucas. Os três caminhavam em silêncio, cada qual com os próprios pensamentos. Isabel refletia sobre tudo o que havia escutado e vivido, enquanto os amigos meditavam sobre as próprias vidas e experiências.

Capítulo 22

Anoitecia quando Eronete chegou ao jardim onde Isabel ainda estava refletindo sobre os assuntos tratados naquela manhã. Não querendo perturbar a amiga, fez menção de se retirar, mas Isabel, percebendo sua presença, chamou:

— Venha aqui ficar comigo. Acho que conversar um pouco me fará bem, pois estou cheia de dúvidas.

Sem fazer-se de rogada, Eronete sentou-se ao lado de Isabel e esperou que a amiga começasse a falar.

— Ainda não sei bem como encarar tantas coisas que estou aprendendo. É tão fantástico pensar em tudo isso como realidade, começando pelo fato de eu ter me enforcado e não ter morrido de verdade.

Ela riu, mas logo continuou:

— Além disso, saber que já reencarnei como homem ainda me causa bastante estranheza. Para mim, tudo isso parece uma história em que magia e coisas extraordinárias acontecem. Sinceramente, estou muito surpresa com tudo e com o fato de que serei filha de Joaquim. Ainda sinto um pouco de ciúme ao pensar que Fernanda conquistou o direito de estar com ele e não eu. Ero, será que, apesar de eu ter praticado o suicídio, Joaquim e eu ficaremos juntos algum dia?

Eronete ouviu a amiga com atenção e, suave e didática como sempre, começou a falar:

— Vou responder uma coisa por vez. Quanto à reencarnação, creio que você já assimilou a ideia da imortalidade do espírito, não? Não haveria justiça se vivêssemos somente uma vez, deixando coisas inacabadas, situações mal resolvidas e tantos talentos perdidos na morte do corpo físico.

Isabel concordou com a cabeça.

— A ideia de sermos homens em algumas vidas e mulheres em outras faz sentido, pois, somente assim, podemos aprender um pouco sobre cada uma das experiências. Às vezes, somos pobres; às vezes, somos ricos. Voltamos como servos e servidos para que tenhamos a oportunidade de vivenciar na pele como é ser um e depois o outro, sempre com a finalidade de evoluirmos a partir dessas diversas e variadas experiências.

Isabel parecia digerir cada uma das palavras de Eronete, que fez uma breve pausa para que a amiga pudesse assimilar o que dizia:

— Em vez de nos sentirmos repugnados com isso, devemos agradecer a oportunidade de representar diferentes papéis no grande palco das sucessivas reencarnações.

— A continuidade da vida me parece muito justa e natural, pois atesta a bondade de Deus conosco. Na verdade, é para mim um grande alívio não estar condenada ao fogo do inferno, como sempre acreditei que acontecesse com quem faz coisas que não deveriam ser feitas. Mas confesso que me causa enorme espanto nascermos às vezes homens, outras vezes mulheres, e toda essa ideia dos papéis que desempenhamos nas diversas encarnações. Acho muito bizarro. Entenda, no entanto, que tudo isso ainda me causa estranheza.

— Imagino. No início, também foi bastante inesperado aprender essas coisas. Eu achava que, todas as vezes que reencarnasse, seria mulher e acreditava que meu pai, minha mãe, meus irmãos e minhas irmãs seriam sempre as mesmas pessoas, ocupando a mesma posição. O fato de que tudo pode mudar de uma encarnação para outra me deu muito o que pensar, mas concluí que isso também é maravilhoso, pois são essas experiências tão distintas que nos ajudam e nos tornam pessoas mais compreensivas e completas.

Isabel acenou com a cabeça, concordando.

— Você sempre faz tudo parecer tão simples, certo e coerente! Tem razão. Preciso ser mais flexível. Mas sou muito velha, não? — Brincou Isabel. — Afinal, venho de um século bem diferente!

Eronete soltou uma gostosa gargalhada!

— Somos todos velhos! Mesmo assim, precisamos deixar de lado os preconceitos e as velhas crenças e nos tornar mais flexíveis, para que, assim, nossa vida possa fluir melhor em qualquer plano no qual nos encontremos.

— É verdade. Estava pensando em como a vida é rica de possibilidades e todas elas têm como objetivo o crescimento do ser humano. As ideias que nos parecem estranhas são, na verdade, grandes bênçãos disfarçadas para que aprendamos de maneira leve e com o mínimo de sofrimento possível.

— Agora você disse coisas que fazem muito sentido! É isso mesmo. Como somos ainda atrasados na nossa forma de pensar, não é? Raramente, conseguimos ver todas as oportunidades que estão à nossa volta. Tendemos a ficar presos a uma só ideia, a um só conceito, e não queremos ouvir falar de coisas que saem do lugar comum. Aliás, a história está repleta de exemplos de pessoas que foram rechaçadas por apresentarem novas ideias.

— Verdade.

Notando que Isabel demonstrava tristeza em seu semblante, Eronete buscou consolar a amiga:

— Entendo que, quando reencarnasse, você gostaria de estar junto de Rafael, ou Joaquim, mas como sua companheira, não como sua filha. Isso, contudo, deve ser conquistado por ambos. O amor de vocês se tornará ainda mais sólido com essa experiência, pois quando você foi Henrique, protegeu sua amada Ana. Na última encarnação, Joaquim não só deixou de protegê-la, Isabel, como também contribuiu para seu desequilíbrio, o que acabou levando-a a cometer suicídio. Entenda que ele não teve culpa nem pode ser responsabilizado pelo seu ato, afinal, temos nosso livre-arbítrio e você escolheu sair do palco da vida prematuramente. Então, mesmo que tenha sido provocado pela leviandade de Joaquim, o ato em si foi somente seu e também é sua a responsabilidade sobre ele. Observe que não falamos aqui em culpa. O sentimento de culpa nos paralisa e nos faz continuar a lamentar por nossos atos. A ideia da responsabilidade, por sua vez, nos faz compreender que é necessário pensar sempre que colhemos o que plantamos. Na última encarnação, você poderia ter encontrado outras saídas que não fossem o suicídio, mas optou por sair de cena, assim como eu e muitos dos que conheceu aqui.

Isabel concordou com a cabeça, e Eronete prosseguiu:

— Há quem diga que suicídio é covardia, mas essas pessoas não compreendem que esse ato é, na verdade, uma enorme vontade de abandonar os problemas que nos afligem. Se soubéssemos que, depois da vida que desejamos eliminar, viveríamos outras tantas, certamente buscaríamos saídas diferentes. O suicídio não é apenas um pedido de socorro, uma forma de estampar nosso sofrimento para os que estão à nossa volta, mas também um grito que diz que já não suportamos nossa própria dor. No entanto, se buscássemos algum tipo de socorro, nós o encontraríamos, mesmo que ele não viesse dos que estão ao nosso redor. A espiritualidade está sempre disposta a nos auxiliar, contudo, não pode fazer nada sem a nossa permissão, pois ninguém arromba portas, mas, sim, espera ser convidado para entrar na nossa vida e nos amparar. Muitos ainda tirarão a própria vida até entenderem que ninguém está só no universo, pois basta pedir para receber. Jesus disse: "Batei à porta e se vos abrirá"[8].

Isabel permanecia em silêncio, porém seu pranto mostrava que ela assimilara todos os ensinamentos da amiga. Não havia nada a comentar, pois tudo o que Eronete disse ela já ouvira anteriormente. No entanto,

---

8 "Pedi e se vos dará; buscai e achareis; batei à porta e se vos abrirá; porquanto, quem pede recebe e quem procura acha e, àquele que bata à porta, abrir-se-á." Trecho extraído do Capítulo 25, Buscai e achareis. Ajuda-te a ti mesmo, que o céu te ajudará. In: KARDEC, Allan. **O Evangelho Segundo o Espiritismo**. Brasília: FEB.

agora percebia que às vezes ouvimos algo inúmeras vezes, mas sem escutar.

É comum ouvirmos as pessoas afirmarem "eu já sei", pois, em algum momento, ouviram certas explicações. Entretanto, o fato de ouvir algo não significa que aquilo foi assimilado. Só podemos dizer que, de fato, sabemos algo, quando a explicação — ou o ensinamento — já foi interiorizada, ou seja, quando realmente entendemos aquilo e percebemos a importância do que nos foi ensinado, nos disponibilizando a cooperar, quando for o caso, não por imposição, mas pelo entendimento de que é o melhor a ser feito. Assim, Isabel divagava, enquanto Eronete permanecia em silêncio, envolvida nos próprios pensamentos.

No dia seguinte, Lucas e Eronete caminharam ao lado de Isabel, dirigindo-se mais uma vez ao edifício onde Juvenal e José os esperavam na sala aconchegante. Entraram e logo foram cumprimentados alegremente pelos amigos, que já haviam preparado tudo para que Isabel recebesse as instruções necessárias e partisse rumo à nova encarnação.

Capítulo 23

Durante o sono do corpo físico, Liz e Rafael foram levados pelos respectivos protetores até Isabel. Ao chegarem, reconheceram-se imediatamente, apesar da nova aparência dos encarnados. Todos se emocionaram, e Rafael correu para Isabel, abraçando-a ternamente e pedindo-lhe perdão, pois, já preparado pelo seu protetor, lembrara-se de toda a história vivida com ela, inclusive da triste cena em que levara o corpo sem vida da jovem para ser enterrado.

Liz, por sua vez, ficou um pouco contrariada, pois não queria reviver aqueles momentos difíceis para ela, quando descobriu que, além de não amá-la como ela gostaria, o marido nutria um grande amor pela prima. Antes que os ânimos se exaltassem, Juvenal interveio. Delicadamente, retirou Rafael dos braços de Isabel e fê-lo sentar-se ao lado dela, enquanto Eronete acomodava Liz em uma poltrona confortável, transmitindo-lhe vibrações serenas, o que a acalmou imediatamente.

— Estamos aqui para falar sobre a nova reencarnação de Isabel — disse Juvenal.

Dirigindo um olhar para Liz e Rafael, ele disse:

— Vocês serão os pais que acolherão Isabel na matéria e a trarão para suas vidas, a fim de que todos possam tirar proveito dessa nova condição. Como pais, vocês a protegerão. E, dirigindo-se para Liz, explicou amorosamente: — Esperamos que a aversão que sente por ela se transforme em amor, uma vez que precisará carregá-la dentro de si, alimentá-la e cercá-la dos cuidados de que um bebê necessita. Ao sentir que aquela pequena vida depende de você, a fragilidade da criança a comoverá, tornando mais fácil esse processo de aprender a amar alguém por quem não tem simpatia.

E, olhando para Rafael, ele continuou:

— Você terá a oportunidade de zelar por Isabel, como ela zelou por você em várias ocasiões, e de retribuir um pouco os cuidados que ela lhe dispensou durante o tempo em que estiveram juntos. Aprenderá também a valorizar os sentimentos que as pessoas nutrem por nós como algo realmente importante e, por precisar cuidar dela desde o nascimento, terá nas mãos a obrigação de fazê-la seguir os melhores caminhos para que Isabel se torne o que deseja. Você lhe dará todo o suporte e encorajamento necessários para que ela possa cumprir com sucesso a tarefa à qual se dispôs.

Finalmente, Juvenal falou com Isabel:

— Você aprenderá o amor sem posse e o desapego. Em todas as suas vidas, você soube amar, e amar muito, mas sempre teve muito ciúme de todos à sua volta.

Isabel sorriu um pouco envergonhada, pois já tivera a oportunidade de saber um pouco sobre essa característica sua. Juvenal sorriu bondosamente, como se lhe dissesse que isso ficara no passado. Ela captou a ideia e dessa vez sorriu largamente e com confiança. Ele continuou:

— Você terá também a oportunidade de aprender a valorizar a vida, que é o maior presente de todos. Desta vez, acredito que cumprirá todo o seu tempo de encarnação e viverá com alegria os pequenos e grandes momentos de sua existência. Finalmente, ao sentir gratidão por Liz lhe dar a vida, aprenderá a ter amor por ela, e não aversão. Desse modo, esperamos que, ao voltarem para o outro lado da vida, todos vocês tenham amadurecido, aprendido lições e amado de forma mais desapegada e consciente, entendendo que todos os relacionamentos exigem, acima de tudo, respeito pelos sentimentos do outro.

Todos assentiram com a cabeça. Não havia nada a discutir, pois cada qual sabia bem o que carregava dentro de si e como os sentimentos do passado faziam mal ao presente de cada um. Sim, era necessário diluir toda essa dor e todo o sofrimento que uns causaram aos outros. Instintivamente, os três se levantaram e se abraçaram, pois naquele momento parecia não haver a quem culpar ou algo pelo que se arrepender.

Encontros assim se repetiram algumas vezes até que, finalmente, foi definida a data da concepção de Isabel. Seria uma noite qualquer, mas para eles algo memorável, pois marcaria o início da reparação dos equívocos de outras vidas e do amor incondicional que estaria presente na relação entre os pais e a filha.

Respeitosamente, os espíritos entraram no quarto do casal e depositaram no útero de Liz a semente da nova vida. O perispírito de Isabel, miniaturizado[9], já estava pronto para ser recebido pelo corpo da futura mãe, e foi assim que começou uma nova etapa na existência de cada um.

---

9 A miniaturização é um processo de redução do volume do corpo espiritual, no qual o perispírito conserva suas características essenciais e mantém o registro das vidas passadas.

Capítulo 24

Os exames de Liz haviam mostrado que ela apresentava um problema no útero. Rafael conversou com um amigo que era ginecologista, e ficou decidido que ela passaria por uma cirurgia. O mioma que causava o transtorno seria retirado para que o assunto fosse definitivamente resolvido.

Na manhã em que a cirurgia seria realizada, Liz acordou bem-disposta e confiante de que tudo correria bem e que o procedimento seria bem-sucedido.

Ela levantou-se calmamente e arrumou-se para sair, pois em poucos minutos Rafael iria buscá-la. As meninas estavam na casa de Constância desde a véspera. Desceram para pegar o carro, entraram em silêncio, mas confiantes no sucesso do procedimento que seria realizado à hora do almoço.

Chegando ao hospital, Liz foi logo encaminhada ao quarto reservado para ela. Todos a conheciam, pois ela e Constância ainda realizavam regularmente o trabalho de leitura dos livros e eram muito queridas pelo pessoal que trabalhava ali. Dentro do hospital, ela ficou um pouco nervosa, pois nunca estivera ali como paciente, a não ser quando as filhas nasceram. Rafael tentava acalmá-la, dizendo que tudo ficaria bem. O casal havia combinado que ele a acompanharia na sala de cirurgia, o que foi consentido pelo doutor Fabrício, que iria realizar o procedimento.

A equipe estava solidária com Rafael e Liz, pois todos sabiam que seria um procedimento delicado, entretanto, estavam confiantes. Antes da cirurgia, a equipe que trabalhava com o doutor Fabrício costumava fazer uma prece pedindo o auxílio dos bons espíritos, para que acompanhassem o procedimento, indicando ao médico o que ele precisaria fazer em cada caso. Doutor Fabrício, que era espírita e médium, jamais deixava de consultar a equipe espiritual, que sempre o inspirava sugerindo o melhor a fazer em cada caso.

A espiritualidade está sempre pronta a auxiliar os encarnados quando eles assim o permitem. Não fazemos nada sem a permissão dos nossos irmãos encarnados, pois respeitamos o livre-arbítrio de cada um. Porém, quando as pessoas nos pedem ajuda — principalmente no fortalecimento moral e espiritual — ou para que sejam inspirados em determinados assuntos, estamos sempre prontos a prestar o auxílio necessário dentro de nossas possibilidades. Naturalmente, nós nos ocupamos de assuntos que tenham como objetivo o crescimento da pessoa e não nos ocupamos de outros que não nos dizem respeito. Assim, quando alguém nos pede consolo, alívio e forças para superar algo ou que sua mente seja iluminada para tomar decisões — nas quais não interferimos —, buscamos cooperar.

Naqueles momentos em que alguém quer cometer um ato menos digno ou até mesmo suicidar-se, procuramos falar com a pessoa para que pense melhor, buscando demovê-la de fazer coisas que possam prejudicá-la. No entanto, o livre-arbítrio prevalece em qualquer circunstância, pois, do contrário, estaríamos vivendo a vida do outro, e somente cada indivíduo pode decidir o próprio destino. Em resumo, auxiliamos, na medida do possível, a pessoa, mas a decisão cabe somente a ela.

Nota da autora espiritual

A cirurgia parecia transcorrer normalmente, quando, de repente, Liz teve uma forte hemorragia. Rafael ficou preocupado, mas, em poucos minutos, o sangramento foi contido. O doutor Fabrício não parecia satisfeito com o que encontrara ao abrir o corpo de Liz. O tumor, na verdade, era bem maior do que aparentava ser, pois uma parte estava oculta. Confiando como sempre nos amigos invisíveis que o auxiliavam, o médico conseguiu remover tudo o que precisava ser retirado para que Liz tivesse a chance de ficar bem. Enquanto dormia sob o efeito da anestesia, ela, por sua vez, recebia dos espíritos passes magnéticos para auxiliar seu restabelecimento quando a cirurgia terminasse.

Embora procurasse manter a calma e aparentar confiança, Liz, intimamente, estava bastante assustada e temia pela própria vida, pois pensava principalmente nas filhas e gostaria de vê-las crescerem. Ao mesmo tempo, sabia que não adiantava temer, pois a morte do corpo físico chega quando é o momento e a vida continua.

Na verdade, nós ainda não aceitamos plenamente a ideia da morte do corpo físico, e muitos não aceitam a continuação da vida fora da matéria. E mesmo aqueles que aceitam e sabem que ela continua são ainda muito resistentes à separação. Precisamos aprender a aproveitar os momentos com aqueles a quem amamos e pensar que cada minuto é único, insubstituível e efêmero. Assim, aprenderemos a usufruir intensamente e com mais alegria de tudo o que recebermos.

Quem vê a vida como uma simples sucessão de minutos, horas, dias, meses e anos não vive, apenas passa pela vida. É essencial entender que renascemos a cada dia para recomeçar nossa interminável jornada. É verdade que nem todos os dias são bons, mas, certamente, cada um deles traz as lições que necessitamos aprender para que possamos progredir no que diz respeito aos nossos sentimentos e à nossa maneira de agir.

Somos todos aprendizes e, aos poucos, assimilaremos as lições conforme nossa capacidade e vontade de fazer um pouco diferente e um pouco melhor do que estávamos fazendo até então. Nenhum ser está condenado a ser infeliz ou ficar estancado no meio do caminho. Somos nós que decidimos parar em vez de buscar o melhor para nós mesmos. No entanto, sempre chega o dia em que, cansados de sofrer e de não sair do lugar, nos colocamos novamente no caminho, aceitando os desafios e enfrentando o que tivermos de resolver com coragem e cabeça erguida.

De qualquer modo, a vida não tem pressa, e nós temos todo o tempo de que precisamos ou desejamos para aprender as lições. Contudo, quem não faz por si e não se coloca como realmente quer na vida não pode reclamar ao ver que todos continuam na caminhada, enquanto a pessoa permanece sem rumo ou direção.

Não somos obrigados a ir para lugar algum, mas a responsabilidade por aquilo que decidirmos será somente nossa. Não adianta escolhermos uma direção e depois desejarmos que os outros se responsabilizem por nossas escolhas. Se analisarmos essa questão de forma imparcial, veremos que, geralmente, foram as nossas escolhas que nos trouxeram resultados muitas vezes indesejáveis. Por tudo isso, é importante buscarmos o autoconhecimento, compreendermos nossos limites e sabermos o quanto, de fato, conseguimos suportar em uma situação que impusermos a nós mesmos, sem que, por vezes, tenhamos refletido sobre nossa capacidade de seguir dentro daquilo a que nos propusemos.

Concluímos, então, que a vida bem vivida nos possibilita sair do corpo físico com mais tranquilidade, pois, quando isso acontecer, saberemos que fizemos tudo o que podíamos para viver da melhor forma que as situações nos permitiram. Quanto a não sentirmos a separação física daqueles que partem antes de nós ou mesmo a nossa própria "mudança de endereço", parece que ainda há um longo caminho a percorrermos para, de fato, aceitarmos essas separações. Mas, como tudo na vida, vamos aprendendo — aos poucos e constantemente — no nosso próprio ritmo e caminhar.

Nota da autora espiritual

A cirurgia demorou muito mais do que o previsto, mas tudo correu bem no final. Recuperada da anestesia, Liz recebeu, horas depois, a visita do doutor Fabrício. Rafael também estava no quarto acompanhando a esposa.

— Como se sente?

Liz sorriu ainda fraca.

— Acho que estou bem, doutor. Ao menos não estou sentindo dores e creio que tudo tenha dado certo, não é?

O médico concordou com a cabeça.

— O tumor era maior do que os exames mostraram, mas foi totalmente retirado. Pode ficar despreocupada.

— Que bom. Isso quer dizer que logo estarei boa novamente. Agradeço ao senhor e à sua equipe pelo trabalho. Por favor, transmita a todos os meus agradecimentos.

— Farei isso.

— Sabe, doutor, eu me lembro de ter recebido tratamento espiritual enquanto estive anestesiada. Não me lembro de detalhes, mas estou ciente de tudo o que senti e ouvi nos momentos de inconsciência física.

— Vamos agradecer fazendo uma prece aos amigos espirituais que sempre nos acompanham e velam por nós?

— Nada seria mais apropriado neste momento — tornou Rafael.

O doutor Fabrício fez, então, uma linda prece que a todos emocionou:

— Somos gratos a Deus, a Jesus e aos amigos espirituais, que sempre nos oferecem o conforto necessário e nos inspiram para que possamos realizar o melhor em todas as situações. Agradecemos às incansáveis equipes de médicos, enfermeiros e voluntários desencarnados que atuam aqui no hospital e a todos os encarnados que colaboram para que tudo sempre ocorra em clima de paz e tranquilidade, mesmo diante do momento da desencarnação, que se faz necessária para o repouso da criatura antes de abraçar uma nova oportunidade de reencarnar.

Em seguida, Liz e Rafael acompanharam o doutor Fabrício na oração do pai-nosso. Terminada a prece, o médico deu a Liz as instruções cabíveis ao período pós-cirúrgico. Ela teria alta em dois ou três dias, conforme sua recuperação. Rafael ficaria com ela, pois tirara férias para cuidar da esposa e acompanhá-la até seu completo restabelecimento.

Capítulo 25

Quatro dias depois da cirurgia, Liz foi liberada para deixar o hospital. Por precaução, o doutor Fabrício a manteve internada um dia a mais. Queria que ela saísse dali completamente pronta para restabelecer-se na tranquilidade do lar e fora de perigo de uma eventual complicação. Ele sempre agia assim: gostava de deixar os pacientes um dia a mais no hospital para que estivessem prontos para prosseguir com o tratamento em casa, evitando, assim, voltar às pressas para lá.

Isabel e Elisa esperavam os pais no portão com Constância e Francisco. A pequena comitiva de recepção alegrou-se ao ver Liz naquele domingo de manhã. Todos ficariam na casa de Constância e Francisco por algum tempo, para que Liz tivesse a tranquilidade de que necessitava para recuperar-se.

A hora do almoço transcorreu com muita alegria. As meninas queriam contar para a mãe tudo o que fizeram naqueles dias. Rafael visitava as duas diariamente, mas Liz nunca ficara tanto tempo longe das filhas, e elas estavam ansiosas para falar de suas pequenas novidades.

Ao terminarem de almoçar, Constância sugeriu:

— Vamos para a sala de estar? Creio que ficará mais bem-acomodada, filha.

Liz levantou-se devagar e caminhou até a sala, onde a tia já havia preparado um cantinho do sofá para ela.

— Obrigada, tia — disse Liz. — Sempre atenta aos detalhes para que todos se sintam bem, não é?

Constância sorriu. Ela sempre fora essa pessoa amável e gentil, que não media esforços para ver todos bem. E isso não era apenas dentro da própria casa: era seu jeito de ser. Ela fazia por si e também pelo outro. Nunca alguém saía da sua presença sem se sentir melhor do que quando chegara.

Liz olhou para Constância com ternura e lembrou-se de todas as vezes em que presenciara pequenos gestos e atitudes da tia que causavam bem-estar e alegria nos outros. Constância era uma daquelas pessoas especiais que pareciam levar luz e paz para onde quer que fosse. Seus pensamentos foram interrompidos pela voz de Francisco.

— Está confortável, filha? Sente alguma dor?

— Não, tio. Estou bem e não tenho sentido dores.

— Isso é ótimo. Percebi que está mais corada. Logo estará completamente recuperada e pronta para assumir novamente suas tarefas.

Liz sorriu. O tio era um bom homem, muito atencioso e amável com todos. Gostava da sua profissão e a exercia com amor. Ao longo dos anos, havia criado em torno de si uma equipe de colaboradores que muito o estimava e sempre fazia o possível para ajudá-lo a exercer suas funções com mais tranquilidade. Enfermeiras, recepcionistas e médicos daquele hospital trabalhavam em harmonia, por isso o local era considerado um dos melhores do país na ocasião. E Francisco, mais do que ninguém, havia colaborado muito para que aquele ambiente fosse harmônico e as pessoas trabalhassem com amor.

Mais uma vez, os pensamentos de Liz foram interrompidos quando notou que Isabel olhara para Elisa e as duas olharam para a avó, que fez um sinal afirmativo com a cabeça. As duas garotinhas saíram da sala, voltando instantes depois com alguns desenhos que fizeram para Liz. Cada desenho vinha acompanhado de uma cartinha e havia um para cada dia em que a mãe estivera ausente de casa. Liz abraçou as duas meninas ao mesmo tempo e beijou-as muito, agradecendo a Deus pela oportunidade de estar com as filhas por mais algum tempo. Por fim, agradeceu a elas também:

— Obrigada, minhas meninas. Isso tem um significado inestimável. O carinho que recebemos é extremamente precioso e deve ser valorizado, pois nada no mundo pode comprar sentimentos verdadeiros. — Liz beijou-as mais uma vez e perguntou: — Posso ler em voz alta? Tenho certeza de que todos vão gostar de ouvir.

As meninas concordaram com a cabeça, e Liz foi mostrando cada um dos desenhos conforme lia as cartinhas das filhas. Todos se emocionaram com a delicadeza, sinceridade e espontaneidade das palavras ali contidas.

O resto do dia transcorreu calmamente. Conversaram, brincaram um pouco e foram deitar-se cedo naquela noite, pois, embora se sentisse bem, Liz estava bastante cansada. No hospital, ela praticamente não saíra da cama, por isso estranhou o dia mais intenso que tivera, sem dormir quase o tempo todo.

Rafael preparava-se para deitar-se ao lado de Liz, que observava o marido, admirando sua beleza. Agora, mais maduro, parecia que ele ficara ainda mais bonito. Ela, então, começou a recordar-se de quando eram bem jovens e iniciaram o namoro e se perguntou se, de fato, ele era o grande amor da sua vida. Sentia pelo marido uma grande admiração e um profundo carinho, mas não o amor arrebatador que os romances descrevem. "Talvez seja melhor assim", pensou. "Melhor o equilíbrio do que a insanidade das paixões desenfreadas, que levam as pessoas à loucura e muitas vezes fazem os relacionamentos acabarem em tragédia." Recentemente, ela lera sobre um caso de ciúme que acabara em um drama enorme para as famílias, pois o homem assassinou a namorada, que não queria continuar o relacionamento. "Deus me livre de tal situação! É muito sofrimento. Definitivamente, o equilíbrio é sempre melhor", ponderou.

Rafael deitou-se na cama com cuidado para não ficar muito perto da esposa, que riu ao perceber o receio do marido. Ele assustou-se, pois, como Liz estava com os olhos fechados, pensou que ela estivesse dormindo.

— Não sou de cristal — disse ela. — Pode se deitar sem medo de me machucar, pois não vou quebrar.

Ele riu também. Ambos continuavam brincalhões e alegres, isso era verdade, porém, o tempo transformara aquele relacionamento em uma grande parceria, em que havia cumplicidade, respeito, carinho e muita compreensão. Eram grandes amigos, mas não havia entre os dois a chama que une os casais que sentem algo a mais um pelo outro. Sentiam-se mais amigos do que propriamente marido e mulher.

Rafael, por sua vez, pensava que era assim mesmo que deveria ser, embora comparasse seu relacionamento ao dos seus pais. Eles andavam de mãos dadas, trocavam carícias e beijinhos leves na testa e na bochecha o tempo todo e já estavam casados havia muitos anos, enquanto ele e Liz eram mais formais, embora se amassem muito. "Devem existir outros tipos de amor e de relacionamento", ele pensou. Beijou a testa de Liz, que correspondeu com um carinho em seu rosto, e ambos adormeceram.

Naquela noite, algo diferente aconteceu. Fora do corpo, Rafael viu-se diante da filha Isabel, que foi se transformando na Isabel de outrora. Ele ficou confuso, mas um dos espíritos que ali se encontrava começou a explicar:

— Rafael, chegará o dia em que vocês poderão viver sua história de amor, porém é necessário que sigam dessa forma neste momento. Você negligenciou Isabel em muitas vidas, enquanto ela sempre o protegeu. Agora, chegou sua vez de protegê-la. Como pai, tem obrigação de cuidar dela da melhor maneira possível e assim o fará, pois tem um coração nobre e sentimentos dignos por suas filhas.

Outro espírito continuou a falar:

— Isabel é a criatura que você enganou e abandonou. Agora, aprenderá a ter por ela os sentimentos de respeito e cuidado que ela sempre nutriu por você. Quem ama cuida para que o outro fique bem e colabora com sua vida, para que ela transcorra em harmonia interior e exterior. Você sempre fez o contrário em relação a Isabel, e, por esse motivo, vivem no presente como pai e filha. A pequena Elisa é a filha que você teve com Isabel, quando, em outra vida, ela foi Henrique e você, Ana. Embora não a tenha negligenciado, tem a oportunidade de estar com ela ainda uma vez.

Percebendo a tristeza de Rafael, o espírito que o acompanhava falou:

— Fique tranquilo, meu amigo, pois todos nós somos aprendizes na escola da vida. Alguns aprendem mais rápido, pois assimilam melhor as lições e experiências, enquanto outros demoram um pouco mais para compreender essas mesmas lições. O que importa, contudo, é que no final todos nós aprendamos.

Rafael chorava, pois tivera alguns *flashes* das vidas que o espírito mencionara. Isabel apressou-se em dizer gentilmente:

— Acalme-se, pois todos nós estamos em um processo constante de evolução e aprendizado. Eu tirei a própria vida, não foi? Estamos todos caminhando em direção ao nosso progresso. Fique em paz, pois tudo o que desejo é que consigamos superar essa etapa e aprender o necessário para ficarmos bem e voltarmos a nos encontrar em outra oportunidade, para, enfim, vivermos nosso amor.

Rafael sorriu para Isabel e para os amigos que os acompanhavam. Concordou com a cabeça, e os espíritos lhes deram passes magnéticos, levando-os de volta para que eles pudessem continuar descansando e acordassem bem na manhã do dia seguinte.

Liz, por sua vez, encontrava-se com Antoine, o homem que fora seu marido na vida anterior, quando separou-se de Rafael, então Joaquim, para ir viver na Europa. Ao vê-lo, ela correu para abraçá-lo, e ele correspondeu contente. Os dois estavam felizes pelo encontro, e o espírito que acompanhava Antoine explicou o motivo daquela oportunidade:

— Vocês foram grandes amigos e companheiros de vida na encarnação anterior e se amam muito, por isso nosso Antoine pediu para auxiliá-la na fase que você atravessará daqui em diante. Serão tempos de muitos desafios, pois, embora o médico tenha feito um trabalho perfeito, você terá de enfrentar outra situação em breve. Nós a trouxemos aqui para que se lembre conosco de outra época em que viveu na França.

Enquanto ele falava, Liz voltava no tempo e acompanhava a narrativa.

— Veja, você está em um salão elegante. Consegue perceber o que faz lá?

— Estou buscando alguém para compartilhar alguns momentos em troca de dinheiro. Faço isso para viver.

— Sim. Você é uma mulher muito bonita e atraente, e essa foi a forma de vida que escolheu. Porém, como nessa época não havia meios de prevenir a gravidez, você acabou abortando várias vezes e feriu-se fisicamente mais de uma vez, até que, em uma dessas ocasiões, desencarnou. Antes de reencarnar como Liz, você nos pediu para reparar o mal que causara ao próprio corpo realizando tantos abortos. Para isso, pediu que tivesse esse tipo de enfermidade a fim de aprender a valorizar o aparelho reprodutor feminino, embora, naturalmente, nem todas as mulheres que têm alguma enfermidade nos órgãos reprodutores apresentem esse problema pelo mesmo motivo. Você ainda nos pediu para que tivesse ao seu lado alguém que a respeitasse e compartilhasse a vida com você, mas que fosse um amor calmo, mais de amigos do que propriamente o amor entre um homem e uma mulher. Casou-se com Rafael, o Joaquim de outros tempos, para que pudessem cuidar de Isabel e Elisa, mas estão juntos por motivos diferentes. Até aqui, tudo está caminhando conforme foi planejado por vocês antes de reencarnarem.

As palavras do espírito entristeceram Liz, que se sentiu muito mal por pensar que tirara de vários espíritos a oportunidade de nascer. Agora que entendia um pouco sobre o assunto, ela foi tomada por um sentimento de culpa, logo notado pelos espíritos ali presentes.

— Minha amiga, livre-se imediatamente desse sentimento de culpa, pois ele não lhe trará nada de bom ou positivo. A culpa nos coloca em uma situação na qual simplesmente nos condenamos, mas nem sempre fazemos algo para, de fato, reparar ou modificar o que foi feito. Veja que, ao longo do tempo, você se modificou muito, e o que importa é que hoje não agiria como naquela ocasião. Isso se chama evolução. Evoluir é compreender que nossas ações em outros tempos deixam de fazer sentido quando adquirimos novos conhecimentos. Nenhum de nós está isento de fazer coisas das quais não nos orgulharemos. Quando pensamos que fizemos certas coisas, nos sentimos muito mal ao lembrar que tivemos tais atitudes. No entanto, hoje não as repetiríamos, e é isso que conta. Portanto, descanse sua mente e seu coração.

Outro espírito acrescentou:

— Se as pessoas soubessem o quanto a culpa é inútil e maltrata as criaturas, jamais teriam tal sentimento, uma vez que ele é comparável a um lago de águas paradas, que apodrece e mata qualquer possibilidade de vida saudável. A culpa não nos leva a lugar algum; ela simplesmente fica repetindo que algo mal foi feito. A melhor atitude é reconhecer o equívoco e dali em diante viver de outra forma, e, se houver tal possibilidade, reparar aquele mal. Quando isso não é possível, o melhor a fazer é compreender e perdoar-se, buscando não mais ter o mesmo tipo de atitude.

O espírito que falara anteriormente lembrou:

— Quando Jesus socorreu a mulher que estava sendo apedrejada, ele não a culpou. Ele disse simplesmente: "Vá e não peques mais"[10]. Isso significa que é necessário nos modificarmos, e não ficarmos remoendo o que já aconteceu. Tudo o que precisamos é seguir adiante, buscando fazer o melhor e não olhar para trás, nos lamentando inutilmente pelo que passou e não pode ser modificado.

Liz concordou com a cabeça.

— Você tem vivido de maneira digna, e isso é o que de fato importa. O passado deve servir apenas para tirarmos dele o aprendizado de que necessitamos e jamais para nos condenarmos.

— Bem, Liz, nós queremos alertá-la de que você ficará ainda algum tempo no corpo físico, mas não tanto quanto gostaria. Por isso, aproveite cada minuto de sua vida e viva intensamente cada dia como se fosse o último. Aliás, seria ótimo se todos vivessem assim, pois, na verdade, nunca sabemos quando será o último minuto de nossa encarnação. Ao ouvirem isso, muitos desavisados de que a vida não termina quando o corpo físico morre, quando questionados sobre o que fariam se tivessem apenas um dia de vida, falam em todo tipo de farra e acham que isso é aproveitar a vida, quando, de

10 João 8:11.

fato, aproveitá-la significa ser feliz, viver em paz consigo e com os outros, distribuir todo o bem possível e fazer o melhor a cada minuto.

O espírito fez uma breve pausa, e Liz entristeceu-se ao ouvir que não permaneceria muito tempo no corpo físico. Queria ficar junto dos seus por vários e vários anos até estar bem velhinha. Não disse nada, pois sabia que os espíritos entendiam exatamente como ela se sentia.

Outro espírito, com aparência feminina, continuou:

— Antoine estará ao seu lado para lhe dar o suporte necessário e encorajá-la para que saia vitoriosa da prova que você mesma pediu. Entenda que não é um castigo, mas, sim, um ajuste necessário para que você deixe de sentir no fundo da alma esse incômodo, que, na verdade, é um sentimento de não merecimento. Essa sequela permanece em você depois de tantos abortos, pois ainda se sente culpada, embora na ocasião não soubesse que a vida continua após a morte do corpo físico. No fundo, você sabia que não era certo eliminar tantas vidas como fez, mas o que importa é que tenha entendido isso. Muitos acham que o aborto é uma coisa natural, pois a mulher pode dispor do próprio corpo como bem entender, e ela realmente pode. No entanto, a gravidez envolve outro ser, que está esperando encarnar — talvez há muito tempo — e, quando isso lhe é negado, ele se entristece, podendo, por vezes, se revoltar e tornar-se um inimigo daquela pessoa que não o deixou nascer, chegando até prejudicá-la de muitas maneiras.

O espírito sorriu de modo acolhedor e continuou:

— Você se arrependeu sinceramente e já conseguiu ficar em paz com cada um dos espíritos abortados. Agora, precisa ficar em paz com o próprio corpo. Entenda, no entanto, que nenhum de nós é condenado ou castigado. A reparação acontece de acordo com nossa necessidade e muitas vezes em conformidade com o que nós mesmos pedimos, para que, assim, alcancemos a paz de que necessitamos para continuar nossa jornada evolutiva.

Liz agradeceu por tantos esclarecimentos e foi levada de volta ao corpo físico. A casa estava em silêncio, e todos dormiam tranquilamente.

No dia seguinte, Liz acordou revigorada. Não sabia definir, mas algo havia mudado dentro dela, pois, inexplicavelmente, se sentia amparada e disposta a enfrentar com otimismo qualquer coisa que surgisse.

Rafael, mais animado também devido ao encontro da noite, acordou contente. Sentia-se como se houvessem tirado de cima de seus ombros um peso que já não suportava carregar. Todos, então, foram tomar o café da manhã. A mesa bem-posta tinha ao centro um bolo quentinho, o favorito de Liz, desde o tempo em que ela ia visitar os tios na infância. Ela sorriu para Constância, que, gentilmente, apontou para o bolo e sorriu também. A refeição transcorreu tranquilamente, e todos puderam conversar e colocar os assuntos em dia.

Capítulo 26

Dez anos se passaram desde os últimos acontecimentos. Na manhã seguinte ao encontro com Antoine na espiritualidade, Liz decidiu organizar seus escritos, uma vez que ela nunca parara de escrever. Publicara alguns contos e deixara tudo organizado para uma posterior publicação. Elisa, que ajudara a mãe, lhe prometera que faria publicar toda a sua obra assim que possível.

Liz estava muito debilitada agora e parecia não poder aguentar por muito tempo no corpo, que já dava sinais de profunda fraqueza. Apesar de todo o sofrimento físico, agradecia por ter resistido tanto, quando, na verdade, os médicos a desenganaram havia pouco mais de cinco anos. Impossibilitada de sair de casa, recebia a visita diária de Maria, que lhe aplicava passes e cuidava dela como a mãe que fora em outra ocasião.

Um ano antes, Maria mudara-se para um apartamento pequeno perto da residência de Liz e Constância. O cachorrinho Samba partira para o mundo espiritual, e ela não quis ficar sozinha na casa. Pouco depois de mudar-se para o apartamento, apareceu em sua porta uma menina trazendo um filhote de gato com pelagem negra.

Seus olhinhos verdes pareciam pedir socorro, e Maria reconheceu o antigo companheiro no pequeno animal.

No mesmo instante, Maria abraçou o bichano e adotou-o como animalzinho de estimação. Samba voltara para continuar a lhe fazer companhia, e ela resolveu chamá-lo de Sambinha. O nome que o cãozinho recebera foi escolhido porque, quando era filhote, o cachorrinho parecia rebolar de tanto abanar o pequeno rabo, e ela brincou dizendo que parecia que o cãozinho estava sambando. Daí o nome fora do comum do bichinho.

Maria sabia que os dias de Liz na Terra estavam chegando ao fim e já sentia saudade daquela alma querida, que, em breve, não estaria mais ao seu lado para compartilhar conversas agradáveis e falar sobre as passagens favoritas do Evangelho de Jesus. Maria, contudo, sabia que "sua menina", como ela a chamava, seria bem acolhida e estaria em boas mãos. A passagem de Liz pelo planeta fora proveitosa, pois ela foi a melhor pessoa que conseguira ser. Nunca deixou de olhar para o lado e auxiliar quem precisasse de sua colaboração e, enquanto tinha condições físicas, continuou a ir ao hospital regularmente para ler para os enfermos, inclusive alguns dos seus escritos que muito agradaram a todos.

As filhas continuaram seu trabalho, e foi assim que Isabel decidiu tornar-se médica. Queria entender melhor o corpo humano, que a fascinava desde a mais tenra idade. Logo ela se interessou em pesquisar a mente humana, vindo depois a se especializar em Psiquiatria e, posteriormente, em Psicanálise. Elisa, por sua vez, gostava de lecionar. Desde pequena, queria ensinar tudo o que sabia para as pessoas e, assim, tornou-se professora.

Era sábado de manhã, e mais uma vez a família estava reunida para o café. Liz, embora estivesse bem fraca, participou da refeição. Constância preparara o bolo favorito da sobrinha, e todos passaram momentos agradabilíssimos juntos.

Após o café, foram até a sacada para tomarem um pouco de sol. Liz adormeceu, e todos falavam baixinho para que ela não acordasse. Mas era desnecessário o cuidado, pois ela já estava sendo desligada do corpo físico. Antoine estendeu-lhe as mãos, e ela deixou-se ir calmamente, com a certeza do dever cumprido. Junto com ela, seu protetor e outros espíritos queridos deram-lhe as boas-vindas ao mundo espiritual.

Em dado momento, Isabel, que conversava com Elisa na sala, levantou-se e foi ver a mãe. Rapidamente, a jovem constatou que ali jazia somente o corpo sem vida de Liz. Reparou que a mãe sorria, como se tivesse visto alguém muito querido, e teve a certeza de que ela partira em paz.

— Família, mamãe partiu para o mundo espiritual — disse Isabel.

Todos se comoveram, e, embora soubessem que Liz não resistiria por muito tempo, a saudade já visitava os corações ali presentes. Constância e Maria abraçaram-se e choraram pensando na falta que sentiriam da presença física da filha querida, que iria recomeçar do outro lado da vida. As filhas abraçaram-se, e o pai e o avô as abraçaram também. Rafael sentiria falta da companheira e amiga com quem tinha tanta afinidade e com quem constituíra uma linda família. Ele sentia uma paz muito grande por ter vivido tão bem com Liz durante todos aqueles anos.

Sentia que fechara um ciclo importante de sua existência, embora não soubesse muito bem qual era.

Todos se uniram em oração, rogando ao Pai que Liz fosse recebida carinhosamente no plano espiritual. Cada qual falou algumas palavras de agradecimento à alma querida que os deixava para prosseguir em sua nova jornada. Esse momento ficou registrado e seria mais tarde mostrado para a homenageada, que, então, sentiria o quanto era querida por cada um dos que deixara na Terra. Vivera uma existência de paz e luz, e era assim que sua vida seria dali em diante, uma vez que cada qual colhe exatamente o que planta.

Alguns meses se passaram, e logo Liz estava bem adaptada à sua nova vida no plano espiritual. Seu desenlace fora fácil e sereno e, devido ao seu esclarecimento sobre o outro lado da vida, tudo foi bem natural. Sem o corpo físico, ela sentia o alívio de não mais ter todo o desconforto que experimentara por tanto tempo. Na Terra, tudo caminhava tranquilamente, e ela era lembrada sempre com carinho e gratidão, acolhendo cada prece e cada pensamento com muito amor.

Capítulo 27

O início do ano letivo na escola onde Elisa lecionava chegou e prometia grandes novidades. No início do período de planejamento escolar, ela foi apresentada rapidamente a um rapaz que começara a trabalhar na administração da escola e soube depois que ele era filho do dono do estabelecimento. O rapaz chegara para fazer uma série de mudanças, aparentemente bastante positivas, e, logo na primeira semana de sua administração, pediu uma reunião com todos os professores e funcionários para expor rapidamente suas ideias. Comunicou, no entanto, que posteriormente conversaria com cada um para conhecer melhor todos os colaboradores da escola. As reuniões individuais foram marcadas, e chegou o momento de Elisa falar com ele.

Durante a reunião coletiva, ele impressionara-se com Elisa, pois achou que a moça tinha um jeito muito especial. Na verdade, ele a achara lindíssima. Talvez ela não tivesse tantos atrativos físicos, mas algo nela lhe chamara a atenção, e ele estava feliz pela oportunidade de conversar a sós com a moça e saber sua opinião a respeito dos diversos assuntos sobre os quais iriam falar.

Pontualmente à hora marcada, a secretária, uma antiga funcionária da escola, anunciou:

— Tiago, a professora Elisa chegou.

— Obrigado, Dora. Peça a ela que entre.

Por algum motivo que não soube explicar, Tiago sentiu o coração bater mais forte e como se ele fosse a pessoa a ser entrevistada. Em poucos segundos, Elisa surgiu à sua frente. O vestido azul, simples, mas elegante, parecia realçar ainda mais os cabelos e olhos escuros da jovem. O sorriso destacava-se no rosto pequeno e delicado. Elisa, na verdade, era uma cópia da mãe, enquanto Isabel era mais parecida com a família paterna.

— Entre, professora. Bom dia. Seja bem-vinda. Vamos nos sentar, por favor.

— Bom dia — respondeu ela graciosamente, sentando-se no sofá em frente à poltrona que Tiago ocupava.

— Bem, espero que possamos conversar sobre suas impressões de nossa escola e que nos ajude a tornar este espaço um ambiente cada vez mais acolhedor, em que os alunos tenham vontade de estar e se sintam motivados a aprender. Todas as sugestões serão muito bem-vindas e analisadas com carinho.

Dora entrou nesse instante trazendo café fresquinho, água e alguns biscoitos.

— Com licença, Tiago.

— Obrigada, Dora! Muito gentil de sua parte ficar me mimando o tempo todo.

Assim dizendo, deu um beijo na testa de Dora, que, na verdade, era uma amiga da família, além de colaboradora na escola. Sentindo-se à vontade com o rapaz, ela disse para Elisa:

— Carreguei esse menino no colo desde que nasceu. A mãe dele e eu somos melhores amigas. Esse aqui é uma joia preciosa.

Tiago ficou meio sem graça com o elogio, e seu sorriso de menino encantou Elisa imediatamente. No dia da reunião, ela achara o rapaz muito simpático e determinado a fazer algumas mudanças muito interessantes, mas agora, vendo o lado humano dele, algo a fez sentir-se profundamente tocada por aquele sorriso.

Dora saiu da sala, e Elisa disse:

— Dona Dora é muito eficiente e prestativa. Todos gostam muito dela.

— É uma grande amiga de nossa família. Eu a considero minha tia, pois ela e minha mãe são filhas únicas e se adotaram como irmãs na juventude. Ela é minha madrinha, sabe? Tenho por ela enorme carinho e me sinto muito seguro por estarmos trabalhando juntos, pois ela conhece a escola melhor do que ninguém. Ela sabe de todos os problemas e ouve todas as queixas, inclusive aquelas menos favoráveis que fazem sobre a escola e meus pais. Ninguém imagina o quanto todas essas opiniões são valiosas, pois nos ajudam a melhorar cada vez mais. Embora esta seja uma escola pequena, nós queremos sempre dar o melhor aos nossos alunos.

— E certamente atingem esse objetivo — tornou Elisa.

Elisa e Tiago conversaram tanto que, quando menos esperavam, Dora entrou na sala novamente e anunciou:

— Filho, estou indo almoçar. Volto no horário de sempre.

Ambos se entreolharam e começaram a rir.

— Está brincando, Dora! Já é hora do almoço? — perguntou Tiago bem-humorado.

— Sim. Nem viram o tempo passar, não é?

— Bem, acho que tenho de ir então — disse Elisa.

— Não. Isto é, vamos continuar nossa conversa. — E, dirigindo-se a Dora, comentou: — A professora Elisa tem várias ideias interessantes, Dora. Vamos nos reunir com você e com meus pais para discutirmos isso melhor depois. — Tiago pensou por alguns instantes e perguntou: — Vocês têm algum compromisso agora?

As duas mulheres responderam que não.

— Que tal irmos todos almoçar lá na minha casa e depois conversarmos um pouco? Tenho certeza de que meus pais vão gostar muito.

— Bem, preciso avisar mamãe — tornou Elisa, e seus olhos encheram-se de lágrimas de saudades. — Quer dizer... vovó.

Tiago e Dora perceberam que a moça se entristecera, e ela explicou:

— Mamãe desencarnou, isto é, morreu há alguns meses, mas às vezes eu me esqueço disso.

Dora abraçou a moça carinhosamente, e Tiago ficou comovido.

— Desculpem-me — disse ela.

— Imagine! Quer ligar para sua avó? Fique à vontade. Vou avisar em casa que as levarei para almoçar, pois assim já preparam a mesa para minhas convidadas — disse Tiago.

Ao ver de novo aquele sorriso, Elisa sentiu que algo estranho estava acontecendo com ela.

Pouco tempo depois, chegavam à casa de Tiago, onde dona Pérola, a mãe do rapaz, já os esperava no jardim florido e bem cuidado da residência. Pérola e Dora abraçaram-se, e havia alegria naquele encontro das amigas, que eram mais do que irmãs. As duas estavam juntas havia muitas encarnações, sempre buscando a própria evolução e o auxílio ao próximo.

Pérola dirigiu o olhar para a jovem que os acompanhava e logo simpatizou com ela, acolhendo-a também em um abraço carinhoso. Tiago adiantou-se na apresentação.

— Mamãe, esta é a professora Elisa. Nossa conversa estava tão boa que eu a convidei para continuarmos a discutir aqui. Assim que terminarmos de almoçar, gostaria que ouvissem algumas de suas ideias.

O rapaz beijou a mãe carinhosamente e, de mãos dadas com ela, convidou Elisa e Dora a entrarem na casa. Logo depois, chegou Leonardo, o pai de Tiago, que levara os cachorros para passear.

O almoço transcorreu alegre e em paz, e, após a refeição, todos foram para a sala de estar, onde começaram a falar sobre assuntos relacionados à escola. Os pais de Tiago ficaram encantados com Elisa, que se mostrou extremamente interessada em Educação. De fato, a jovem professora tinha boas ideias para o desenvolvimento de alguns projetos que poderiam ajudar os alunos a gostarem mais de aprender.

A conversa continuou por horas e acabou se estendendo até a hora do jantar. Dora ficara para a conversa, pois tudo aquilo era também interessante para ela, que fez muitas intervenções proveitosas.

Elisa espantou-se quando a cozinheira entrou na sala e anunciou que o jantar seria servido em poucos minutos.

— Não havia notado que já estava tão tarde! Posso ligar novamente para minha avó?

— Claro, fique à vontade — respondeu Pérola indicando o telefone.

Elisa ligou para Constância e perguntou para Pérola qual era o endereço da casa, pois a avó pediria a Rafael que fosse buscá-la mais tarde quando saísse do hospital. Tiago adiantou-se e perguntou:

— Posso? — perguntou ele apontando para o telefone, enquanto o retirava delicadamente da mão de Elisa. Ela consentiu com a cabeça, e ele indagou qual era o nome da avó da jovem. Em seguida, começou a falar:

— Dona Constância, como vai a senhora?

Do outro lado da linha, Constância respondeu amavelmente:

— Estou bem, obrigada.

— Aqui é Tiago. Sou lá do colégio onde Elisa trabalha. Viemos almoçar com meus pais e Dora e estamos todos aqui em casa falando sobre assuntos referentes à escola. Desculpe-me se ocupei todo o tempo de sua neta hoje.

— Ora, não tem problema — disse Constância, pois estava ciente de que Elisa estava na casa dos patrões.

— Por favor, anote nosso endereço.

Tiago ditou o endereço a Constância e continuou:

— A senhora permite que sua neta jante conosco? Depois, eu mesmo levarei Elisa e Dora para casa. Fique despreocupada.

— Muito obrigada, Tiago. Quando vier, suba para tomar um café conosco.

— Será um prazer, dona Constância. Muito obrigado. Vou passar o telefone para Elisa.

Os dois se olharam ternamente, e esse olhar não passou despercebido aos outros, que sorriram. Dora deu uma piscadela marota para os amigos, e, pouco depois, todos se dirigiram para a sala, onde a comida cheirosa os convidava para o jantar.

— Já falamos muito sobre negócios hoje, não? — perguntou Pérola. — Todos nós estamos muito contentes por tê-la em nossa equipe, Elisa. Certamente, uma parceria muito proveitosa para a escola e uma grande amizade começam aqui.

Elisa sorriu, pois sentia o mesmo. Estava à vontade entre aquelas pessoas, e o assunto de que tratavam era extremamente importante para ela. Na verdade, eles já estiveram juntos em outras encarnações falando sobre Educação, pois eram pessoas dessa área, que sempre buscavam maneiras de desenvolver melhor esse trabalho.

Por volta das oito e meia da noite, o grupo despediu-se alegremente. Conforme fora combinado, Tiago levou as duas convidadas para suas casas. Dora morava ali pertinho e logo se despediu de Elisa e Tiago, que seguiram para a casa de Constância, onde todos passaram a morar depois da desencarnação de Liz.

Tiago e Elisa tentavam falar sobre assuntos triviais, pois, agora que estavam sozinhos, ficaram pouco tímidos.

— Você gosta de cinema? — perguntou Tiago, tentando achar uma desculpa para ver Elisa no dia seguinte, que era sábado.

Elisa, que pensava ser uma pena que no dia seguinte não haveria aula, respondeu apressadamente:

— Muito!

— Quer ir ao cinema amanhã? Posso buscá-la às cinco da tarde. Depois do cinema, poderíamos sair para jantar. O que acha?

— Vou adorar — respondeu Elisa contente.

Começaram a falar sobre filmes a que haviam assistido e logo chegaram à casa de Constância. Elisa estranhou ao ver que Tiago trancara o carro para acompanhá-la.

— Vai subir? — perguntou rindo.

— Sim! A dona da casa me convidou para um café.

— Vovó?

— Quem mais? — perguntou ele rindo ainda mais.

O elevador parecia que nunca chegaria, e o silêncio dentro dele era um pouco constrangedor, pois haveria muito a falar, mas nada a ser dito naquele momento. Os dois simplesmente se olhavam, sentindo toda a emoção do reencontro pelo qual suas almas esperavam há tanto tempo, uma vez que, antes de reencarnar, eles tinham combinado que trabalhariam juntos pela Educação.

O elevador finalmente chegou ao terceiro andar do prédio de sete andares, e Elisa abriu a porta. Na sala, todos os familiares da moça conversavam animadamente, e Tiago sentiu-se em casa imediatamente, sendo abraçado por todos.

Poucos instantes depois, Constância trazia um café cheiroso acompanhado do bolo preferido de Liz, que a avó fizera para dar as boas-vindas ao rapaz. Fora intuída que ele era uma ótima pessoa e que, em breve, faria parte da família. Assim, quis fazê-lo sentir-se muito bem-vindo entre eles.

Como não poderia deixar de ser, o assunto acabou se estendendo, e já eram quase onze horas quando Tiago examinou o relógio e disse que era hora de ir.

— Desculpem-me por abusar da hospitalidade de vocês, mas a conversa estava tão agradável que nem vi a hora passar.

Rafael respondeu:

— Tenho certeza de que todos nós gostamos de tê-lo aqui conosco, Tiago.

E todos assentiram com a cabeça, o que deixou o rapaz muito contente.

— Volte sempre. Será uma grande alegria para nós — disse Constância amavelmente. — Elisa, acompanhe Tiago, por favor.

— Claro, vovó — respondeu ela sorrindo. Sabia que a avó sentia o mesmo que ela.

Constância conseguia captar facilmente o que as pessoas estavam sentindo, e isso muitas vezes era bastante útil para saber como agir.

Elisa acompanhou Tiago. Dessa vez, o elevador parecia ir rápido demais, uma vez que logo teriam que se despedir.

— Adorei sua família — disse Tiago.

— Eles são maravilhosos — concordou Elisa. — É uma pena que minha mãe não esteja mais conosco, mas sei que de algum modo ela está.

— Você acredita mesmo nisso?

— Sim. Você não?

— Aí que está. Acredito! Amanhã, teremos muito assunto! Será ótimo!

Elisa sorriu. Queria ficar conversando com Tiago para sempre e mais um pouco. "Seria ótimo o dia seguinte e todos os dias seguintes também", pensou.

Após cumprimentarem o porteiro, os dois jovens alcançaram a rua. Tiago sorriu, e ela sentiu-se nas alturas, pois aquele sorriso a fazia recordar-se de algo que não sabia o que era, mas que a transportava para uma infinidade de boas lembranças.

— Boa noite — disse ele. — Quero que saiba que esse foi um dos dias mais felizes da minha vida. Adorei conversar com você. Tinha saudade...

De repente, Tiago parou um pouco surpreso com o que acabara de dizer e consertou a fala:

— Tinha saudade de falar com pessoas que partilham dos mesmos interesses que eu e que tenham minha idade.

Elisa ficou surpresa, pois também sentia que tinha saudade. Saudade dele. Os dois se olharam como se palavras fossem inúteis e dispensáveis naquele momento. Ele segurava as mãos da moça e começou a beijá-las com carinho. Ao contrário do que Tiago poderia esperar, pois achava que havia se excedido, Elisa sorria, e, instintivamente, eles se abraçaram.

O rapaz, então, beijou-a ternamente, e Elisa deixou-se ficar naquele beijo e naquele abraço que havia tanto tempo esperava. Meio sem graça, sorriram, e ele disse:

— Nos vemos amanhã então. Sonhe comigo.

Tiago deu um beijo na testa da moça, ambos sorriram, e ele se foi.

Capítulo 28

Elisa voltou para casa e deu de cara com Isabel, que logo comentou:

— Gostamos muito dele, Elisa. Ficamos contentes que esteja trabalhando com gente que fala sua língua em termos de Educação. Vocês farão lindos projetos juntos, pode ter certeza.

Os outros familiares concordaram e começaram a falar sobre a importância da Educação na vida dos indivíduos e de como ela pode mudar o mundo. Muito discretos, ninguém fez perguntas naquele momento sobre Elisa e Tiago, pois respeitavam a individualidade da jovem, que certamente falaria o que tivesse vontade no momento que achasse adequado.

Depois de conversarem mais um pouco, todos foram se deitar. Naquela noite, Elisa sonhou, ou melhor, foi levada ao local onde Tiago já a esperava. Ambos estavam acompanhados de seus protetores e sorriram ao se verem. Uma mulher linda, que tinha o brilho de uma estrela — porém fazia-se menos luminosa para não ofuscar a vista de ninguém —, começou a falar.

— Meus queridos, conforme foi planejado, vocês acabaram de se reencontrar. Logo estarão casados, e haverá muitos desafios a vencer. Porém, o amor de vocês e o compromisso que assumiram antes de reencarnar lhes darão a força necessária para vencer todos os obstáculos. Amem-se muito, sejam fiéis aos propósitos que firmaram antes da reencarnação e saibam que sempre os auxiliaremos na medida do possível para que façam o melhor pelo futuro de nossos jovens no que se refere à Educação. Lembremos que é por meio dela que se abrem novos horizontes e que formamos cidadãos conscientes de seus deveres e direitos, preocupados com o próprio bem-estar, mas que também estendem essa preocupação para seu entorno, para, assim, construírem juntos uma sociedade mais saudável.

Depois de algum tempo, os dois retornaram aos seus corpos físicos e, no dia seguinte, acordaram com boas ideias que iriam compartilhar naquela noite.

Elisa acordou contente, pois, embora não se lembrasse do sonho que tivera, trazia consigo as boas impressões que aquela reunião no astral lhe causara. Ela e a irmã partilhavam o mesmo quarto e estavam acostumadas a conversar antes de dormir. Na noite anterior, Isabel fora atender uma emergência no hospital quando a irmã se recolhia para dormir. Com certeza, voltara tarde, mas, tão logo Elisa acordou, Isabel mexeu-se na cama e abriu os olhos. Sorriu para a irmã e comentou:

— Apague a luz, por favor!

Como o quarto ainda estava escuro, pois entrava somente um raio de luz pela fresta da janela, Elisa pensou que a irmã estivesse dormindo e, sem entender, perguntou:

— Que luz?

— A sua! Sinto daqui que está brilhando, e seu brilho está ofuscando meus olhos cansados.

Elisa levantou-se da cama e saltou para cima da irmã.

— Ah, é? Vou lhe fazer cócegas até que perca o fôlego. — E começou a fazer cócegas em Isabel, que ria alto. Ambas tinham essa brincadeira desde pequenas. Constância, ouvindo a algazarra, entrou no quarto e foi juntar-se às netas.

— Socorro, vovó! — dizia Isabel, enquanto Elisa ria da irmã.

As duas irmãs sentaram-se na cama e abraçaram-se. Constância olhou para as jovens e, nesse momento, elevou o pensamento e abençoou Liz, que lhe dera de presente netas tão queridas. Do outro lado da vida, Liz colheu o agradecimento como se fosse uma flor e enviou de volta seu carinho. Ela ainda não podia visitar a família, mas recebia as boas vibrações que lhe enviavam e reconhecia que era muito amada e lembrada por aqueles que deixara aqui na Terra.

— Venha cá, vovó — pediu Elisa.

As duas irmãs abraçaram a avó e lhe fizeram cócegas. Constância ria. Nesses momentos, as jovens ainda pareciam crianças, e ela lembrou-se de quando eram pequenas. Eram muito diferentes na aparência e no jeito de ser, mas Constância nunca vira duas pessoas tão diferentes serem tão iguais em algumas coisas, principalmente nas opiniões acerca da vida e nas atitudes mais acertadas a tomar nas diversas situações. Era como se uma completasse a outra. Às vezes, pareciam mãe e filha, pois, apesar da pouca diferença de idade, Isabel cuidava de Elisa com esmero — como fazia quando a tivera como filha em outra encarnação.

Constância saiu do seu devaneio e convidou:

— Venham tomar café.

— Só vamos escovar os dentes e lavar o rosto — disse Isabel.

Minutos depois, as duas estavam à mesa com a família. A conversa seguia animada, quando Elisa falou um pouco sem graça:

— Tiago me convidou para ir ao cinema hoje.

— Não disse? — comentou Isabel cutucando a irmã.

Ambas riram, e todos começaram a rir sem saber o motivo. Pouco depois, Rafael perguntou divertido:

— Podemos saber por que estamos rindo?

Isabel respondeu:

— Estão vendo alguma coisa diferente em Elisa?

— Sim — tornou Constância. — Ela está iluminada.

As irmãs começaram a rir novamente, e Isabel explicou:

— Quando acordei, pedi a Elisa que apagasse a luz, pois estava ferindo meus olhos recém-abertos. Está vendo, maninha? Todos estão vendo essa luz em você.

Elisa ficou corada, mas riu também. Rafael tentou acudir a filha.

— Tiago parece um bom rapaz, e todos nós gostamos muito dele. Se vocês quiserem ficar juntos, desejamos que sejam muito felizes. Tenho certeza de que falo por todos.

E, como se tivessem combinado, também dessa vez, todos assentiram com a cabeça.

Capítulo 29

O dia custou a passar, mas, quando a tardezinha foi chegando, Elisa começou a ficar nervosa. A avó e a irmã a ajudaram a escolher a roupa e arrumar o cabelo. Ela estava linda. Era uma cópia da mãe: delicada e pequena, de cabelos escuros e pele muito branca, que destacavam os olhos quase negros. Ela vestia um *tailleur*[11] muito elegante na cor bege, calçava sapatos bicolor nas cores bege e café e bolsa combinando, como era moda naquele tempo.

Às cinco em ponto, o porteiro anunciou Tiago, que subiu em seguida para cumprimentar a família da jovem. Estava elegantíssimo com uma calça azul-marinho e um pulôver sobre a camisa azul-clara, segurando nas mãos o paletó. Elisa achou-o lindíssimo e encantou-se ao vê-lo tão bonito para sair com ela. Logo atrás de Tiago, Isabel fez um sinal de aprovação, o que fez Elisa corar. Ele, contudo, não percebeu o que acontecia, pois estava cumprimentando os avós e o pai das moças.

Logo depois, os dois saíram, não sem antes Constância convidar o rapaz novamente para um café.

11 Saia e casaquinho do mesmo tecido.

Ele garantiu que, na volta, subiria nem que fosse por dez minutos.

No elevador, Tiago abraçou Elisa e beijou-a dizendo:

— Você está linda! Parece uma boneca que a minha mãe tem.

Ela riu com o comentário do rapaz, que acompanhou sua risada. Entraram no carro e, em poucos minutos, chegaram ao cinema. Tiago, então, se adiantou para comprar os ingressos, e logo o filme começou. Era uma história de amor muito bonita.

Tiago segurou a mão de Elisa durante todo o filme. A moça estava muito emocionada, pois era a primeira vez que ficava de mãos dadas com alguém no cinema e estava contente por ser Tiago essa pessoa.

Quando o filme terminou, saíram do cinema, e Tiago abraçou Elisa, sugerindo que fossem a um restaurante ali perto, onde poderiam conversar um pouco e comer alguma coisa. A moça ficou um pouco sem graça, pois nunca fora a um restaurante com alguém que não fosse de sua família, mas estava achando tudo bastante divertido e gostou muito da nova experiência. Sentindo-se à vontade, ela e Tiago começaram a comentar sobre o filme, e o assunto foi caminhando para o romance dos protagonistas. Tiago falou decidido:

— Elisa, quero mesmo namorá-la e, se tudo der certo, isto é, se achar que sou a pessoa certa para compartilhar a vida com você, poderíamos nos casar em breve. O que acha? Não sei explicar o motivo, mas tenho certeza de que você é a pessoa com quem quero passar essa vida toda e a próxima também.

Elisa sorriu, pois sentia o mesmo desde quando o viu na reunião da escola. Sonhara com ele naquela noite, e, no sonho, Tiago a pedia em namoro. Ela só não imaginava que aquilo se tornaria realidade tão depressa.

— Se você concordar, gostaria de pedi-la em namoro para sua família quando eu for à sua casa. Posso?

Ela assentiu com a cabeça, e os dois ficaram de mãos dadas enquanto esperavam a comida chegar.

Após o jantar, saíram do restaurante rapidamente, pois Tiago estava ansioso para falar com a família de Elisa. Chegando lá, encontraram todos reunidos jogando Ludo[12]. Como todos já aguardavam novidades, pararam de jogar imediatamente para recepcionar os recém-chegados.

Em poucos minutos, Constância trazia o café cheiroso acompanhado por biscoitos que ela e as netas haviam preparado durante o dia. Tiago adorou os biscoitos, e Constância contou que era uma receita muito antiga de sua avó.

O rapaz começou a falar um pouco sem graça, pois nunca havia feito isso antes. Olhou para Elisa, que, sentada ao lado dele, o encorajou com o olhar.

— Dona Constância, Isabel, senhores Rafael e Francisco... Elisa e eu estamos gostando muito um do outro, e eu lhes peço consentimento para que possamos namorar.

Isabel espontaneamente bateu palmas, e os outros a acompanharam. Tiago riu, e Rafael respondeu:

---

12 Jogo clássico de tabuleiro para dois a quatro participantes, no qual os jogadores movimentam seus peões conforme o número que aparece no dado. Ganha quem consegue colocar todos os peões na casa final do tabuleiro.

— Você causou uma ótima impressão em todos nós, rapaz, e estamos contentes em tê-lo na nossa família. Seja muito bem-vindo.

Um a um, todos abraçaram Tiago, que se sentiu muito acolhido. Antes de se despedir, ele fez um convite:

— Eu disse aos meus pais que iria pedir Elisa em namoro, e eles convidaram a todos para almoçarmos juntos amanhã em nossa casa. Posso confirmar que irão?

— Claro — disse Francisco. — A que horas devemos ir?

— Ao meio-dia. Está bom para vocês?

— Está ótimo, não é? — perguntou Rafael, e todos concordaram.

— Podemos levar uma convidada nossa? — perguntou Elisa. — Amanhã será domingo, dia de nossa avó postiça almoçar conosco.

— Dona Maria, de quem me falou? — perguntou Tiago. — Claro! Ela será muito bem-vinda.

No domingo, ao meio-dia, o grupo de visitantes chegava à casa de Tiago. O rapaz fora buscar Elisa e trouxera Isabel e Rafael consigo, enquanto Constância, Francisco e Maria foram em outro carro. Dora também fora convidada, pois sempre almoçava com a família dos amigos aos domingos. Em poucos minutos, todos já estavam entrosados, e a conversa transcorria alegre. Passaram horas agradáveis como velhos amigos e nem parecia que tinham acabado de se conhecer.

A partir daquele dia, a família aumentou, e, conforme fora previsto, Elisa e Tiago decidiram se casar em breve. Os preparativos corriam por conta das mulheres, que cuidavam de todos os detalhes da cerimônia. Ficara decidido que Elisa e Tiago iriam morar perto da escola, que ficava entre a casa das duas famílias. Ele comprou um apartamento e deixou Elisa encarregada da decoração. Quando discordavam de algum detalhe, buscavam uma terceira opção para que tudo ficasse do gosto de ambos.

Um ano depois de se conhecerem, recebiam-se em matrimônio. A recepção teve a presença apenas dos amigos mais íntimos, pois os noivos não queriam nada muito grande. Na escola, comemoraram o enlace com os funcionários e os alunos, mandando fazer um lindo bolo e diversos salgados, que foram servidos a todos durante o recreio, que se estendeu até a hora da saída dos alunos. Assim, todos ficaram satisfeitos e participaram das comemorações.

Os noivos viajariam em lua de mel na semana seguinte, aproveitando o início das férias escolares. Seriam quinze dias inesquecíveis, em que poderiam fazer planos para o futuro e descansar. Passariam cinco dias no Rio de Janeiro e, em seguida, viajariam para a Argentina.

Isabel sentia-se feliz pela irmã, que estava visivelmente encantada com a nova vida que escolhera. Sentia falta da companhia de Elisa, principalmente na hora de dormir, pois era o momento em que colocavam os assuntos em dia e trocavam confidências. A fim de apaziguar um pouco a saudade, uma vez que a vida não seria a mesma sem esse convívio diário entre as irmãs, Constância procurou ficar mais perto da neta, principalmente na hora de dormir.

— E você, filha? Nunca teve um namoro firme, parece que foge de relacionamentos, embora seja jovem, bonita, inteligente e bem-sucedida profissionalmente.

Isabel sorriu de forma enigmática, como se nem ela mesma pudesse desvendar esse mistério do seu coração.

— Verdade, vovó. Não tenho interesse por absolutamente ninguém. Dentro de mim há uma certeza de que o amor verdadeiro, aquele que de fato eu espero encontrar, não é para esta vida. É como se eu soubesse que, por mais que procure, nunca encontrarei a pessoa que minha alma deseja para ser meu companheiro de jornada. Mas estou bem assim. Para mim, basta ter vocês aqui comigo. Isso é mais do que suficiente. Quando quero, passeio, faço coisas de que gosto, e está bom demais para mim. Não sinto falta de nada. Sinto-me completa, apesar de não ter uma família como todas as moças sonham.

Constância, por um momento, pareceu vislumbrar algo além do tempo, além daquela vida, e conseguiu compreender — mesmo sem entender como — exatamente o que a neta sentia. Por um instante, ela pareceu saber que, de fato, nada seria como Isabel gostaria, pois, na presente encarnação, não havia a menor possibilidade de ela estar com a pessoa amada.

A conversa continuou sobre assuntos diversos até que, vencidas pelo cansaço, as duas fizeram suas orações e foram dormir. E, naquela noite, Isabel sonhou com o homem amado. No seu sonho, ela era a Isabel de sua última encarnação, e à sua frente estava Joaquim, tal qual ela se recordava dele.

— Nem sei se ele é tão bonito assim, mas, para mim, não há ninguém mais lindo neste ou em qualquer outro mundo.

Joaquim aproximou-se de Isabel e tocou seus cabelos, depositando um beijo na testa da moça, que estremeceu ao sentir o amado tão perto de si. Naquele instante, ela lembrou-se de que, na encarnação presente, ele era seu pai. Como por encanto, todo o sentimento pareceu esfriar, como se não houvesse ali nada de correto. Ela entendeu que não podia amar o pai como homem e, na mesma hora, sentiu-se muito envergonhada. Constrangida, levou as mãos ao rosto e pôs-se a chorar. Deixaram que ela chorasse até esvaziar o sentimento de tristeza e impotência diante daquela situação tão triste e embaraçosa. Douglas, um dos espíritos ali presentes, esclareceu:

— Em nossas diversas encarnações, trocamos de papéis inúmeras vezes, e isso é permitido para que experimentemos as emoções em contextos diferentes. Sabemos que seu sentimento por Joaquim é puro, e você já resgatou todos os equívocos da encarnação em que estiveram juntos e em que abandonou a oportunidade da vida. Agora, ele está como seu pai, pois precisa aprender a amar e se responsabilizar por aqueles que de algum modo estão sob sua custódia. É importante lembrar que, embora não possamos ser responsáveis pelos atos das outras pessoas, somos responsáveis por aquilo que nossos atos deliberados provocam na vida de outros. Então, o fato de Joaquim a ter iludido e depois agir de maneira inconsequente acarretaram para ele a necessidade desse aprendizado. Hoje, ele sabe a importância de ter uma família e zelar por ela, pois foi um bom marido e é um ótimo pai.

Nesse instante, Isabel viu Liz e reconheceu na mãe a rival de outros tempos. Ao mesmo tempo em que ia abraçar a mãe da última encarnação, ela recuou ao lembrar-se da antiga rival. No entanto, o bom senso e o sentimento de gratidão pela oportunidade da reencarnação que lhe fora dada pela mãe venceram, e, comovida, Isabel correu a abraçar Liz.

O abraço foi largamente correspondido e foi como um diálogo, no qual todas as pendências do passado foram resolvidas. Depois de algum tempo, Liz afastou Isabel delicadamente, segurou as mãos da jovem e, olhando para ela com ternura, disse:

— Deixe-me vê-la! Que saudade desse rostinho e desses olhos tão expressivos. Que saudade do seu abraço carinhoso e das palavras que sempre tinha para mim.

Isabel sentiu que a situação anterior de animosidade entre elas havia sido definitivamente encerrada e sorriu agradecida. Joaquim chorava, comovido por ver que, finalmente, as duas estavam em paz, e contente, pois, no futuro, poderia viver ao lado de Isabel.

Um homem apareceu e ficou ao lado de Liz, que, contente, o apresentou:

— Esse é Antoine, o meu companheiro de jornada. Já estivemos juntos em outras encarnações e pretendemos, em uma nova oportunidade, continuar projetos iniciados em outros tempos e resolver algumas pendências.

Douglas, mais uma vez, esclareceu:

— Isabel, em breve, você retornará à pátria espiritual. Como bem sabe, teve um acréscimo de muitos anos em sua atual encarnação, pois iria fazer coisas importantíssimas em prol dos doentes da mente, o que, aliás, vem fazendo com muita competência. Seu tempo nesta encarnação, contudo, está terminando e é hora de ultimar as providências para deixar seus escritos disponíveis para quem desejar continuar sua tarefa. Fique despreocupada, pois tudo correrá de maneira tranquila. Embora já esteja sendo alertada para isso, haverá tempo suficiente para terminar o que começou, isto é, colocar no papel todas as suas observações a fim de vir para cá despreocupada.

Percebendo certa inquietação em Joaquim e Isabel, Douglas os tranquilizou:

— Não vai demorar muito para que vocês estejam juntos novamente e livres para seguirem como desejam, formando uma família e vivendo essa história que ficou pendente na vida de ambos.

Mais uma vez, Joaquim aproximou-se de Isabel, beijou sua testa e abraçou-a demoradamente. Isabel e Joaquim, seu pai na encarnação presente, foram levados aos seus aposentos e, no dia seguinte, acordaram com as impressões daquele encontro.

Capítulo 30

Ainda era muito cedo quando Isabel acordou. A casa estava em silêncio, e o pai estava na cozinha lendo o jornal. Ela abraçou-o como sempre fazia, e, naquela manhã, eles ficaram conversando bastante como havia muito tempo não faziam. Isabel falou ao pai sobre seus projetos que estavam em andamento, enquanto ele a ouvia muito interessado. Quando Constância e Francisco chegaram, eles ainda estavam animadíssimos com a conversa, e todos começaram a falar sobre como a mente humana é interessante e o quanto haviam aprendido sobre o assunto em suas respectivas funções. Isabel disse que iria colocar tudo isso em anotações organizadas para que servissem de estudo para alguém que se interessasse pelo tema. Assim, embora não se lembrasse do que ocorrera no plano espiritual na noite anterior, faria exatamente o que lhe fora proposto.

O tempo passou rapidamente, e logo Elisa deu à luz sua primeira filha. Bianca nasceu em um dia muito claro, logo pela manhã, motivo pelo qual recebeu esse nome. Embora quisesse dar à criança o nome da mãe, mudou de ideia no último minuto. Ao ver a carinha da filha, ela e Tiago concordaram que Bianca era um nome que trazia paz, serenidade, e combinava com a criança.

Isabel, que ficara ao lado de Elisa o máximo possível durante a gravidez, estava deslumbrada com a sobrinha e sentiu tristeza ao pensar que talvez não visse a menina crescer. Ao mesmo tempo, balançou a cabeça, como se quisesse espantar os pensamentos inconvenientes para um momento de tanta alegria que era estar ao lado de Bianca.

Luísa chegaria algum tempo depois, trazendo ainda mais alegria para a família. Embora pequenina, Bianca recebeu a irmãzinha com muita festa, pois agora teria uma companheirinha para suas brincadeiras. As meninas cresciam saudáveis e eram muito alegres.

O coração de Isabel transbordava de amor pelas sobrinhas, e ela jamais perdia qualquer oportunidade de estar junto delas. Gostava de brincar com as meninas e as enchia de mimos e carinhos. Elas, por sua vez, alegravam-se com a presença da tia sempre tão amorosa.

Cada vez mais, Isabel fazia atendimentos e anotações, esperando que pudessem ajudar outros colegas também dedicados aos cuidados e ao tratamento da mente humana. A médica fez grandes progressos com suas descobertas e, estudiosa, buscava todas as técnicas disponíveis e o conhecimento necessário para que seus pacientes tivessem sempre um bom tratamento e a melhor solução para cada caso.

Certa manhã, Isabel acordou com uma terrível dor de cabeça. Rafael levou-a imediatamente ao hospital, e, ao chegar lá, ela desencarnou imediatamente, sem que houvesse tempo para socorrê-la. Abalada, a família, embora soubesse da continuidade da vida, sentiu o chão faltar sob os pés. Isabel se foi, deixando em seu lugar aquela cadeira vazia que jamais seria ocupada por quem quer que fosse.

Cabe aqui esclarecer que a maioria das pessoas que acredita na continuidade da vida e na reencarnação sente a partida de alguém para o outro lado da vida tanto quanto aquele que não acredita em nada disso. Sentir saudades e falta da presença física de quem "mudou de endereço" é natural, e tal sentimento deve ser respeitado.

Eu, Roberta, acho que cada um precisa viver seu luto e acredito que os que estão à sua volta devem entender o que a pessoa está vivendo e a forma como está agindo. Naturalmente, não me refiro aqui ao apego exagerado, que atrapalha o desencarnado ou a vida da própria pessoa. Estou falando de saudades, não de desespero; de sentir falta, não de exigir que a pessoa se comunique; ou sobre a aflição de achar que o outro não tinha o direito de partir, o que, na verdade, não depende do querer de ninguém.

Vejo muitos criticando aqueles que se entristecem pela ausência da presença física das pessoas queridas e vejo nisso uma falta de empatia, pois cada um lida com o assunto como sabe e consegue. É necessário respeitar a forma como cada um sente e se comporta diante da hora do adeus. No entanto, é preciso buscar o equilíbrio e o entendimento por meio de orações redobradas e de leituras ou conhecimentos que possam contribuir para que a dor se acalme.

Nota da autora espiritual

Os restos mortais de Isabel foram enterrados no jazigo da família ao lado dos restos mortais de Liz. Rafael estava derrotado. Embora acreditasse na continuidade da vida e na reencarnação, o fato era que perdera uma grande amiga e companheira de jornada, pois, entre outros assuntos, a filha discutia com ele diversos temas relacionados à medicina, e ambos aprendiam muito um com o outro. O avô, por sua vez, sentia que mais aprendia do que ensinava à neta e a julgava um gênio em assuntos relacionados à mente humana.

Muitas foram as flores e muitos foram os sentimentos de condolências recebidos pela família, que, embora tivesse fé e conhecimento da vida futura, estava devastada pela ausência daquela alma gentil, prestativa e sempre disposta a auxiliar e contribuir. Isabel ficara incumbida de contar histórias aos doentes quando a mãe ficou impossibilitada de fazê-lo, e, assim, todos os internados e ex-enfermos comoveram-se com a partida da jovem médica, que sempre tinha a palavra de conforto na hora certa.

Pouco tempo depois da partida de Isabel para o outro lado da vida, foi inaugurada uma capela no hospital à qual deram seu nome, pois ela gostava de recolher-se lá para orar. A médica escolhera um canto para recobrar as energias e lá permanecia em silêncio para meditar e descansar por alguns momentos. A capela tinha a finalidade de acolher quem quisesse orar ou descansar da própria dor, independentemente de ter ou não uma crença ou da religião que tivesse.

No plano espiritual, Isabel despertou serenamente. Era tempo de recomeçar. Como gostava da aparência que tivera na encarnação anterior à sua última, adotou--a. Assim, passou a esperar por Joaquim, enquanto este prosseguia sua vida de trabalho e aprendizado.

Capítulo 31

Deste lado da vida, os anos passaram-se rapidamente. A escola de Tiago e Elisa fazia sucesso por sua proposta pedagógica, que visava ao aprendizado dos alunos e tinha como meta fazê-los gostar de estudar.

As pesquisas que Isabel deixou no campo do tratamento de diversas condições psiquiátricas e os métodos por ela utilizados para cuidar dos doentes ajudaram o núcleo onde ela vivia. Em um tempo em que a comunicação entre as pessoas era mais difícil pela falta de recursos tecnológicos, seus manuscritos e textos datilografados foram a base de vários estudos feitos posteriormente, e muitas de suas ideias espalharam-se mais tarde por outros lugares.

> *É assim que acontece: a nossa contribuição sempre fica. Por isso, é muito importante fazermos nosso melhor enquanto estivermos encarnados, pois sempre deixaremos algum legado e alguma lembrança que seja útil para quem fica. Desde uma simples receita de bolo até uma grande descoberta*

para a humanidade, tudo aquilo que fazemos para que o outro seja beneficiado de algum modo é contribuição. Muitos cruzam os braços por acharem que, como não podem fazer grandes coisas, é melhor não fazerem absolutamente nada e, assim, perdem a oportunidade de deixar algo para as pessoas ao seu redor.

Nota da autora espiritual

Certo dia, Rafael acordou sentindo-se mal. Constância chamou Francisco, que chegou em seguida para examinar o filho. Ele estava tendo um ataque cardíaco. Não adiantou nada chamar a ambulância, pois, quando ela chegou com a equipe, Rafael já havia desencarnado.

No plano espiritual, ele foi recebido por Isabel, que agora se mostrava para ele como na encarnação em que o casal acabou por se separar. Ela acolheu-o em seus braços e convidou-o a se deitar na maca que lhe era oferecida por amigos que estavam lá para recebê-lo, entre eles Liz.[13]

Rafael, então, foi encaminhado para o devido tratamento e, pouco tempo depois, embora sentisse saudade dos que haviam ficado na Terra, já havia se recuperado e estava totalmente familiarizado com sua nova situação: a de desencarnado.

---

13 Questão 160
— O Espírito se encontra imediatamente com aqueles que conheceu na Terra e que morreram antes dele?
— Sim, conforme a afeição que lhes votava e a que eles lhe consagravam. Muitas vezes aqueles seus conhecidos o vêm receber à entrada do mundo dos Espíritos e o ajudam a desligar-se das faixas da matéria. Encontra-se, também, com muitos dos que conheceu e perdeu de vista durante a sua vida terrena. Vê os que estão na erraticidade, assim como vê os encarnados e os vai visitar. *In*: KARDEC, Allan. **O Livro dos Espíritos**. Brasília: FEB.

Capítulo 32

Certo dia, Rafael e Isabel conversavam sentados em um banco do imenso jardim perfumado que havia na colônia que era agora seu novo lar.

— Não entendo por qual motivo não pudemos ser marido e mulher na última encarnação — disse ele.

— É simples. Todo amor é valioso, porém o amor entre pais e filhos tende a ser o mais verdadeiro e puro, pois não envolve a paixão, que sempre acaba atrapalhando os relacionamentos. Ter um filho é uma experiência inigualável, pois eles chegam frágeis, requisitando cuidados que os pais precisam oferecer para assegurar a sobrevivência do ser que está sob sua responsabilidade. Dessa forma, os pais amorosos fazem todo o possível — dentro de sua possibilidade, naturalmente — para que não falte nada aos filhos e para que, assim, eles possam se desenvolver e mais tarde caminhar pela própria estrada.

Rafael entendeu o que Isabel lhe dizia. Sim, ele fora o melhor pai que pôde ser para suas meninas. Ele faria qualquer coisa por elas e nunca medira esforços para contribuir da melhor maneira para que se tornassem as grandes mulheres que, de fato, se tornaram. Entendeu que fazia sentido ter sido o pai de Isabel na encarnação pretérita.

— Se eu não fosse sua filha na última encarnação, talvez repetíssemos os equívocos do passado, uma vez que, em vidas anteriores, fomos ciumentos e possessivos demais, nos abandonamos, e eu acabei tirando a própria vida. Hoje, nossa maturidade emocional nos permite viver um amor verdadeiro, sem os excessos das paixões, que sempre estragam os relacionamentos. É justo que, daqui em diante, tenhamos uma vida de casal, mas que possamos trabalhar em prol de todos os nossos irmãos, isto é, da humanidade, uma vez que ainda precisamos aprender a amar e repartir esse amor com aqueles que estão ao nosso redor.

Rafael escutava Isabel, admirado com a forma tão natural que ela falava sobre o assunto, e refletia sobre as coisas que ela dizia. Quantos relacionamentos não eram destruídos por ciúme excessivo, desconfiança, sentimento de posse, falta de comprometimento e interesses escusos? Relacionamentos — sejam eles quais forem — podem ser melhores se a base de tudo for o respeito e a compreensão. Naturalmente, o amor tem também sua contribuição, mas, sem respeito e compreensão, um relacionamento pode se tornar tóxico para os envolvidos.

Embora nada daquilo fosse novidade para Rafael, pois sempre costumavam conversar a respeito de relacionamentos, ele sentia que, estando desencarnado agora, o assunto parecia-lhe ter ainda mais profundidade. Além disso, a lógica com que tudo aquilo lhe era apresentado por Isabel foi absorvida imediatamente por ele, como se nunca houvesse de fato entendido o que lhe parecia tão claro naquele momento. "Sim, saber é bem diferente de compreender e aceitar."

Isabel, que conseguia ler os pensamentos de Rafael, riu e, batendo palmas, disse:

— Parabéns! Você aprendeu direitinho todas as lições que lhe foram ensinadas.

Rafael riu também. Em poucos meses na colônia, havia aprendido muito e sentia-se uma nova pessoa.

Algum tempo se passara desde a desencarnação de Rafael e lhe foi permitido visitar, na companhia de Liz e Isabel, os entes queridos que ficaram na Terra. Rafael, que teria essa experiência pela primeira vez, estava bastante feliz com a ideia de rever pessoas e lugares. Queria muito ir também ao hospital e ver como estavam as coisas por lá.

No dia e horário combinados, os três, acompanhados de Juvenal e Eronete, estavam prontos para descer à Terra. Chegando lá, encontraram Constância e Maria bordando e fazendo crochê, respectivamente, enquanto conversavam animadamente. Sambinha, o gato, estava bem velhinho e dormia no meio das duas, que estavam acomodadas no sofá. O animalzinho logo percebeu os visitantes e sintonizou-se com eles. Ainda se lembrava de Rafael e Isabel e lembrou-se também de Liz, daquele tempo em que habitara o corpo do cachorrinho Samba.

O gatinho foi acariciado pelos visitantes, que escutavam a conversa das mulheres. Maria, muito sensível, registrou a presença das visitas imediatamente e comentou:

— Olhe como o Sambinha está todo amoroso. O que acha que é isso?

Constância, que também sentira algo diferente, sorriu e disse:

— Verdade, minha amiga! Temos visita?

Maria afirmou balançando a cabeça, e os visitantes emocionaram-se com a delicadeza das mulheres, que, imediatamente, receberam abraços e beijos. Por alguns instantes, trocaram carinho e bons pensamentos, o que encheu todos os corações de alegria.

Era domingo, e Francisco estava na varanda lendo um livro. Ele também percebeu que algo estava acontecendo ao seu redor e logo se lembrou da sobrinha e nora, da neta e do filho. Sorriu ao pensar nos entes queridos, e lágrimas vieram aos seus olhos, pois sempre pensava que de bom grado trocaria sua vida pela de qualquer um deles. Embora acreditasse na continuidade da existência, sempre dizia que os outros poderiam ter vivido um pouco mais e que, se pudesse, teria partido no lugar de qualquer um deles para que tivessem a oportunidade de ficar por aqui mais um pouco.

Francisco, porém, viveria bem e com saúde, assim como Constância e Maria. Todos desencarnariam em idade avançada, mas ainda faltava um bom tempo para isso acontecer. Ainda iriam aproveitar muitos domingos com Elisa e sua família e com os pais de Tiago, com quem se davam muito bem.

Os desencarnados foram à casa de Elisa, que, naquele momento, ajudava as meninas a se arrumarem para visitar os avós paternos. O dia prometia muito sol, e elas iriam nadar na pequena piscina que o avô construíra para as netas para quando fossem visitá-lo. Na casa dos pais de Tiago, tudo já estava sendo preparado para receber os convidados. Os domingos eram dias de festa e recordações, pois, invariavelmente, os que já haviam partido eram lembrados com carinho pelos encarnados.

Elisa, muito sensível, registrou a presença da mãe, do pai e da irmã e, saindo do quarto, foi recolher-se a um canto para conversar mentalmente com os três. Era a primeira vez que isso acontecia em relação ao pai; e sentiu seu abraço amoroso, agradecendo a bênção da visita que estava recebendo. Sentia muito a falta dos três e, em várias ocasiões, pensava em como seria se todos estivessem juntos ao redor da mesa aos domingos.

Sem perceber, derramou lágrimas de saudade, e Isabel as enxugava. O equilíbrio de todos propiciava as visitas, pois os dois lados precisam mantê-lo para não se prejudicarem mutuamente.

Sentir saudade é natural, mas não aceitar a partida daqueles que já não estão junto de nós e ficar chamando por eles em aflição e desespero muitas vezes atrapalha o progresso desses espíritos, além de tornar a vida de quem ficou na Terra um vale de dor e lágrimas constantes. Esse estado de coisas, além de não ajudar, acaba prejudicando a todos.

Em pouco tempo, Tiago, Elisa e as meninas chegaram à casa dos pais dele. Pouco depois, Dora, Maria, Constância e Francisco também chegaram trazendo o lanche da tarde, uma vez que as reuniões familiares terminavam apenas quando anoitecia.

A conversa transcorria animada, e, em certo momento, começaram a falar com saudade dos desencarnados que os precederam na viagem de volta ao mundo espiritual. As meninas sabiam da existência de seus ancestrais, pois os adultos sempre faziam comentários carinhosos sobre eles, o que familiarizara as crianças com os desencarnados.

Pouco depois do almoço, o grupo de visitantes deixou os encarnados e seguiu para outras tarefas que iriam realizar na Terra. Juntaram-se a uma equipe que já os esperava, e todos foram realizar um trabalho abençoado que já havia sido programado.

O dia na casa dos pais de Tiago transcorreu em paz, e, quando a noite já se anunciava, começaram os preparativos para o Evangelho no Lar. Os domingos eram sempre muito especiais para o grupo, pois eles se reencontravam, se divertiam muito, trocavam experiências, conversavam sobre assuntos diversos, sempre nutrindo sentimentos e atitudes que deveriam ser naturais no convívio entre familiares. E, no final do dia, oravam e falavam dos ensinamentos de Jesus, o que os auxiliava a começar uma nova semana revigorados no corpo, na mente e no espírito.

Infelizmente, sabemos que isso não é regra, mas exceção, pois cada vez mais os familiares e amigos se afastam uns dos outros, preferindo a companhia dos amigos de maneira virtual ou até mesmo de "amigos", que são totais desconhecidos.

Não estou dizendo que existe algo errado em buscar amizade com pessoas que não conhecemos pessoalmente. O que estou querendo dizer é que, comumente, as pessoas têm estado à mesa, cada qual com seu telefone celular, e se tratado como perfeitas estranhas, sem conversarem ou darem um pouco de atenção umas às outras, por estarem ocupadas demais em entender os assuntos que desfilam diante dos seus olhos.

É comum que as postagens nas redes sociais representem apenas o que se quer mostrar, mas nem sempre elas correspondem à realidade. Aqueles que ficam muito tempo observando virtualmente a vida das outras pessoas acabam muitas vezes sentindo-se frustrados com a própria vida e considerando-se incompetentes para alcançar o que outros ostentam como verdade.

Por outro lado, deixar de conviver com pessoas e entrar em um mundo virtual faz as criaturas se sentirem cada vez mais vazias e longe de si mesmas e das outras pessoas, o que contribui grandemente para agravar estados depressivos e várias outras condições relacionadas à saúde mental, como podemos perceber atualmente e que, infelizmente, só aumentam a cada dia.

Naturalmente, a história narrada passou-se em uma época na qual não existiam os meios de comunicação que prevalecem hoje e que podem ser uma grande bênção por todas as facilidades que nos proporcionam, mas que, ao mesmo tempo — e isso é escolha individual —, podem também afastar e escravizar pessoas a certas situações, que acabam por gerar um número cada vez maior de seres emocional e psiquicamente enfermos.

Nota da autora espiritual

As visitas dos desencarnados[14] ocorriam sempre que possível, e a presença deles era geralmente registrada por um ou mais encarnados, que se alegravam com a delicada ocasião, pois, conhecedores do intercâmbio entre os dois mundos e preparados para receber os visitantes, sabiam que tal fato não se tratava de um privilégio,

14 Questão 343
— Os que vemos, em sonho, que nos testemunham afeto e que se nos apresentam com desconhecidos semblantes, são alguma vez os Espíritos amigos que nos seguem os passos na vida?
— Muito frequentemente são eles que vos vêm visitar, como ides visitar um encarcerado. *In*: KARDEC, Allan. **O Livro dos Espíritos**. Brasília: FEB.

visto que muitos poderiam obter essa graça. Sabiam, contudo, que isso não ocorre com a frequência que muitos desejam, e que tal se deve à pouca preparação dos encarnados e desencarnados.

Vinte anos se passaram desde que Isabel deixou a Terra em sua última encarnação. Ela e Rafael haviam aprendido muitas coisas, estavam agora mais maduros emocionalmente e tinham condições de, finalmente, construir uma vida juntos, como tantas vezes sonharam. Eles voltariam em breve para o convívio daqueles que amavam. Luísa, a filha mais nova de Elisa, esperava um filho. Todos estavam felizes, pois seria um menino. Ela queria que ele se chamasse Rafael, como o avô materno.

Em uma manhã fria de inverno, nascia (ou renascia) Rafael. Pouco tempo depois, em outra parte da cidade, chegava ao mundo uma menina que receberia o nome de Isabel. E, assim, em dado momento, a vida uniria os dois, que se conheceriam oportunamente por frequentarem a mesma escola. Naturalmente, o amor que traziam consigo há séculos falaria mais alto, e, se eles não tivessem pressa, poderiam casar-se, constituir família — se assim o desejassem — e trabalhar pela Medicina, de maneira a serem úteis e colocarem o cabedal de conhecimentos adquiridos em prol da humanidade, por meio das pesquisas que realizariam e das descobertas científicas que fariam.

E assim termina nossa história. Quem lê nossos livros sempre pergunta se os personagens são reais.

Mudamos às vezes a época em que a história se passou, sempre damos novos nomes aos personagens, mas observe que as histórias poderiam ser de qualquer um de vocês ou de alguém que conhecem ou conheceram. Por isso, essa é, sim, a história dessa família que narramos aqui, mas poderia ser a história de vida de muitas pessoas que você conhece, incluindo a sua própria.

Rafael e Isabel, finalmente, viveram sua história de amor e contribuíram muito para o bem-estar de muitas pessoas, que se beneficiaram do conhecimento que ambos adquiriram quando encarnados e de todo o conhecimento que angariaram no plano espiritual quando desencarnados. Assim é: quem gosta de aprender para auxiliar o próximo sempre terá essa oportunidade, pois a todos os seres são oferecidas novas e inúmeras possibilidades.

Agradecemos por nos acompanharem até aqui e esperamos que essas linhas tenham contribuído para fazê-lo refletir com mais profundidade sobre a vida e o quanto podemos melhorar a cada dia, para construirmos um mundo melhor para nós mesmos e para tantas outras pessoas. Lembre-se de que tudo sempre começa em nós e que, portanto, podemos escolher como desejamos viver e qual legado deixaremos em nossa passagem pelos lugares onde estivermos. Que nós aprendamos a florescer onde quer que sejamos plantados e possamos sempre iluminar a vida de alguém com nosso sorriso.

Marisa e Roberta

Fim

Você também poderá gostar de:

Em algum lugar no tempo
Angela Molognoni

Neste encontro entre o passado e o presente, será que Camila e Vinícius terão uma nova chance para viver um sentimento tão intenso? Descubra as respostas em algum lugar no tempo.

Pronta para recomeçar
Lourdes Carolina Gagete

Nesta história de determinação e coragem, Elisa terá a oportunidade de abandonar o ilusório caminho da prostituição e encontrar a felicidade nos braços de um verdadeiro amor. Será que ela está pronta para recomeçar?

Revelando o passado
Sâmada Hesse

Ao receber um convite para fotografar uma mansão da Era Vitoriana, Elise se depara com espectros acidentalmente captados por sua lente. Disposta a descobrir o mistério por trás dessas aparições, a fotógrafa é levada a um passado de intrigas, intolerância e crimes e terá de juntar as peças de um complicado quebra-cabeça.

Ninguém é de ninguém

Zibia Gasparetto

Há quem pense que sentir ciúme é prova de amor ardente até descobrir que esse sentimento é capaz de transformar a vida amorosa em um doloroso drama, podendo terminar em uma amarga separação. A história de Gabriela e Roberto nos ensina a vencer os desacertos do ciúme, porque, no final, ninguém é de ninguém.

Lágrimas do sertão
Agnaldo Cardoso

Na luta diária para driblar a seca que se impõe, a família Marinho é marcada por acontecimentos funestos, que testam profundamente sua capacidade de resiliência. Longe de desestruturá-la, esses acontecimentos, contudo, parecem unir cada vez mais seus remanescentes.

Dramas da paixão
Ana Cristina Vargas

Maria Helena é a única herdeira da tradicional família Alvarez.

Em uma viagem a Madri, ela encanta-se por Rodrigo, um rapaz sem escrúpulos. Ingênua, ela se tornará a peça principal de um plano arquitetado minuciosamente por Elizabeth, amante do rapaz, e acabará envolvendo-se em uma rede de mentiras e traição, que culmina em consequências inimagináveis.

O preço da conquista
Amadeu Ribeiro

Quando Diana conheceu Kauan, ela acreditou que estava seguindo seu coração, sem perceber que a paixão cega a levaria à ilusão. Depois de se casar, a moça descobre que o marido não é o que aparentava ser, e sua vida começa a tomar rumos inesperados.

E agora, como recuperar o amor, a dignidade e a confiança após uma amarga decepção?